学ぶ人は、
変えてゆく人だ。

目の前にある問題はもちろん、
人生の問いや、
社会の課題を自ら見つけ、
挑み続けるために、人は学ぶ。
「学び」で、
少しずつ世界は変えてゆける。
いつでも、どこでも、誰でも、
学ぶことができる世の中へ。

旺文社

はじめに

本書は，『英熟語ターゲット1000』を親本とした，読解型の熟語集である。その親本に収録された1,000個の熟語のうち，特に入試に頻出する830個を選定し，それらをすべて使って，1 unitの長さが200語程度の英文80本を収録した。読解力を養いながら，同時に熟語力を確かなものにしていただくのが，本書の狙いである。

これら80のunitは，本書のために4名の英米人執筆者に書き下ろしてもらったものである。したがって，書かれている英文は当然ながら，現在実際に使われている純然たる現代英語である。

旺文社の『全国大学入試問題正解 英語』を見れば一目瞭然のように，最近の入試では，純然たる現代英語による出題が圧倒的に多くなった。その現代英語の大きな特徴の1つは，熟語的な表現の多さである。かつて有名作家や名文家などの英文が入試英語の中心であった頃には，難単語や難構文が多かったが，Internet時代の現代では，一般人が広く使う口語的表現が主流になった。その口語的表現の最大の特徴は，短く易しい日常語を連ねた熟語的語句にある。例えば，participate in ～ よりも take part in ～ を多用する傾向である。

最近の入試のもう1つの顕著な傾向は，問題英文の長文化である。結果的に正確に読めても，読了するのに時間がかかり過ぎることは許されない。「速くて，しかも正確な」読解力が求められる。

本書は，そうした読解力をつけながら，熟語表現の多い現代英語に自分を慣らすには理想的な読み物である。ただ，最初は「速さ」にあまり囚(とら)われることはない。正確な読みに，そして収録された熟語をしっかりものにすることに主眼を置いて欲しい。

現代英語で使用される熟語的表現の数は圧倒的な多さに達するが，まず，本書収録のものは確実に覚えて欲しい。後に掲げる「本書の勉強法についてのアドバイス」なども参考にしながら，全編を何度も読み返し，フルに活用して，英語力の向上につなげていただくことを期待したい。

監修者　花本 金吾

もくじ

協力者一覧

装丁デザイン：内津 剛 (及川真咲デザイン事務所)

paper sculpture制作・撮影：AJIN

英文執筆：Jason Chau, Donevan Hooper, Angela Harkness Robertson, Sean Sakamoto

英文改訂：Donevan Hooper　英文校閲：Kosta Philipopolous

和訳・解説：町田 智之　校閲：小崎 充

編集協力：有限会社 アリエッタ　組版：岩岡印刷株式会社

録音：株式会社 巧芸創作　編集担当：嶋田 諭示

本書の構成 ● [英文・和訳・解説ページ]

Unit番号・英文タイトル

Unit番号は1～80まで連番になっており，英文レベルの易しいものから順番に並べています。

読解ポイント（♀）

英文を読む際に読み取ってほしいポイントや要旨を記載しています。

英文中の赤字の熟語は，このUnitの見出し熟語です。

語法・構文・表現

英文中のつまずきやすい箇所を解説しています。丸つき数字は，英文の番号と一致しています。
英文を読み進める途中でわからないところがあったら，まずはここを確認してください。

---

1 Return to Spain

♀ スペイン語がそれなりによくできると思っていた筆者。しかし，実際に勉強を始めてみると…？

① Last year, I had the chance to go to Spain again. ② I used to go to Spain quite a lot when I was a child, as I had family who lived there and, between you and me, I thought I had quite a good command of Spanish. ③ I wasn't fluent, but I could easily make myself understood. ④ Ahead of my trip, I decided to brush up on my Spanish so that I would be able to travel around easily. ⑤ I bought a 'Learn Spanish Quickly' textbook and started to study. ⑥ I was taken by surprise at how much I couldn't understand. ⑦ The textbook was all about Spanish grammar, which I had never learned before. ⑧ I was confronted by pages of verb forms and I felt at a total loss. ⑨ Worse still, there were the lists of vocabulary. ⑩ I couldn't remember a thing. ⑪ In the end I decided to call it a day and gave up. ⑫ However, I needn't have worried. ⑬ When I got to Spain, I found that everybody could speak English!

語法・構文・表現

① **have the chance to *do*** 「…する機会がある」
② **used to *do*** 「以前はよく…したものだ」〔➡775〕
quite a lot 「非常に多く［頻繁に］」
④ **travel around** 「あちこち旅行する」
⑥ **how much I couldn't understand** 「自分が理解できないことがいかに多いか」
▶節全体でatの目的語。

12

本書の1 Unitは，[英文・和訳・解説ページ] と [熟語ページ] の計4ページで構成されています。

スペインへの帰郷

英文レベル ☆ 172 words

日常生活（旅行）

① 去年，私はまたスペインに行く機会があった。② スペインに住む家族がいたので，子供の頃はスペインによく行っていた。ここだけの話だが，私はスペイン語がそれなりによくできると思っていた。③ 流暢ではなかったが，言いたいことは簡単に理解してもらえた。④ 旅行の前に，自分のスペイン語に磨きをかけて，気軽に旅行できるようにしようと思った。⑤『すぐに学べるスペイン語』という本を買って，勉強を始めた。⑥ 自分がいかに理解できないことが多いかに驚いた。⑦ その本はスペイン語の文法事項ばかりで，私がそれまでに習ったことのないことばかりだった。⑧ 私は動詞の活用形がずらりと並んだページに直面し，完全に途方に暮れてしまった。⑨ さらに悪かったのは，ボキャブラリーのリストだった。⑩ 何一つ思い出せなかった。⑪ 結局，その日はそれで終わりにすることにして，諦めた。⑫ しかし，心配する必要はなかったのだ。⑬ スペインに着いたら，誰でもみんな英語を話せるのが分かったから！

⑧ pages of ～「何ページもの～」
verb form「動詞の（活用）形」

⑩ couldn't remember a thing「何一つ覚えていなかった」 ▶not ... a thing「1つも…ない」

⑪ in the end「結局，最後には」〔➡ 144〕

⑫ needn't have *done*「…する必要はなかった」(＝didn't need to *do*)

13

タイトル和訳・英文レベル・英文語数

英文レベルは，

★　　…共通テストレベル
★★　…入試標準レベル
★★★…やや難レベル

を表しています。

テーマ（📁）

「日常生活」「社会」「文化」「自然」「産業」「科学・技術」の6つの入試頻出テーマに大きく分類し，それにさらに細かい小テーマを設けています。

和 訳

和訳全体が自然な日本語になるように，直訳ではなく意訳をしています。

和訳中の赤字は，見出し熟語の英文中での意味です。その他の意味は熟語ページで確認しましょう。

本書の構成 ● [熟語ページ]

見出し熟語

英文で使用されている英熟語を掲載しています。熟語は，『英熟語ターゲット1000［5訂版］』のPart 1・2・3・4掲載の入試頻出熟語です。見出し熟語にはすべてアクセント記号がつけてあります。

チェックボックス

○や✔などをつけ，自分の理解度をチェックしましょう。覚えるまで繰り返しチェックすることが大切です。

▶は見出し熟語に関する補足説明，【参考】は見出し熟語と併せて押さえておきたい内容です。

1 Return to Spain

熟語の意味を確認しよう。

001 1000▸135
between yòu and mé
ここだけの話だが，内緒だが
同 between ourselves [us]

002 1000▸796
hàve (a) gòod commánd of ～
(外国語など) を自由に使いこなす力がある
▶「(自分の感情) を上手にコントロールできる」の意味もある。

003 1000▸816
màke *onesèlf* understóod
自分の言うことを相手にわからせる
▶ 主に外国語などの「言葉」について使うが，「考え」についても使える。
【参考】「考え」のときは，make *oneself* clear (to ～) もある。

004 1000▸171
ahéad of ～
(時間的に) ～より先に；(位置的に) ～の前に；～より進歩して

005 1000▸68
brùsh úp (on) ～
(語学など) をやり直して磨きをかける

006 1000▸763
sò that ～ can *do*
～が…できるように
▶ that はよく省略される。that 節内の助動詞は will も多く使われ，may は今はあまり使われない。
▶ 否定では cannot，will not となるが，lest ～ (should) *do* (➡574) も使われる。

14

●本書で使われている記号

同 同じ意味の表現　反 反対の意味の表現　《米》アメリカ式英語　《英》イギリス式英語

➡000 参照すべき見出し熟語 (「000」は見出し熟語ID)

ID番号（001）・英熟語ターゲット1000 ID（1000▶1）

該当熟語の，本書の連番ID及び『英熟語ターゲット1000［5訂版］』のIDです。『英熟語ターゲット1000［5訂版］』では英熟語が「入試に出る順」で掲載されているため，『1000』IDを見れば「入試に出る順」がわかります。

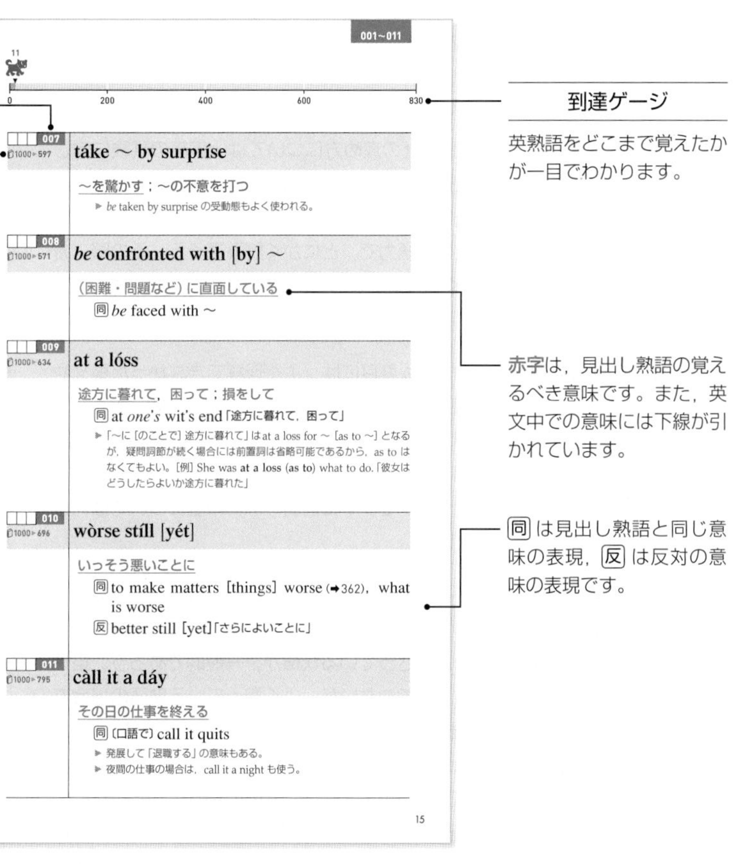

001～011

11

0 200 400 600 830

007 1000▶597
táke ～ by surpríse

~~を驚かす~~；～の不意を打つ
▶ *be* taken by surprise の受動態もよく使われる。

008 1000▶571
***be* confrónted with [by] ～**

（困難・問題など）に直面している
同 *be* faced with ～

009 1000▶634
at a lóss

途方に暮れて，困って；損をして
同 at *one's* wit's end「途方に暮れて，困って」
▶「～に［のことで］途方に暮れて」はat a loss for ～［as to ～］となるが，疑問詞節が続く場合には前置詞は省略可能であるから，as to はなくてもよい。［例］She was **at a loss** (**as to**) what to do.「彼女はどうしたらよいか途方に暮れた」

010 1000▶696
wòrse stíll [yét]

いっそう悪いことに
同 to make matters [things] worse (➡362)，what is worse
反 better still [yet]「さらによいことに」

011 1000▶795
càll it a dáy

その日の仕事を終える
同（口語で）call it quits
▶ 発展して「退職する」の意味もある。
▶ 夜間の仕事の場合は，call it a night も使う。

15

到達ゲージ

英熟語をどこまで覚えたかが一目でわかります。

赤字は，見出し熟語の覚えるべき意味です。また，英文中での意味には下線が引かれています。

同 は見出し熟語と同じ意味の表現，反 は反対の意味の表現です。

●語句表示

［ ］…言い換え可能　（ ）…省略可能・補足説明

do……原形動詞　to *do*…不定詞　*doing*…動名詞・現在分詞

done…過去分詞形　*one*, *oneself*…主語と同じ人を表す

監修者から，本書の勉強法についてのアドバイス

本書は80のunitから成り，各unitは「見出し熟語約10個を含む英文とその対訳，語法・構文・表現解説」と「見出し単語リスト」で構成される。この構成を活用し，英語力の強化を図るには，以下のような勉強法で進めるとよい。

1 **まず主題をつかむ** ―― 各unitの進め方については，実際の試験に向き合うような気持ちで，最後まで2～3度通読し，何が主題なのかをつかむようにする。途中で未知の語や表現があっても，そこですぐに辞書などで調べたりせず，現在の英語力で，とにかく読み通そう。その際，赤字の熟語についても，よく知っているものと自信のないものとについて，軽く意識しておく。

2 **未知の部分を調べる** ―― 3～4度目には，よく理解できなかった構文や単語・語法を調べる。英文・対訳・「語法・構文・表現」欄にはそれぞれ文番号が付いているので，該当箇所は容易に見つけられる。今後の語学試験では，「読む」「書く」のほかに，「聞く」「話す」の音声要素もますます重視される。発音やアクセントに自信のない単語については，この段階で確認しておきたい。

3 **熟語に集中する** ―― 4～5度目は熟語に集中しよう。各unitの英文には，約10個の熟語が割り振ってある。すでによく知っているものと，あまり自信のないものとが混ざっている状態が，一般的であろう。自信のないものについては言うまでもないが，よく知っている熟語の場合でも，各unitの「見出し熟語リスト」をしっかり見てもらいたい。そこには，その熟語に意味の近いものや，反対の意味のものなど，関連付けると覚えやすい情報もまとめてある。中には，そのunitの英文で使われているのとは違った意味や用法を持つものもある。これらについても，「見出し熟語リスト」でチェックできる。また，いくつかのunit毎に，親本の該当箇所で再度確認することも，ぜひ取り入れてもらいたい。

4 **進度は自分本位で決める** ―― 進度については，現在の自分の状況に合わせて決めるのがベストである。1日で数unitをこなす人もいれば，毎日1 unitずつ進める人もいる。大切なのは，とにかく最後までやり通すことである。一度に全部が覚えられるものではないから，完璧を目指すより，程よいところで切り上げて，次のunitへ進めばよい。何度でも繰り返すことだ。回を重ねる毎にスピードはアップするから，効率はよくなる。何度も読み返しているうちに，自然と覚えられる。

5 **「要旨」をまとめてみる** ―― 「現代英文の中で熟語をマスターする」ことを目指す本書の第一目標からやや離れると感じられるかもしれないが，せっかくまとまりのよい読み切り型の英文が揃っているから，どの段階でもよいが，「要旨」を，例えば40字の日本語で，あるいは数十語の英語でまとめてみるのも，気分を一新する上でもお勧めの方法である。特に，この種の出題が多い大学を狙っている諸君には，勧めたい。

6 **音声も活用しよう** ―― ②でも述べたが，音声面は今後もますます重視されるし，語学をマスターする面からも不可欠な要素である。英文・熟語の音声はダウンロードして，ドンドン聞こう。聞くだけでなく，朗読の後について真似を繰り返して欲しい。真似をすることにより，発音・アクセントが正確になり，英語を口頭で使う際のリズムを身に付けることができる。

無料音声ダウンロード

https://www.obunsha.co.jp/tokuten/target/ へアクセス！

パスワード（すべて半角英数字）：**targetr1000**

本書に掲載されている80の英文および830の熟語の音声は，すべて無料でダウンロードできます。（音声はストリーミング再生も可能です。詳しくは専用サイトをご覧ください。）英文はナチュラルよりやや遅めに読み上げています。熟語リストは「英語➡日本語」の順番で読み上げています。

音声ファイルはZIP形式にまとめられた形でダウンロードされますので，解凍[展開]後，デジタルオーディオプレイヤーなどでご活用ください。

※デジタルオーディオプレイヤーへの音声ファイルの転送方法は，各製品の取扱説明書やヘルプをご参照ください。

⚠・音声ファイルはMP3形式となっています。音声の再生にはMP3ファイルを再生できる機器などが別途必要です。
・ご使用機器，音声再生ソフト等に関する技術的なご質問は，ハードメーカーもしくはソフトメーカーにお願いいたします。
・本サービスは予告なく終了されることがあります。

1 Return to Spain

スペイン語がそれなりによくできると思っていた筆者。しかし，実際に勉強を始めてみると…？

① Last year, I had the chance to go to Spain again. ② I used to go to Spain quite a lot when I was a child, as I had family who lived there and, between you and me, I thought I had quite a good command of Spanish. ③ I wasn't fluent, but I could easily make myself understood. ④ Ahead of my trip, I decided to brush up on my Spanish so that I would be able to travel around easily. ⑤ I bought a 'Learn Spanish Quickly' textbook and started to study. ⑥ I was taken by surprise at how much I couldn't understand. ⑦ The textbook was all about Spanish grammar, which I had never learned before. ⑧ I was confronted by pages of verb forms and I felt at a total loss. ⑨ Worse still, there were the lists of vocabulary. ⑩ I couldn't remember a thing. ⑪ In the end I decided to call it a day and gave up. ⑫ However, I needn't have worried. ⑬ When I got to Spain, I found that everybody could speak English!

語法・構文・表現

① **have the chance to *do***「…する機会がある」

② **used to *do***「以前はよく…したものだ」〔➡775〕
quite a lot「非常に多く［頻繁に］」

④ **travel around**「あちこち旅行する」

⑥ **how much I couldn't understand**「自分が理解できないことがいかに多いか」
▶節全体でatの目的語。

スペインへの帰郷

英文レベル ☆

日常生活（旅行）

①去年，私はまたスペインに行く機会があった。②スペインに住む家族がいたので，子供の頃はスペインによく行っていた。ここだけの話だが，私はスペイン語がそれなりによくできると思っていた。③流暢ではなかったが，言いたいことは簡単に理解してもらえた。④旅行の前に，自分のスペイン語に磨きをかけて，気軽に旅行できるようにしようと思った。⑤『すぐに学べるスペイン語』という本を買って，勉強を始めた。⑥自分がいかに理解できないことが多いかに驚いた。⑦その本はスペイン語の文法事項ばかりで，私がそれまでに習ったことのないことばかりだった。⑧私は動詞の活用形がずらりと並んだページに直面し，完全に途方に暮れてしまった。⑨さらに悪かったのは，ボキャブラリーのリストだった。⑩何一つ思い出せなかった。⑪結局，その日はそれで終わりにすることにして，諦めた。⑫しかし，心配する必要はなかったのだ。⑬スペインに着いたら，誰でもみんな英語を話せるのが分かったから！

⑧ **pages of ～**「何ページもの～」
verb form「動詞の（活用）形」

⑩ **couldn't remember a thing**「何一つ覚えていなかった」▶not ... a thing「1つも…ない」

⑪ **in the end**「結局，最後には」〔➡144〕

⑫ **needn't have *done***「…する必要はなかった」（＝didn't need to *do*）

1 Return to Spain

熟語の意味を確認しよう。

001
1000▶135

between yòu and mé

ここだけの話だが，内緒だが
同 between ourselves [us]

002
1000▶796

hàve (a) gòod commánd of ～

(外国語など)を自由に使いこなす力がある
▶「(自分の感情)を上手にコントロールできる」の意味もある。

003
1000▶816

màke *onesèlf* understóod

自分の言うことを相手にわからせる
▶ 主に外国語などの「言葉」について使うが，「考え」についても使える。
【参考】「考え」のときは，make *oneself* clear (to ～) もある。

004
1000▶171

ahéad of ～

(時間的に)～より先に；(位置的に)～の前に；～より進歩して

005
1000▶68

brùsh úp (on) ～

(語学など)をやり直して磨きをかける

006
1000▶763

sò that ～́ can *do*

～が…できるように
▶ that はよく省略される。that 節内の助動詞はwillも多く使われ，may は今はあまり使われない。
▶ 否定では cannot，will not となるが，lest ～ (should) *do* (➡574) も使われる。

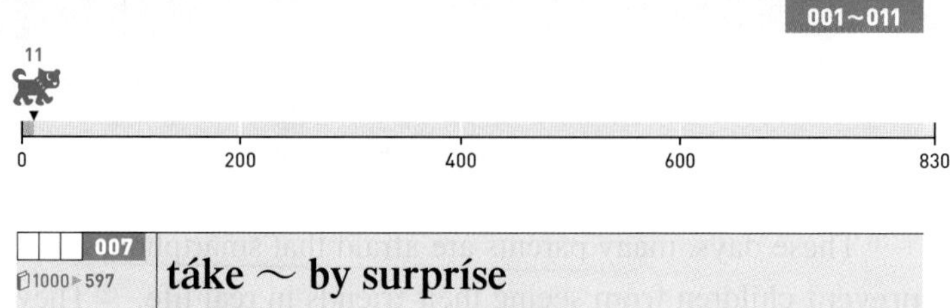

007
1000▶597

táke ～ by surpríse

～を驚かす；～の不意を打つ

▶ *be* taken by surprise の受動態もよく使われる。

008
1000▶571

be confrónted with [by] ～

（困難・問題など）に直面している

同 *be* faced with ～

009
1000▶634

at a lóss

途方に暮れて，困って；損をして

同 at *one's* wit's end「途方に暮れて，困って」

▶「～に［のことで］途方に暮れて」はat a loss for ～［as to ～］となるが，疑問詞節が続く場合には前置詞は省略可能であるから，as to はなくてもよい。［例］She was **at a loss** (**as to**) what to do.「彼女はどうしたらよいか途方に暮れた」

010
1000▶696

wòrse stíll [yét]

いっそう悪いことに

同 to make matters [things] worse（➡362），what is worse

反 better still [yet]「さらによいことに」

011
1000▶795

càll it a dáy

その日の仕事を終える

同〔口語で〕call it quits

▶ 発展して「退職する」の意味もある。

▶ 夜間の仕事の場合は，call it a night も使う。

2 Technology Isn't Scary

テクノロジーに対する認識は，親と子供でどのように違うのだろうか。

① These days, many parents are afraid that smartphones will prevent children from seeing their friends in real life. ② They worry that the Internet, along with social media, is bad for kids. ③ They say that the amount of time kids spend on their phones is getting out of hand. ④ They associate technology with depression and isolation. ⑤ I disagree. ⑥ I think of technology as a tool. ⑦ And I believe it is to my son's advantage to keep pace with new technology. ⑧ If I don't let him use the Internet now, he will have to catch up with other kids when he's older. ⑨ I hope he can make the most of technology, and learn how to use it well. ⑩ But, every day, as soon as he comes home from school, my son sets about playing computer games. ⑪ I tell him to do his homework first, but his friends want to play games. ⑫ He begs me to let him play, until I give way to his demands and surrender. ⑬ At any rate, I hope he learns to use technology more responsibly and do well in school.

語法・構文・表現

③ **the amount of time kids spend on 〜**「子供たちが〜に費やす時間」▶kidsの前に目的格の関係代名詞that［which］が省略されていると考える。spend time on 〜「〜に時間を費やす」。

⑧ **let 〜 *do***「〜に（自由に）…させてやる」

テクノロジーは怖くない

科学・技術（科学技術）

①近頃，多くの親たちはスマートフォンのせいで子供が実生活で友達に会うことができないのではないかと恐れている。②インターネットは，ソーシャルメディアとともに子供には有害だと心配しているのだ。③親たちによれば，子供がスマートフォンに費やす時間の長さが手に負えなくなりつつあるらしい。④彼らはテクノロジーを鬱（うつ）や孤独と結び付けて考えている。⑤私には賛成できない。⑥私はテクノロジーを道具とみなしているのだ。⑦そして，新しい技術に遅れずについていくことは息子にとって有利になると考えている。⑧もし息子に今インターネットを使わせてやらなければ，彼はもっと年を取ってから他の子供たちに追いつかなければならないだろう。⑨息子がテクノロジーを大いに活用し，うまく使う方法を学ぶことができればと思う。⑩ところが，息子は毎日学校から帰宅するとすぐに，コンピューターゲームで遊び始めてしまう。⑪まずは宿題をするようにと言うのだが，彼の友人たちがゲームをやりたがるのだ。⑫息子が遊ばせてほしいとせがむので，私は彼の要求に折れて降参してしまう。⑬いずれにしても，彼がより節度を持ってテクノロジーを使えるようになり，また，学校でいい成績が取れることを望んでいる。

⑩ **as soon as ...**「…するとすぐに」〔➡732〕

⑪ **tell ～ to *do***「～に…するよう言う［命じる］」

⑫ **beg ～ to *do***「～に…するよう懇願する」

2 Technology Isn't Scary

熟語の意味を確認しよう。

012
1000▶111

prevént *A* from *B*

AがBするのを妨げる，AをBから防ぐ

同 keep *A* from *B* (➡074)，prohibit *A* from *B* (➡277)，hinder *A* from *B*

013
1000▶203

alóng with ～

～と一緒に，～に加えて (=besides)

同 in addition to ～ (➡249)，together with ～

014
1000▶114

assóciate *A* with *B*

AをBと結び付けて考える

同 connect *A* with *B*

▶ *be* associated with ～は「～と関係［提携］している」。

015
1000▶286

thínk of *A* as *B*

AをBと見なす

同 look on [upon] *A* as *B* (➡337)

016
1000▶648

to *one's* advántage

(人) に都合がよい［よく］，(人) に有利な［に］

同 in *one's* favor

22

0 200 400 600 830

017
1000▶232

kèep páce with ～

～に遅れずについていく

同 keep abreast of [with] ～

▶ keep up with ～(➡550) とは同意。catch up with [to] ～(➡018) との違いに注意。

018
1000▶231

càtch úp with [to] ～

(遅れた状態から)～に追いつく

▶ to は主に《米》。「追いつく」の意味から「(警察などが)～を逮捕する；(悪業などが)～の身にこたえる」などの意味にもなる。

019
1000▶242

màke the móst of ～

～を最大限に利用する

▶ make the best of ～(➡437) が含意する「不利な状況で」のニュアンスはない。

020
1000▶199

sét abòut ～

～を始める (=begin, start)

021
1000▶300

gìve wáy (to ～)

(～に) 屈する；《英》(～に) 道を譲る

同 give in (to ～)「(～に) 屈する」(➡808①)

022
1000▶131

at ány ràte

とにかく，いずれにしても

同 anyway, in any case [event](➡069), at all events

3 Home Office

在宅勤務のメリットとデメリットとは？

① For some people, the idea of working at home sounds like a dream. ② You can work in your underwear and take as many breaks as you want. ③ You don't have to worry about arriving to work on time. ④ You can also take a nap when you're tired instead of pretending to look busy at your desk. ⑤ But it is not always so easy or fun to work from home. ⑥ Many people find it at least as difficult to work from home as they do at an office. ⑦ When you're at home, it's very easy to come up with things to do instead of your job, like watching TV or cooking. ⑧ There is always something to take care of, like dirty laundry or a sink full of dishes. ⑨ You have to make an effort to stay focused on your work. ⑩ So if your company asks you to work from home, you had better take some time to think it over. ⑪ Working by yourself from home is not suitable for everyone.

語法・構文・表現

① **work at home**「在宅勤務をする」▶⑤以下のように，work from homeも広く使われる。
sound like ～「～のように聞こえる［思える］」

② **take a break**「休憩をとる」
as many ～ as *S* want(s)「Sが望むだけ多くの～」▶「～」は名詞の複数形。

④ **take a nap**「うたた寝をする，ひと眠りする」
pretend to *do*「…するふりをする」

⑤ **work from home**「在宅勤務をする」

自宅内オフィス

英文レベル 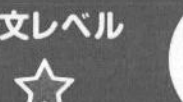

日常生活（家庭・家族）

①人によっては，在宅で働くという考えは夢のように思える。②下着姿で働けるし，何度でも好きなだけ休憩もとれる。③定刻に出勤するのを心配する必要はない。④疲れているときは，机で忙しいふりをするのではなく，ひと眠りしてもよいのだ。⑤だが，在宅勤務は必ずしもそれほどたやすいもの，あるいは楽しいものとは限らない。⑥多くの人は，在宅勤務は少なくとも会社で働くのと同じくらい困難だと思っている。⑦家にいると，テレビを見たり料理をしたりなど，仕事の代わりにすることを思い付くのは非常に簡単である。⑧汚れた洗濯物やお皿でいっぱいの流しなど，いつも何かしら対処しなければならないことがあるものだ。⑨自分の仕事に集中していられるよう努力しなければならない。⑩よって，もし会社が在宅勤務を求めてきたら，しばらくそのことをよく考えるべきだ。⑪自宅でひとりで仕事をするのは誰にでも適しているわけではない。

⑥ **find it ～ to *do***「…するのは～だと思う」▶itは形式目的語。

⑧ **full of ～**「～でいっぱいの」▶直前のa sinkを後置修飾。

⑨ **stay focused on ～**「～に集中した状態を保つ」▶〈stay＋過去分詞〉で「…されたままでいる，～の状態を保つ」。

⑩ **ask ～ to *do***「～に…するよう依頼する［頼む］」

⑪ **by *oneself***「ひとりで，独力で」

③ Home Office

熟語の意味を確認しよう。

023　1000▶7

at hóme

① 在宅して，家庭で

② くつろいで

③ 精通して

▶「～に精通して」は，at home in [on / with] ～。

024　1000▶10

on tíme

時間どおりに［で］

同 punctually，on schedule (➡734)

【参考】in time（➡352①）は on time に比べ，何秒か何分かにしろ，先に到着していることを示す。

025　1000▶158

nòt álways ～

必ずしも～ではない

同 not necessarily ～

026　1000▶126

at léast

少なくとも

反 at (the) most (➡332)

▶ at the (very) least もときに使われる。

027　1000▶186

còme úp with ～

（解決策など）を思いつく

(=devise，invent，conceive)

同 think of ～ (➡301②)

028 1000▶101

tàke cáre of ～

① ～に気をつける；～の世話をする

同 care for ～ (➡130), look after ～ (➡497), attend to ～

▶ care の前に little, good, no などの形容詞を入れることも可能。

② ～を処理する

029 1000▶517

màke an éffort [éfforts]

努力する

同 take pains

▶ effort には every, great, special などいろいろな形容詞が付けられる。

030 1000▶107

had bètter *dó*

…したほうがいい，…すべきだ

▶ 命令的な響きを持つので，2人称に使うときには要注意。

▶ had best *do* も使われる。否定形は had better **not** *do* の語順。

031 1000▶85

thìnk óver ～

～をよく考える

▶ think ～ over の語順も可。

032 1000▶582

be súitable for [to] ～

～に適している；(目的など) に合っている

同 *be* fit for ～

▶ *be* suitable to *do* もある。

4 The Reunion

筆者はかつての滞在先での友人たちと再会することはできたのだろうか。

① After I graduated from university, rather than get a job, I set off for Australia for a year. ② While I was there, I made friends with people from all over the world. ③ Since I returned home, I have stayed in touch with some of those friends; it's always lovely to hear from them either by post or through social media. ④ We often talked about meeting again one day, but we thought it would be too difficult because we all lived in different countries; finding a time and place for us all to meet would be impossible. ⑤ Time went by, and the tenth anniversary of my departure from Australia approached. ⑥ It happened that I was going to have some time off work, so I decided to look into organizing a holiday to my host town, and hoped that some of my friends would be willing to make the trip, too. ⑦ I told my friends about my plan. ⑧ Although not everyone managed to travel to our reunion, many of them did. ⑨ Aside from spending time with my friends from around the world, I also called on some of my Australian friends. ⑩ It was wonderful to see them again. ⑪ We hope to organize another reunion for our 20th anniversary. ⑫ I can't wait!

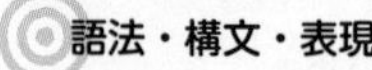

語法・構文・表現

③ **by post**「郵便で」►《米》ではby mail。
social media「ソーシャルメディア」

④ **a time and place for us all to meet**「私たちみなが会う時間と場所」►to meetは不定詞の形容詞用法で，for usはその意味上の主語。

再会

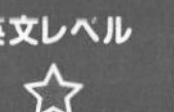

日常生活（婚姻・交友・人間関係）

①大学を卒業した後，私は就職せずに，オーストラリアに出発し，1年間過ごした。②そこにいる間，世界中の人々と友達になった。③帰国してから，そのうちの何人かとは連絡を取り合っている。郵便にしても，ソーシャルメディアにしても，連絡をもらえるのはいつでも楽しいものだ。④私たちはいつかまた会おうとよく話していたが，みな別々の国に住んでいるので，それは不可能なことだろうとも思っていた。全員が会える時間と場所を見つけるのは不可能であろう，と。⑤時が過ぎ，私がオーストラリアを離れて10年目の記念日が近づいていた。⑥たまたましばらく仕事を休もうと思っていたので，ホストタウンへの旅の手配を検討することにし，友人の何人かはその旅に応じてくれるであろうと期待していた。⑦私は友人たちにその計画について伝えた。⑧全員が再会への旅に都合がつくわけではなかったが，多くは何とかなった。⑨世界中から集まった友人たちと時間を過ごすのに加えて，私はオーストラリアにいる友人も何人か訪ねた。⑩彼らに再会できるのは本当に嬉（うれ）しかった。⑪私たちは，20年目にもまた再会の集いを計画したいと思っている。⑫すでに待ちきれない思いだ！

---

⑥ **have some time off work**「仕事をしばらく休む」►off は前置詞。

⑧ **not everyone managed to *do***「誰もが何とか…できたわけではない」►部分否定。
many of them did = many of them managed to travel to our reunion

4 The Reunion

熟語の意味を確認しよう。

033 1000▸474

sèt óff (～)

出発する；～を引き起こす

同 set out「出発する」(➡150①)

▶ 他動詞では set ～ off の語順も可。

034 1000▸536

màke fríends with ～

～と親しくなる

▶ friends は必ず複数形。

035 1000▸54

héar from ～

～から便り［電話・伝言］がある

【参考】hear of ～ は「～のことを耳にする，～のうわさを聞く」。hear about ～ は，hear of ～ より詳しい内容について聞くときに用いる。

036 1000▸384

gò bý (～)

① (時などが) たつ；通り過ぎる

▶ by は副詞。

② ～の名で通る［知られる］；～によって行動［判断］する

▶ by は前置詞。

▶ ②のときのアクセントは，gó bỳ ～。

037 1000▸720

It háppens that ....

たまたま…だ。，折よく［運悪く］…だ。

▶ As it happens, ... や ... by chance [accident] (➡118) の文，また happen to *do* (➡698) を使った文に書き換えることができる。

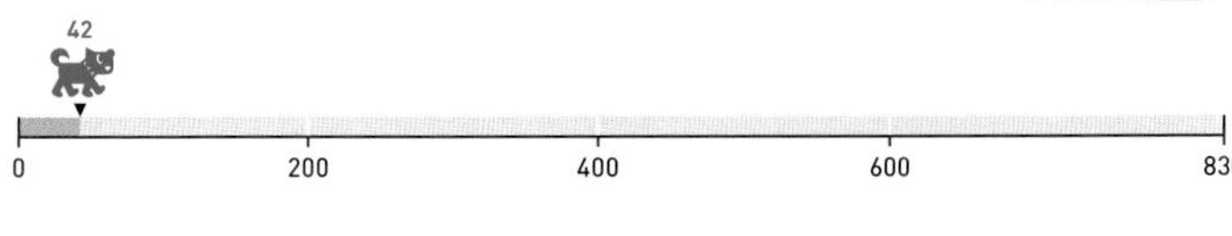

038 1000▶192
lòok ínto ～

～を調べる（＝investigate）
▶「～の中をのぞき込む」の元の意味でも使う。

039 1000▶30
be wílling to *do*

…してもかまわない
反 *be* unwilling [reluctant] to *do*「…することに気が進まない」
▶ *be* glad [pleased] to *do* などに比べ，積極的な気持ちは弱い。

040 1000▶747
mánage to *dó*

なんとか…する［やり遂げる］

041 1000▶170
asíde from ～

～を除いては；～のほかに
同 apart from ～（➡355）；except for ～「～を除いては」

042 1000▶380
cáll on [upòn] ～

① （人）を訪問する
【参考】「（場所）に立ち寄る［寄港する］」は，call at ～。

② ～に要求する
▶〈call on＋人など＋to *do* [for ～]〉が一般的。
▶ 教師が生徒を指名して答えなどを求めるときにも使う。

5 Travel for Work

筆者にとって，初めての出張とはどんなものであったのだろうか。

① The first time I traveled abroad in connection with work was both exciting and exhausting. ② On the one hand, it was really fun to have my employer pay for me to travel. ③ On the other hand, it was stressful to be with my boss on a trip because there was so much to do. ④ For example, I had to pick up my boss at his home and bring him to the airport. ⑤ I could not sleep the night before because I was so worried about being late. ⑥ Also, I had to deal with New York City traffic with my boss in the car. ⑦ That was hard because I was brought up in Michigan, where driving is much easier. ⑧ Then my boss took off his shoes and his feet smelled terrible. ⑨ I had to carry on driving as if nothing was wrong. ⑩ When we got to the airport, I had to figure out how to get to our plane. ⑪ Fortunately, I succeeded in taking care of everything on the trip. ⑫ Our success led to me being promoted. ⑬ The trip turned out much better than I had expected. ⑭ Since then I've had many successful business trips.

語法・構文・表現

① **The first time ...**「初めて…するとき（は）」▶接続詞のように用いる。
both *A* and *B*「AもBも，AだけでなくBも」

② **On (the) one hand**「一方では」▶on the other handと対で用いる。
have ～ *do*「～に…してもらう［させる］」
pay for ～ to *do*「～が…するお金を払う」

⑤ **the night before**「その前の夜」

⑥ **New York City traffic**「ニューヨーク市内の交通（量）」

出張

日常生活（婚姻・交友・人間関係）

①私が初めて仕事の関係で海外に行ったときは，刺激的でもあり，またひどく疲れた。②一方では，会社が私の旅費を払ってくれるのは大変嬉（うれ）しかった。③他方では，道中では上司と一緒にいるのがストレスだった。というのも，しなければならないことが非常に多かったからだ。④例えば，上司を自宅に車で迎えに行き，空港まで連れて行かなければならなかった。⑤遅刻するのがとても心配だったので，前の晩は眠れなかった。⑥また，上司を車に乗せてニューヨーク市街の渋滞に対処しなければならなかった。⑦それは大変なことだった。私はミシガンで育ち，そこでは運転がずっと楽だったからだ。⑧しかも，上司は（車内で）靴を脱ぎ，足がひどく臭っていた。⑨私は何事もないかのように運転を続けなければならなかった。⑩空港に着くと，私は自分たちの飛行機までたどり着く方法を見つけ出さねばならなかった。⑪幸い，出張中は万事うまく処理することができた。⑫成功裏に終わったことで，私は昇進することになった。⑬その出張は思っていたよりもずっとよかったことがわかった。⑭それ以来，私は順調な出張を数多くこなしてきている。

⑦ **～, where ...**「～，そこでは…」▶先行詞Michiganに説明を加える，関係副詞の非制限用法。

⑧ **smell terrible**「ひどい臭いがする」▶〈smell＋形容詞〉で「～のにおいがする」。

⑨ **as if nothing was wrong**「まるで何も問題がないかのように」

⑪ **take care of ～**「～（仕事・手はずなど）を処理する」〔➡028〕

⑫ ***be* promoted**「昇進する」

5 Travel for Work

熟語の意味を確認しよう。

043 1000▸204

in connéction with ～

～に関連して（=concerning, about）

044 1000▸160

on the óther hànd

他方では；これに反して

【参考】on (the) one hand は「一方では」。

045 1000▸65

pìck úp ～

～を（車などに）乗せる；～を拾う

▶ pick ～ up の語順も可。

046 1000▸61

déal with ～

～を扱う；～を処理する

同 cope with ～「～を処理する」

▶ deal in ～ と混同しない。

047 1000▸181

brìng úp ～

① ～を育てる（=raise）

② （問題・話題など）を持ち出す（=raise）

▶ ①②ともに bring ～ up の語順も可。

048 1000▸81

tàke óff（～）

① ～を脱ぐ；～を取り除く

反 put on ～（➡495）

▶ take ～ off の語順も可。

② 離陸する；（流行・売り上げなどが）急増［急伸］する

③〔take ～ off で〕～を休暇としてとる

同 have ～ off（➡693）

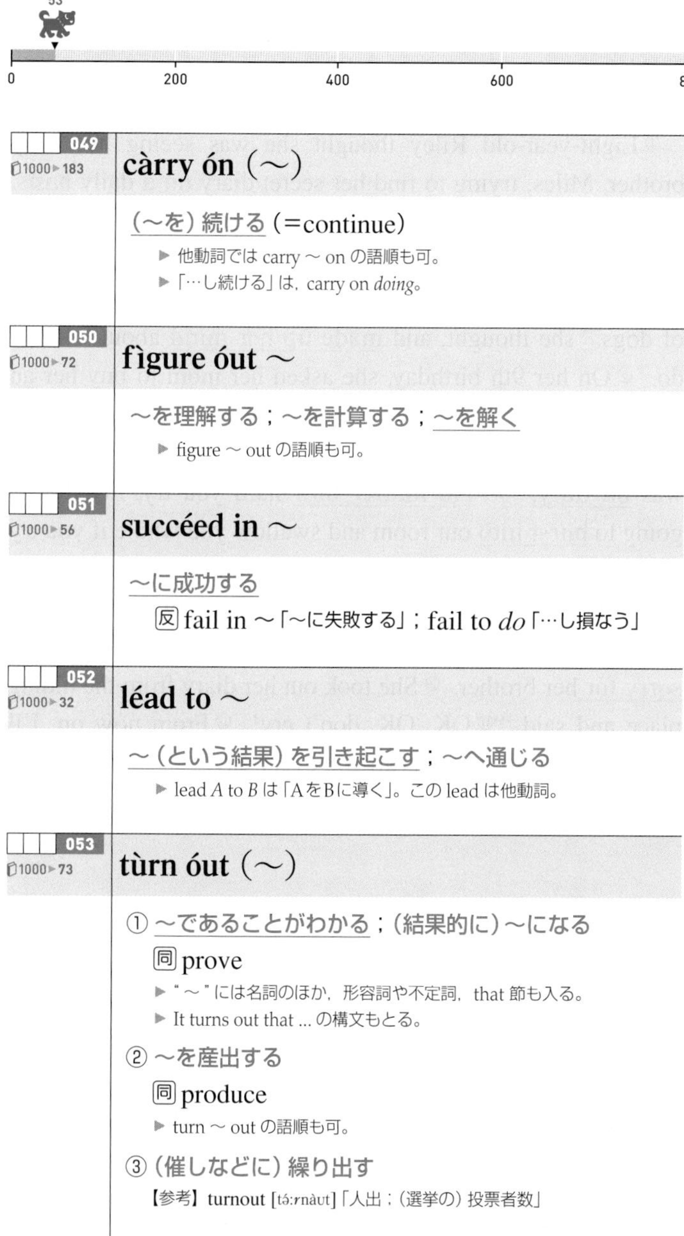

049 ▯1000▶183

càrry ón (～)

(～を) 続ける (=continue)

▶ 他動詞では carry ～ on の語順も可。

▶「…し続ける」は，carry on *doing*。

050 ▯1000▶72

fìgure óut ～

～を理解する；～を計算する；～を解く

▶ figure ～ out の語順も可。

051 ▯1000▶56

succéed in ～

～に成功する

反 fail in ～「～に失敗する」；fail to *do*「…し損なう」

052 ▯1000▶32

léad to ～

～(という結果) を引き起こす；～へ通じる

▶ lead *A* to *B* は「AをBに導く」。この lead は他動詞。

053 ▯1000▶73

tùrn óut (～)

① ～であることがわかる；(結果的に) ～になる

同 prove

▶ "～" には名詞のほか，形容詞や不定詞，that 節も入る。

▶ It turns out that ... の構文もとる。

② ～を産出する

同 produce

▶ turn ～ out の語順も可。

③ (催しなどに) 繰り出す

【参考】turnout [tə́ːrnàut]「人出；(選挙の) 投票者数」

6 Riley's New Guard Dog

ライリーは弟から自分の日記を守ろうとして，どのような行動に出たか？

① Eight-year-old Riley thought she was seeing her baby brother, Miles, trying to find her secret diary on a daily basis, and that had made her uneasy. ② They still shared the same bedroom, so he was around all the time. ③ "How can I get him to leave me alone?" she wondered. ④ "Well, he's afraid of dogs," she thought, and made up her mind about what to do. ⑤ On her 9th birthday, she asked her mom to buy her an over-sized stuffed dog. ⑥ Now that she had her own "guard dog," she put it down in the living room and told Miles that it was on duty. ⑦ "No matter how hard you try, my dog is going to burst into our room and swallow you whole if you try to read my diary again!" she warned him. ⑧ Upon hearing that, Miles started to cry, because the dog was twice as large as him! ⑨ Realizing that perhaps she had gone too far, she felt sorry for her brother. ⑩ She took out her diary from the hiding place and said, "⑪ OK, OK, don't cry! ⑫ From now on, I'll read a page from my diary to you every day!"

語法・構文・表現

② ***be* around**「近くにいる」

③ **get ～ to *do***「～に…してもらう［させる］」

④ **what to do**「何をしたらよいか，何をするべきか」

⑤ **stuffed dog**「ぬいぐるみの犬」 ▶stuffed [stʌft]「詰め物をした，ぬいぐるみの」

⑦ **No matter how hard you try**「あなたがどんなに頑張っても」 ▶tryの内容は文脈から補う。
swallow ～ whole「～を丸ごと飲み込む」
warn ～, "..."「～に…だと（言って）注意［警告］する」

ライリーの新しい番犬

英文レベル ☆

日常生活（家庭・家族）

①8歳のライリーは，赤ん坊の弟マイルズが，毎日のように彼女の秘密の日記を見つけようとしているのだと思って，不安に感じていた。②2人はまだ同じ部屋を一緒に使っていたので，弟はいつも近くにいた。③「どうしたら私にちょっかいを出さないでもらえるのかしら？」彼女はあれこれ考えた。④「そうだわ，弟は犬が怖いのよ」彼女はそう思って，どうするか決めた。⑤9歳の誕生日に彼女は，特大の犬のぬいぐるみを買ってほしいと母親に頼んだ。⑥今や彼女には自分の「番犬」がいるので，彼女はそれを居間に置いて，それが見張り番をしているのよとマイルズに言った。⑦「もしあなたが私の日記をまた読もうとしたら，この犬が部屋に飛び込んできて，あなたを丸飲みにしちゃうわよ。あなたがどんなに抵抗してもね」と，彼女は弟に注意した。⑧それを聞いて，マイルズは泣き出した。その犬は彼の倍の大きさだったからだ。⑨ちょっとやり過ぎてしまったかなと気付き，彼女は弟のことを気の毒に思った。⑩彼女は隠し場所から日記を取り出して言った。「⑪分かった，分かった，泣かないで。⑫これからは毎日，私の日記を1ページずつ読んであげるから」

---

⑧ **Upon *doing***「…するとすぐ」
twice as large as ～「～の2倍大きい」

⑨ **Realizing that ...**「…であると気付いたので」▶「理由」を表す分詞構文。意味上の主語は主節のshe。
go too far「(言動が) 行き過ぎる，度が過ぎる」

⑫ **From now on**「今後は，これからは (ずっと)」

6 Riley's New Guard Dog

熟語の意味を確認しよう。

054
1000 ▶ 639

on a ～ básis

~~の基準［原則］で~~

▶ "～" にはいろいろな形容詞が入る。［例］**on a** regular **basis**「定期的に」，**on a** firstcome, first-served **basis**「先着順で」

055
1000 ▶ 117

àll the tíme

いつも，常に

▶〈all the time S+V〉なら「Sが…する間ずっと」。

056
1000 ▶ 234

lèave ～ alóne

～をそのままにしておく，～に干渉しない

同 let ～ alone

057
1000 ▶ 94

màke úp *one's* mínd

決心する

同 decide，determine

▶ mind の後には on ～ や about ～，疑問詞節などを置いてもよい。

▶ change *one's* mind は「気が変わる」。

058
1000 ▶ 766

nów that ...

…である以上，今はもう…なので

▶ 口語では that が省略されることもある。

059 1000▸409

pùt dówn ～

① ～を置く

▶「～を下に置く」から，「～を書き留める」(= take down ～(➡725)，write down ～) や「〔口語で〕(人) をけなす」の意味にもなる。

② ～を鎮める [抑える]

同 suppress，quell

▶ ①②ともに put ～ down の語順も可。

060 1000▸11

on dúty

当番で，勤務時間中で

反 off duty「非番で，勤務時間外で」

061 1000▸661

nò mátter hòw [whàt / whèn, etc.] ...

どんなに [何が・いつ など] …でも

同 however [whatever / whenever, etc.]

▶ no matter の後には疑問詞を続けるが，名詞を続ける用法もある。
[例] **no matter** the size「大きさにかかわらず」

062 1000▸437

búrst into ～

急に～をしだす；突然～に入る

同 break into ～ (➡445②)

063 1000▸319

fèel sórry for ～

～を気の毒に思う，～に同情する

同 take [have] pity on ～ (➡686)，sympathize with ～ (➡517)，feel for ～

▶ feel sorry to *do* は「…して気の毒に思う」。[例] I **feel sorry to** hear that.「それをお聞きして気の毒に思います」

7 The Accident

交通事故を目撃した筆者は，事故原因をどうとらえているか。

① "Look out!" I shouted, but it was too late. ② The car driver had not seen the student stepping onto the road, and it hit him. ③ I called an ambulance, which arrived within 5 minutes, closely followed by the police. ④ The ambulance crew rushed to carry out emergency aid to the student, and the police officer in charge of investigating the accident came over to me to ask what I had seen. ⑤ I explained that the student had not been paying attention to the traffic, and had stepped into the road. ⑥ Perhaps he had been in a hurry to get to school, as it was already 8:25 am, and the local school started at 8:30. ⑦ In any case, he was so absorbed in his mobile phone that he hadn't seen the car coming. ⑧ But it is not entirely the student's fault; that particular road is very dangerous. ⑨ Last week, an elderly woman was run over by a bus at that same spot, and every time I walk along that street, I see someone coming close to being run over. ⑩ Railings are needed along that street to keep people from crossing at the road in dangerous places.

語法・構文・表現

② **see ～ *doing***「～が…しているところを見る」(⑦ ⑨も同様)

③ **ambulance** [ǽmbjələns]「救急車」

closely followed by ～「すぐに～が後からついてきて」▶「付帯状況」の分詞構文。～, and it (= an ambulance) was followed by ... と意味をとる。

④ **rush to *do***「急いで…する」

come over (to ～)「(～のところに) やって来る」

事故

社会（事件・犯罪・事故）

①「気を付けて！」私は叫んだが，もう遅すぎた。②運転手は学生が道路に出てくるところを見ておらず，はねてしまった。③私が救急車を呼ぶと，5分もたたずに到着し，ほどなく警察もやって来た。④救急隊員は，急いでその学生に救急処置を施し，事故の調査を担当する警官が私のところにやって来て，私が目撃したことを尋ねた。⑤学生は車の往来に注意をしないまま，道路に飛び出してしまったと私は説明した。⑥おそらく学生は登校に急いでいたのだろう。すでに午前8時25分で，地元の学校は8時半に始業なので。⑦いずれにしても，彼は携帯電話に夢中のあまり，車が来ているのが目に入っていなかった。⑧それでも，すべてその学生の責任というわけではない。特に，あの道路はとても危険なのだ。⑨先週は，年配の婦人がまさに同じ場所でバスにひかれた。私があの通りを歩くたびに，誰かが危うくひかれそうになるのを見かける。⑩人々が道路の危険な場所で横断するのを防ぐために，あの通りに沿って柵が必要だ。

---

⑤ **had not been paying attention to ～**「～に注意を払っていなかった」▶過去完了進行形。

⑦ **so ～ that ...**「あまりに～なので…」〔➡ 161〕

⑧ **not entirely ～**「まったく～というわけではない」▶部分否定。
that particular ～「特にあの～，あの特定の～」

7 The Accident

熟語の意味を確認しよう。

064
1000▶307

lòok óut (for ～)

(～に) 気をつける

同 watch out (for ～) (➡427)

▶ look out for ～ には「～の世話をする, ～の面倒を見る」の意味もある。

【参考】「(内側から) 窓の外を見る」には, ①look out the window(s), ②look out of the window(s) の2通りある。①は《主に米》で, out は前置詞。

065
1000▶70

càrry óut ～

～を実行する

▶ carry ～ out の語順も可。

066
1000▶605

in chárge of ～

～を預かって [管理して]

▶「～を預かる [管理する]」は, take charge of ～。

067
1000▶100

pày atténtion to ～

～に注意を払う

同 look to ～ (➡416①), attend to ～

▶ attention にはいろいろな形容詞が付けられる。

▶「(人の) 注意を引く」は, attract [draw / catch] ～'s attention。

068
1000▶144

in a húrry

急いで, あせって

同 in haste

【参考】「急げ」と人をせかす表現は, Hurry up. や Step on it [the gas]. など。hurry ～ up は「～を急がせる」。

069
1000▶146

in ány càse [evènt]

とにかく, いずれにしても

同 anyway, at any rate (➡022), at all events

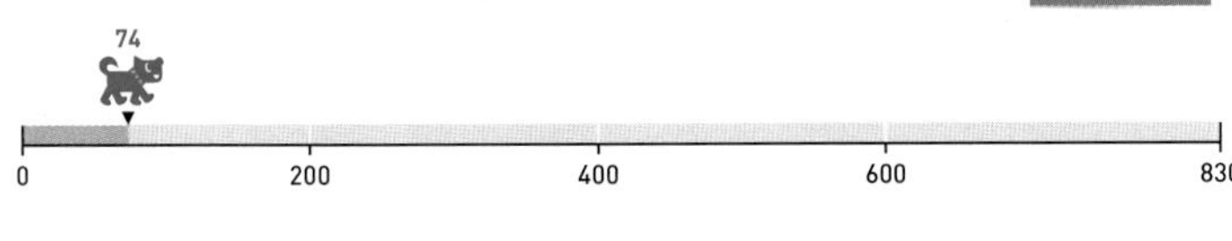

070
1000▶563

be absórbed in ～

～に熱中している

【参考】*be* absorbed into ～ は「(会社・自治体などが) ～に吸収［合併］される」。

071
1000▶410

rùn óver (～)

① (車が) ～をひく

▶ run ～ over の語順も可。

▶《米》では，代名詞の場合でも run over it の形が可能。

② (～から) あふれる

同 overflow

▶「～を復習する；～を繰り返す」の意味もある (＝go over ～(➡381 ②))。

072
1000▶702

èvery [èach] íme ...

…するたびに

同 whenever

▶ 単に副詞として「毎回」の意味でも使う。

073
1000▶675

còme clóse [néar] to *dóing*

もう少しで…しそうになる

同 almost *do*，nearly *do*

▶ come の代わりに *be*，get，go も使われる。

074
1000▶494

kéep *A* from *B*

AにBをさせない，AをBから守る［防ぐ］

同 prevent *A* from *B* (➡012)

▶ この from は「抑制・防止」を意味し，discourage *A* from *B* (➡324)，forbid *A* from *B* (➡628)，prohibit *A* from *B* (➡277) も同じ用法。

8 Locked Out

遅くに帰宅して鍵がないことに気付いた筆者は，どんな行動に出たか。

① I had the most frustrating day last week. ② It had been a tough day and I left work really late. ③ When I got home, I was in need of a hot bath. ④ Then, to my surprise, I realized that I had lost my door keys! ⑤ It was too late to call a locksmith and ask for help. ⑥ If I wanted to get back into my apartment, I would have to break in. ⑦ I could hardly hold back the tears of frustration. ⑧ I live on the second floor, so I thought I could climb up to my balcony. ⑨ Luckily I'm not afraid of heights, so I started to climb. ⑩ Suddenly, I had the feeling that someone was watching me. ⑪ I turned around to see a policeman looking up at me. ⑫ I quickly got back down and, feeling a little out of breath from the climb, I tried to explain what I was doing. ⑬ However, the policeman thought I was making the story up. ⑭ If it hadn't been for my neighbor, I would have been arrested. ⑮ He had heard the argument and came out. ⑯ He told the policeman that I was telling the truth, and then they both gave me a hand to get into my apartment. ⑰ When I finally got into my apartment, my keys were on the coffee table!

語法・構文・表現

⑤ **locksmith**「鍵屋，錠前工」

⑥ **If I wanted to ～, I would have to ...**「もし～したければ，…しなければならなかった」

get (back) into ～「～（場所）に（戻って）入る」

⑦ **could hardly *do***「ほとんど…できなかった，…するのが難しかった」

締め出し

英文レベル ☆

日常生活（家庭・家族）

①先週，これまでで最もいらいらする日を過ごした。②その日は大変な１日で，会社を出るのがかなり遅くなってしまった。③家にたどり着くと，私には熱い風呂が必要だった。④すると，驚いたことに，ドアの鍵をなくしていたことに気付いた！⑤時間も遅く，鍵屋に電話して助けを求めることもできなかった。⑥自分のアパートの部屋に戻りたければ，無理矢理押し入るしかなかった。⑦いらだちのあまり，涙をこらえるのが難しかった。⑧私は２階に住んでいるので，バルコニーまでよじ登ることができると思った。⑨幸い，私は高い所は怖くないので，登り始めた。⑩突然，誰かが私を見ていることに気付いた。⑪振り向くと，警官が私を見上げているのが目に入った。⑫すぐに降りて戻り，よじ登って少し息切れしていたが，何をしていたのか説明しようとした。⑬だが，警官は私が話をでっち上げていると思ったのだ。⑭もし隣人がいなかったら，私は逮捕されていただろう。⑮彼は言い争いを聞きつけて，出てきてくれた。⑯彼は警官に私の言っていることは事実だと話してくれ，それから警官と一緒に私がアパートの部屋に入るのを手助けしてくれた。⑰私がようやく自分のアパートに入ると，鍵は何とコーヒーテーブルの上にあった！

⑪ **turned around to see ～**「振り向くと～が見えた」▶「結果」を表す不定詞。
see ～ *doing*「～が…しているところが見える」

⑫ **feeling a little ...**「少し…と感じながら」▶分詞構文。

⑭ **would have been arrested**「逮捕されていたことだろう」▶仮定法過去完了の帰結節。

8 Locked Out

熟語の意味を確認しよう。

075 1000▸601

in néed of ～

～を必要として

【参考】could do with ～ は「〔口語で〕～を必要としている，～があればありがたい」(➡650①)。

076 1000▸645

to *one's* surpríse

～が驚いたことには

▶「大いに」と強調するには，名詞（surprise）の前にgreat，enormousなどの形容詞を置く，または句全体の前に much を置くなどする。

077 1000▸103

ásk for ～

～を求める

▶ ask *A* for *B*は「AにBを求める」。この場合のaskは他動詞。

078 1000▸376

brèak ín（～）

① 押し入る；口を挟む

▶ 他動詞として「～に押し入る」は，break into ～ (➡445①)。

② ～を慣らす

▶ break ～ in の語順も可。

079 1000▸317

hòld báck ～

～を制止する；（真相など）を隠す

同 keep back ～ (➡598)

▶ hold ～ back の語順も可。

080 1000▸17

be afráid of ～

～を恐れる［怖がる］；～を心配している

▶ *be* afraid to *do*「怖くて…することができない」と同じ意味で使われることもある。

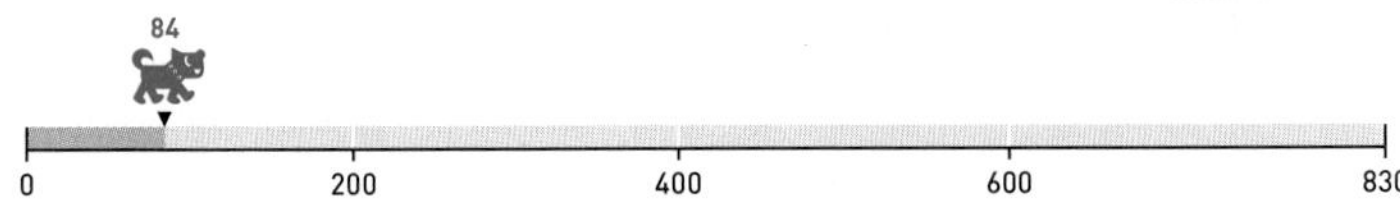

081
1000▸659

out of bréath

息切れして

同 short of breath

082
1000▸292

màke úp (～)

① ～を構成する；～を作り上げる

▶「作り上げる」から「化粧する；でっち上げる」の意味にもなる。make *oneself* [*one's* face] up と make up *one's* face は「～に化粧をする」の意味。

② 仲直りをする

▶「～と仲直りする」は，make up with ～。

▶ make it up (with ～) の形もある。

③ (～の) 埋め合わせをする (for ～)

同 compensate for ～ (➡805)

▶ ①③はmake ～ up の語順も可。

083
1000▸711

ìf it were nót for ～

もし～がなければ

同 but for ～，except for ～，without ～

▶「もし～がなかったならば」と過去について仮定する場合は，if it had not been for ～。

▶ やや文語調の形として，それぞれ were it not for ～，had it not been for ～もある。

084
1000▸782

gìve ～ a hánd

～に手を貸す

同 lend ～ a hand

9 Flying

飛行機が得意ではない筆者は，機内でどのようなストレスを感じているか。

①I really find long distance flying stressful. ②I mean the whole concept of traveling through the air in a heavy metal box seems to me to be **far from** logical and the flight always seems to **go on** forever. ③Now, I enjoy international travel **as a whole**, but it's just that I can't stand being **on board** a plane for hours **on end**. ④As soon as I get on board, I feel stressed. ⑤Probably, the main reason is traveling economy class as most people do. ⑥Traveling economy class means that you're entitled to only basic service, and a seat with limited legroom, so it feels as though you're trapped. ⑦However, it's not just the seating: I also find it difficult to concentrate on a plane. ⑧The noise of the engines makes it difficult to **make out** the dialogue of any movie, even when I play it at full volume. ⑨All I can do is sit and **turn over** the pages of the book I brought along, without really reading it. ⑩When I**'m tired of** the on-board entertainment, I look at the flight map but that gets depressing, as you see how much of the flight there is still **to go**. ⑪I try to sleep but usually fail miserably, so by the time I arrive at my destination, I feel I have been **turned into** a zombie.

語法・構文・表現

① **find ～ stressful**「～をストレスに感じる」

② **I mean**「つまり，その」 ▶前言の補足説明をする。

③ **it's just that ...**「それはつまり…ということだ，ただ…というだけだ」

⑥ ***be* entitled to ～**「～の権利［資格］がある」
feel as though [if] ...「まるで…であるかのような気がする」

⑨ **all I can do is (to) *do***「私にできることは…することだけだ」 ▶補語になる不定詞(句)ではtoを省略することも多い。

飛行機

英文レベル ☆

日常生活（旅行）

①私は長距離の飛行に本当にストレスを感じる。②つまり，重量のある金属の箱で空中を移動するという概念そのものが，私にしてみれば論理的とはほど遠いように思え，また，飛行が永遠に続くように思えるのだ。③今では，私は海外旅行を総じて楽しんではいるが，ただ，何時間も続けて飛行機に乗っていることには耐えられない。④機内に乗り込むなり，ストレスを感じるのだ。⑤おそらく，主な原因は，多くの人と同じように，エコノミークラスに乗るからだろう。⑥エコノミークラスというのは，基本的なサービスしか受けられず，また，座席の足下も狭いので，閉じ込められているかのように感じられる。⑦しかし，席だけの問題ではない。機内では，集中するのもまた難しいのだ。⑧エンジン音のせいで，どんな映画でも，たとえ最大音量にしても，会話を理解することができないのだ。⑨できることと言えば，ただ座って，持ってきた本のページをめくるぐらいだ。ただ，実際に読むわけではないが。⑩機内エンターテインメントに飽きると，飛行地図を眺めるのだが，まだどれだけ飛行時間が残っているかが分かって，気が滅入（めい）る。⑪眠ろうとしても，たいてい無残に失敗する。なので，目的地に着く頃には，自分がゾンビになったような気分になるのだ。

---

bring along ～「～を持ってくる」
without *doing*「…せずに」▶「付帯状況」を表す。

⑩ **depressing**「気が滅入るような」
how much of ～ there is still to go「どれほど多くの～がまだ残っているか」

⑪ **miserably**「みじめに，無残に」
by the time ...「…までには」〔➡115〕

9 Flying

熟語の意味を確認しよう。

085 1000▶140

fár from ～

～からほど遠い，～どころではない

同 anything but ～（➡358）

▶ 距離的に「～から遠い」の意味でも使う。

086 1000▶386

gò ón（～）

① (状況などが) 続く；(時間が) 過ぎる

▶「(～を) 続ける」の意味もあり，後に名詞が続けば〈go on with＋名詞〉，動詞が続けば〈go on＋*doing*〉になる。

▶ go on to *do* は「さらに続けて…(別のこと) をする」の意味。

② 〔通例 *be* going onで〕起こる，行われる

③ (旅行など) に出かける

▶ journey，trip，errand など目的語となる名詞は限定されている。

087 1000▶123

as a whóle

全体として（の）

▶ at large（➡338①）と同様に，名詞の直後に置かれることも多く，その場合は「形容詞」の働きをする。

088 1000▶205

on bóard（～）

〔前置詞句〕(乗り物) に乗って；〔形容詞句・副詞句〕乗って［た］(＝aboard)

089 1000▶419

on énd

① 連続して

同 in a row，in succession

② 直立して，垂直にして

▶「(横の状態の物を) 縦にする」ときの表現。

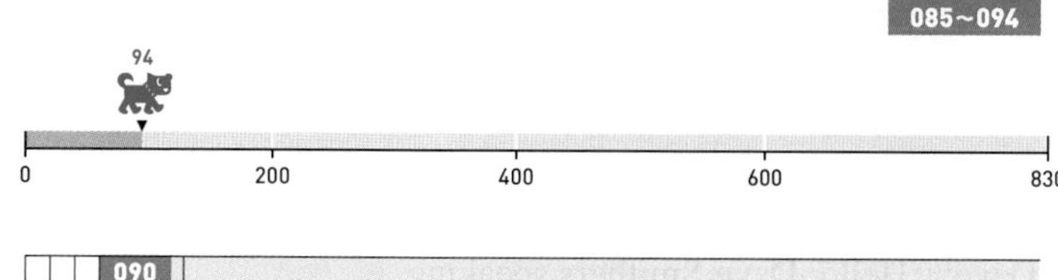

090
1000▸406

màke óut ～

① 〔通例 can を伴い，否定文・疑問文で〕～を理解する

同 understand

② 〔通例 can を伴って〕～を見分ける 同 discern

③ （書類・小切手など）を作成する

▶ ①②③ともに make ～ out の語順も可。

▶ ①②③のほかに自動詞の意味で，How で始まる疑問文で「結果・首尾」を尋ねる決まり文句もある。［例］How did you **make out** in the interview?「面接の結果はどうでしたか」

091
1000▸310

tùrn óver（～）

① ～を引き渡す；～を譲る 同 hand over ～（➡634）

② ～をひっくり返す；（ページなど）をめくる；ひっくり返る

▶《米》では「ページをめくる」の意味では over を付けないことも多い。

▶ turn over a new leaf は「心機一転やり直す」の意味の口語表現。

▶ ①②ともに turn ～ over の語順も可（②は他動詞の場合）。

092
1000▸254

be tíred of ～

～に飽きる［うんざりしている］

同 *be* fed up with ～（➡514），*be* bored with［of］～

▶ *be* は feel，become，get などにもなる。

093
1000▸260

～ to gó

〔名詞の後に置いて〕あと～，残りの～；持ち帰り用の～

094
1000▸110

túrn *A* ìnto *B*

A を B に（質的に）変える

同 transform *A* into［to］*B*（➡451），change *A* into *B*

▶ turn into ～「～に変わる」の turn は自動詞。into は「質的変化」を表す。［例］translate *A* **into** *B*「A を B に翻訳する」

10 A Favor

ティナはデイヴにどんな頼み事をしたか？

Dave: ① Hello, Dave Smithers speaking.

Tina: ② Hi, Dave. ③ It's Tina.

Dave: ④ Oh, hi, Tina. ⑤ How are you?

Tina: ⑥ Couldn't be better. ⑦ Sorry to disturb you. ⑧ Are you busy?

Dave: ⑨ No, I was just about to make a cup of tea.

Tina: ⑩ Great. ⑪ I'll have milk and two sugars, please. ⑫ Joking aside, I was calling as I want to ask you a favor.

Dave: ⑬ Sure. ⑭ Go ahead.

Tina: ⑮ Well, I was wondering if, by any chance, you still have your electric saw. ⑯ I remember you said that you had one.

Dave: ⑰ Yeah. ⑱ What for?

Tina: ⑲ Well, I'm going to cut down that big tree in the garden.

Dave: ⑳ I see. ㉑ Well, I don't know if I still have it. ㉒ Tell you what, I'll have a look in the shed and call you back if I find it.

Tina: ㉓ That would be great.

Dave: ㉔ Do you need a hand in cutting down the tree?

Tina: ㉕ That's really considerate of you. ㉖ Thank you.

Dave: ㉗ No problem. ㉘ How about Saturday morning? ㉙ I should be free this weekend.

Tina: ㉚ That would be fantastic. ㉛ See you on Saturday. ㉜ And give my regards to Jane.

Dave: ㉝ I will. ㉞ See you Saturday.

語法・構文・表現

⑦ **Sorry to disturb you.**「邪魔してごめんなさい」

⑪ **I'll have ~, please.**「（注文する場合などに）～をお願いします」

⑮ **I was wondering if ...**「…かどうかと思っていた」▶丁寧な依頼のときの表現。

㉒ **Tell you what.**「じゃあ，こうしよう」▶何か提案するときの表現。

頼み事

日常生活（趣味・娯楽）

デイヴ：① もしもし，デイヴ・スミザーズです。

ティナ：② こんにちは，デイヴ。③ ティナよ。

デイヴ：④ やあ，ティナ。⑤ 元気かい？

ティナ：⑥ 最高よ。⑦ 邪魔してごめんね。⑧ 忙しい？

デイヴ：⑨ いや，ちょうどお茶でも飲もうかと思ってたところだよ。

ティナ：⑩ いいわね。⑪ じゃあ，ミルクと砂糖２つ入りで。⑫ 冗談はさておき，お願いがあって電話したの。

デイヴ：⑬ いいよ。⑭ どうぞ。

ティナ：⑮ ええと，ちょっと聞きたかったんだけど，ひょっとして電動ノコギリはまだ持ってる？ ⑯ 以前持ってるって言ってたと思うんだけど。

デイヴ：⑰ ああ。⑱ どうして？

ティナ：⑲ うん，庭の大きな木を切りたいのよ。

デイヴ：⑳ なるほど。㉑ まだあるかどうか分からないけど。㉒ じゃあ，こうしよう，小屋を見てみて，もし見つかったら電話するよ。

ティナ：㉓ それは助かるわ。

デイヴ：㉔ 木を切り倒すのに手伝いは必要？

ティナ：㉕ それはご親切に。㉖ ありがとう。

デイヴ：㉗ 問題ないよ。㉘ 土曜日の午前中はどう？ ㉙ 今週末は空いてるはずだけど。

ティナ：㉚ バッチリだわ。㉛ じゃあ，土曜日に。㉜ ジェインにもよろしくね。

デイヴ：㉝ 伝えておくよ。㉞ じゃあ，土曜日に。

---

shed「小屋，納屋，物置」

㉓ **That would be great.**「それは素晴らしい」

㉔ **need a hand in *doing***「…するのに手助けが必要だ」

㉙ **should be free**「空いているはずだ」

⑩ A Favor

熟語の意味を確認しよう。

095 ◻1000▶695

Cóuldn't be bétter.

最高です。，これ以上よい状態はあり得ない。

▶ 主語（天候を表す It や1人称の I など）が省略された形。could は仮定法。

096 ◻1000▶31

be abóut to *do*

今にも…しようとしている

同 *be* on the point of *doing*

097 ◻1000▶677

jòking [kìdding] asíde

冗談はさておき

▶〈(動) 名詞＋aside〉全体で副詞句を構成。aside は副詞。

【参考】〈(動) 名詞＋notwithstanding〉「～にもかかわらず」は，前置詞が (動) 名詞の後にくる例。

098 ◻1000▶790

àsk ～ a fávor

（人）にお願いをする［頼む］

▶ ask a favor of ～ とも言う。

099 ◻1000▶777

gò ahéad

先に行く；（ためらわず）進む；〔電話で〕どうぞお話しください

▶ go ahead with ～ は「～を（どんどん）続ける［進める］」。

100 ◻1000▶274

by ány chànce

〔通例疑問文で〕もしかして

▶「要求」が強制的に響くのを防ぐのに使う。

101 □1000▶809

Whát ... fòr?

どうして…か。，何の目的で…か。

▶ 単に What for? と言われることも多い。

102 □1000▶807

hàve [tàke] a lóok（at ～）

（～を）見る

▶ lookの前には good，close などいろいろな形容詞を入れることができる。

103 □1000▶783

càll báck（～）

（～に）折り返し電話する，（～に）電話をかけ直す；～を呼び戻す

▶ 他動詞では call ～ back の語順も可。

104 □1000▶577

be consíderate of [to] ～

～に対して思いやりのある

▶ It is considerate of ～ to *do*. は「…するとは～は思いやりがある」。

105 □1000▶829

gìve *one's* regárds to ～

〔伝言・手紙などで〕～によろしくと伝える

▶ この意味では，regards は常に複数形。regards の前にbest，warm(est)，kind(est) などの形容詞も入れられる。

▶ 簡略形のあいさつとしては，Say hello to ～ (for me)．や Remember me to ～. がある。

11 New Year Resolutions

新年の抱負として掲げた健康的な生活，その顚末(てんまつ)とは？

① January 1st is the day when people of many cultures make New Year Resolutions in order to achieve a healthier lifestyle, for example, by giving up smoking, not drinking alcohol, or cutting down on sweets and fast food. ② But resolutions are not just about keeping off unhealthy things; they are also about starting new activities to improve general fitness. ③ Many people sign up for gym memberships in January, and try to attend as many fitness classes as possible. ④ Many people decide to try to improve their social life by spending less time watching television, and spending more time getting together with friends. ⑤ However, maintaining a whole new lifestyle requires determination, and for the majority of us, it's too difficult to adhere to our new ideals. ⑥ Nowadays, our lives are so busy that finding regular times to go to the gym can be almost impossible. ⑦ When we are very busy at work, lunchtime must sometimes be rushed, so quick snacks take the place of more healthy options. ⑧ Little by little, old habits creep back in, and by the time it gets to April, our New Year Resolutions and attempts to lead a better life have come to an end.

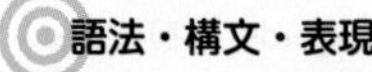

語法・構文・表現

① **make New Year('s) Resolutions**「年頭の誓いを立てる」

② **not just ～; also ...**「～だけではなく，…もまた」▶not only ～ but also ... の類似形。

⑤ **a whole new ～**「(今までとは異なる) まったく新しい～」▶whole はここでは「まったく」の意味の副詞。

新年の抱負

英文レベル ☆

文化（歴史・人類・文明・風俗）

①1月1日は，多くの文化圏で，より健康的な暮らしを実現するために，新年の決意をする日だ。実現の手段として，例えば，喫煙をやめる，アルコール飲料を控える，甘い物やファストフードを減らすといったことが挙げられる。②だが，決意とは単に体によくない物を慎むことについてだけではない。健康全般を改善させる新たな活動を始めることについても当てはまる。③多くの人が1月にスポーツクラブの会員に申し込み，できるだけ多くのフィットネスクラスに出ようとする。④多くの人が，テレビを見て過ごす時間を減らし，友人と集まる時間を増やすことで，人付き合いをよくしようと決心する。⑤ところが，まったく新たな生活スタイルを維持するのは固い決意を要するので，大多数の人にとって，新しい理想を持ち続けるのは非常に困難だ。⑥今日，私たちの生活はとても慌ただしいため，スポーツクラブに定期的に行く時間を見つけるのはほぼ不可能だ。⑦仕事ですごく忙しいとき，昼食時間も時に急がねばならないので，手軽な軽食がより健康的な食事の選択肢の代わりとなってしまうのだ。⑧少しずつ，以前の習慣がじわじわと戻ってきて，4月になるまでには，新年の決意やより良い生活を送ろうというさまざまな試みは終わってしまうのだ。

---

⑥ **so ~ that ...**「とても～なので，…」〔➡161〕

⑦ **take the place of ~**「～の代わりをする，～に取って代わる」

⑧ **creep**「（知らぬ間に）忍び寄る」▶backやinで方向を表す。
attempts to *do*「…しようとする試み」

11 New Year Resolutions

熟語の意味を確認しよう。

106 ⬜1000▸759

in òrder [sò as] to *dó*

…するために

▶ 肯定文では to *do* のみでもよいが，「…しないために」の意味では in order や so as を省略せずに in order [so as] not to *do* の形で用いる。

107 ⬜1000▸63

gìve úp ～

～をあきらめる；～を捨てる［やめる］

▶ give ～ up の語順も可。

▶ give up on ～ の形もある。

108 ⬜1000▸460

cùt dówn [báck] (on) ～

～(の量)を減らす，～を切り詰める

同 reduce

109 ⬜1000▸476

kèep óff ～

～を近づけない；～に近づかない；～を慎む

▶「～を近づけない」では keep ～ off の語順も可。

110 ⬜1000▸596

sìgn úp for ～

(受講など)の届け出をする；～に加わる

▶「署名して」や「名簿に名前を加えて」の意味を含む。

111 ⬜1000▸121

as ～ as póssible [*one* cán]

できる限り～

同 as best *one* can, to the best of *one's* ability (*cf.* to the best of *one's* knowledge (➡583))

▶ as ～ as *one* possibly can という強調の形もある。

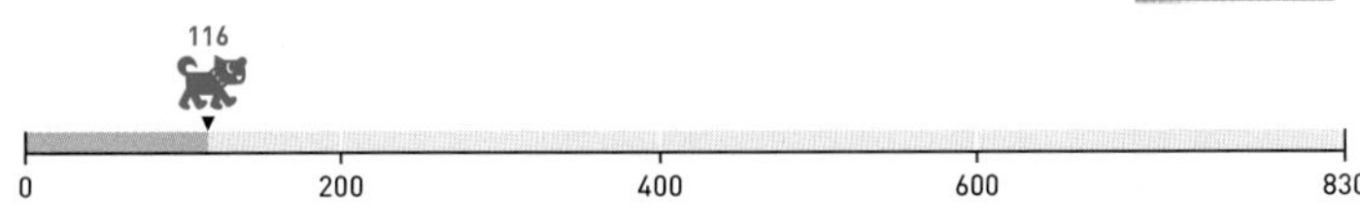

112
1000▶753

spénd ～ (in) *dóing*

…して（時間・期間）を過ごす

▶ "～" には「時間・期間」を表す語句がくる。

▶ in は省略されるのが普通。「～に時間を費やす」のニュアンスでは，on も使われる。

113
1000▶83

gèt togéther (～)

集まる；～を集める

▶ 他動詞では get ～ together の語順も可。

114
1000▶429

adhére to ～

（主義・規則など）に忠実に従う；～にくっつく

同 stick to ～ (➡278)

115
1000▶764

by the tíme ...

…までに（は）

▶ by the time 全体が接続詞的に働く。未来のことに言及するときには続く節の動詞は現在形を用いる。

116
1000▶750

còme to an énd [a clóse]

終わる

▶ 他動詞的に「～を終わらせる」は，bring ～ to an end [a close]。end [close] にはsad，abrupt「突然の」など種々の形容詞も付く。

12 An Enjoyable Hobby

筆者の所属クラブはどのように発足して，どのような活動をしているか。

① My Board Game Club came about completely by chance. ② In my first year at university, I was having lunch in a cafe with a couple of friends from my Literature class, when someone mentioned that they liked board games. ③ I said that I did too, and we should get together to play sometime. ④ From there, the idea grew, and so did the club. ⑤ We approached the owner of the cafe, who agreed to host a monthly meeting for a group of us to enjoy ourselves playing our favorite games. ⑥ Our members bring their board games and card games, and we play in groups. ⑦ It's possible to play up to five different games each meeting. ⑧ We are pleasantly surprised at the success of our club, and are now considering holding two meetings a month instead of just one. ⑨ It is popular with both students and professors at our university, and on average, around 20 people show up every month. ⑩ Not everyone attends every meeting; if someone can't make it, or simply doesn't feel like playing, they can take a break and attend the next meeting. ⑪ It's a great way to spend an evening, and a terrific way to make new friends.

語法・構文・表現

④ **so did the club**「クラブもまたそうだった」 ▶didはgrewを受ける。

⑤ **approach**「～に話をもちかける，（目的をもって）～に接する」
host *A* for *B*「BのためにAを主催する」

⑥ **in groups**「グループに分かれて」

楽しい趣味

英文レベル ☆

文化（教育・学校・学問）

①私が所属しているボードゲームクラブは，まったく偶然に作られた。②大学１年のときのこと，文学部の友人２，３人とカフェで昼食をとっていた。そのとき，誰かがボードゲームが好きだと言った。③私も好きなので，いつか一緒にプレーしようと言った。④そこからアイデアが膨らみ，クラブも結成された。⑤私たちがカフェのオーナーに打診したところ，毎月私たちのグループで集まって，大好きなゲームをして楽しむことに賛同してくれた。⑥メンバーは各自ボードゲームやカードゲームを持ち寄り，グループに分かれて遊ぶ。⑦１回の集まりで５種類のゲームまで遊ぶことが可能だ。⑧クラブの成功は嬉（うれ）しい驚きで，月に１回だけでなく２回の会合を開こうかと目下検討中である。⑨クラブは大学の学生と教授陣のどちらにも人気があり，平均すると約20人が毎月顔を出す。⑩全員が毎回の会合に出席するわけではない。出席できない場合，あるいは，プレーする気にならない場合は，その日は休んで，次の会合に参加することができる。⑪夜の過ごし方としては非常によい方法であり，また，新しい友達を作るには素晴らしい方法だ。

---

⑦ **up to ～**「～まで」〔➡210〕

⑧ **consider *doing***「…することを考慮する」

⑩ **Not everyone attends**「誰もが出席するわけではない」▶部分否定。
simply doesn't ～「どうしても［とても］～ない」▶〈simply＋否定表現〉でこの意味。

12 An Enjoyable Hobby

熟語の意味を確認しよう。

117 1000▶184

còme abóut

起こる（＝happen，occur）

【参考】「～を引き起こす」は，bring about ～（➡605）。

118 1000▶273

by chánce

偶然に

同 by accident，as luck would have it

119 1000▶2

a cóuple of ～

① 2つの～

同 two

② 2，3の～

同 a few ～

▶ ①②の区別が明確でない場合も多い。《米》では of が省略されることもある。

120 1000▶225

agrée to ～

（提案・計画・条件など）に同意する

同 consent to ～

▶ toの代わりに on，about，as to なども使う。

▶ agree to *do*「…することに同意する」と混同しない。

121 1000▶98

enjóy *onesèlf*

楽しい時を過ごす

同 have a good [great] time，have fun

▶ get a (big) kick out of ～ という口語表現もある。

122 1000▶568

be pópular with [amòng] ～

～に人気がある

123 1000▶638

on (the [an]) áverage

平均して

▶ above [below] (the) average は「平均以上 [以下] の [で]」。

124 1000▶295

shòw úp (～)

① (予定の所に) 現れる

同 turn up (～) (➡213)

② 目立つ；～を目立たせる

▶ 他動詞では show ～ up の語順も可。

125 1000▶594

máke it

成功する [うまくやる]；間に合う；出席する

▶ 文脈に応じていろいろな意味になる。

126 1000▶672

féel lìke *dóing*

…したい気がする

同 *be* inclined to *do* (➡166)

▶ *doing* の代わりに (代) 名詞も続く。
[例] feel like a movie「映画を見たい気がする」

13 As American As Apple Pie

アメリカ人にとって，「アップルパイ」とはどのような存在なのだろうか。

① You may have heard people refer to something as being "as American as apple pie." ② That's because Americans from all over the country love the taste of fresh apple pie. ③ There are dozens of different recipes for the treat, and baking a pie is fun and easy. ④ Pies are good for dessert, and make a great gift. ⑤ Bringing a pie to a neighbor's house is a great way to show that you care for them. ⑥ Baking a pie together is a fun activity for the family. ⑦ First of all, you need apples. ⑧ There are many different kinds of apples. ⑨ You could use Mutsu, but Granny Smith are the best kind of apples for pies. ⑩ Then choose someone who is responsible for peeling the skins off the apples. ⑪ That person should be someone you can rely on to be patient, and who is capable of using a small knife. ⑫ Even if you don't care about baking, you can still enjoy eating a piece of pie after dinner.

語法・構文・表現

as American as apple pie「いかにもアメリカ的な」

① **refer to *A* as *B***「AをBと言う」

② **That's because ....**「それは…だからだ」

④ ***be* good for ～**「～に適している」
make a (great) gift「(素晴らしい) 贈り物になる」

⑤ **a (great) way to *do***「…する (素晴らしい) 方法」

⑩ **peel *A* off *B***「AをBからむく［はぐ］」►offは前置詞。

アメリカ独特のもの

日常生活（料理・食事）

①何かが「(アップルパイのように)いかにもアメリカ的だ」と言われるのを聞いたことがあるかもしれない。②それは，国中のアメリカ人ができたてのアップルパイの味が大好きだからだ。③そのご馳走(ちそう)には何十ものいろいろなレシピがあり，パイを焼くのは楽しくて簡単だ。④パイはデザートにもってこいで，また，素敵な贈り物にもなる。⑤パイを隣人宅に持っていけば，それは隣人のことを大切に思っている気持ちを表す素晴らしい方法となるのだ。⑥パイを一緒に焼くのは，家族にとって楽しい活動である。⑦まずは，リンゴが必要だ。⑧リンゴにはたくさんの種類がある。⑨「陸奥」を使ってもよいが，パイには「グラニースミス」が最適だ。⑩それから，リンゴの皮むきを任せる人を誰か選ぼう。⑪その人は根気強いのを当てにできて，また，小型ナイフを使うことのできる人の方がよい。⑫たとえパイ焼きには関心がなくても，食後にパイを一切れ食べて楽しんではどうだろう。

---

⑪ **rely on ～ to *do***「～が…するのを当てにする」▶someoneを先行詞として，you can ... patientがsomeoneを後置修飾。
and who is capable of using a small knife「小型ナイフを使うことのできる」▶whoは，ここでは制限用法の関係代名詞。who以下は直前のyou can ... patientとandで並列してsomeoneを後置修飾している。

⑫ **Even if ...**「たとえ…でも」▶if ...の強調。
you can still *do*「…するのはどう？」▶ここでは「提案」の意味。

13 As American As Apple Pie

熟語の意味を確認しよう。

127 □□□ 1000▶33

refér to ～

① ～に言及する

▶ 名詞を使った堅い表現では，make reference to ～。

② ～を参照する；～に問い合わせる

128 □□□ 1000▶168

áll òver（～）

① (～の) 至る所に［で］

② 一面に

▶ ①の over は前置詞だが，②では副詞でアクセントは àll óver。The races are all over.「レースは全部終わっている」も àll óver。

129 □□□ 1000▶4

dózens of ～

数十もの～；何ダースもの～

▶ dozen をはじめ「数詞」が付く場合には複数形にしない語も，後に of ～ が付けば複数形にするものは多い。［例］**hundreds** of ～「何百もの～」，**thousands** of ～「何千もの～」，**millions** of ～「何百万もの～」，**billions** of ～「何十億もの～」

130 □□□ 1000▶293

cáre for ～

① ～の世話をする

同 take care of ～（➡028），look after ～（➡497）

②〔否定文・疑問文・条件文で〕～を好む；～を望む

③ ～を大切に思う

131 □□□ 1000▶334

fìrst of áll

まず第一に

同 to begin［start］with，in the first place（➡547）；〔口語で〕for starters，first off

▶ at first（➡430）と混同しないこと。

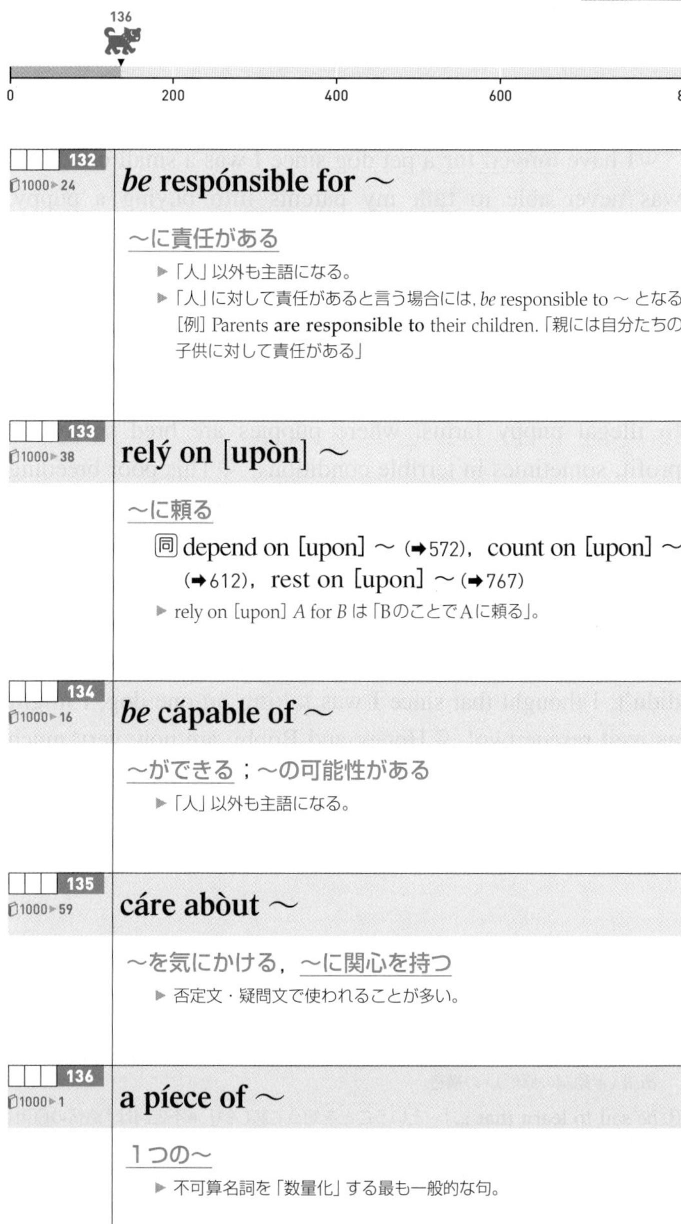

132 □1000▶24

be respónsible for ～

～に責任がある

▶「人」以外も主語になる。

▶「人」に対して責任があると言う場合には, *be* responsible to ～ となる。［例］Parents **are responsible to** their children.「親には自分たちの子供に対して責任がある」

133 □1000▶38

relý on [upòn] ～

～に頼る

同 depend on [upon] ～ (➡572), count on [upon] ～ (➡612), rest on [upon] ～ (➡767)

▶ rely on [upon] *A* for *B* は「BのことでAに頼る」。

134 □1000▶16

be cápable of ～

～ができる；～の可能性がある

▶「人」以外も主語になる。

135 □1000▶59

cáre abòut ～

～を気にかける，～に関心を持つ

▶ 否定文・疑問文で使われることが多い。

136 □1000▶1

a píece of ～

１つの～

▶ 不可算名詞を「数量化」する最も一般的な句。

14 The Puppy

犬を飼おうと決めた筆者は，どのような子犬を手に入れることにしたか。

① I have longed for a pet dog since I was a small child, but was never able to talk my parents into buying a puppy. ② Now I have my own home, so last year I decided to make my dream come true, and get a dog. ③ I began searching for my ideal pet among listed breeders of my favorite types of dog. ④ I was sad to learn that high demand for "designer" breeds, such as Labradoodles and Cockapoos, has given rise to illegal puppy farms, where puppies are bred solely for profit, sometimes in terrible conditions. ⑤ This poor breeding practice is to blame for health problems in some dogs, and an increase in the number of abandoned dogs in animal shelters. ⑥ I therefore decided not to buy my puppy from a breeder, but to rescue one from my local shelter. ⑦ There were so many puppies; it was very hard to pick out just one. ⑧ In the end, I didn't: I thought that since I was taking on one dog, I might as well rescue two! ⑨ Honey and Bobby are now very much part of my family, and I can't imagine life without them.

語法・構文・表現

② **make *one's* dream come true**「自分の夢を実現させる」▶〈使役動詞＋目的語＋補語（＝動詞の原形）〉の構造。

④ ***be* sad to learn that ...**「…ということを知って悲しい」▶不定詞は「感情の原因」を表す。

Labradoodle [lǽbrədúːdl]「ラブラドゥードル」（ラブラドールレトリーバーとプードルを交配した中型犬）

Cockapoo [ká(ː)kəpùː]「コッカプー」（コッカースパニエルとプードルとの交配種）

~, where ...「～，そこでは…」▶whereは非制限用法の関係副詞。関係詞節は先

子犬

日常生活（家庭・家族）

①子供の頃からずっと愛犬が欲しくてたまらなかったが，両親を説得して子犬を買ってもらうことはどうしてもできなかった。②今や私は自分の家があるので，夢を実現させようと昨年決心し，犬を買うことにした。③私が好きな犬種のブリーダー一覧から，理想的なペットを探し始めた。④ラブラドゥードルやコッカプーといった「デザイナー」品種は，その需要の高さが違法なパピーファーム（子犬飼育場）を生み出していると知って悲しくなった。そこでは子犬がもっぱら利益目的で，時に劣悪な環境で飼育されている。⑤このひどい飼育法は，ある種の犬の健康問題や，動物保護施設に収容されている捨て犬の数が増加していることに責任がある。⑥だから，私は子犬をブリーダーから買うのではなく，地元の収容施設から1匹救い出すことにした。⑦実に多くの子犬がいて，1匹だけを選び出すのは非常に難しかった。⑧結局，私はそうしなかった。1匹を引き受けるのであれば，2匹救い出しても構わないと思ったのだ。⑨ハニーとボビーは今では私の大切な家族の一員であり，2匹のいない生活など想像ができない。

行詞 illegal puppy farms に説明を加えている。

⑥ **decided not to ～, but to ...**「～するのではなく，…することに決めた」

⑦ **it was very hard to pick out ～**「～を選び出すのはとても難しかった」▶itは形式主語で，to以下が真主語。

⑧ **I didn't** = I didn't pick out just one
since ...「…である以上，…なのだから」▶自明の，既知の「理由」を表す。

⑭ The Puppy

熟語の意味を確認しよう。

137 1000▶446

lóng for ～

～を切望する

同 yearn for ～，wish for ～

138 1000▶511

tálk *A* into *B*

A（人）を説得してBをさせる

同 persuade ～ to *do*

▶「A（人）を説得してBをやめさせる」は，talk *A* out of *B*。

139 1000▶587

còme trúe

（夢・予言などが）実現する

▶ It's a dream come true.「それは実現した夢だ」のように，come true が名詞の直後に置かれ，形容詞的に使われることがある。

140 1000▶43

séarch for ～

～を探す［捜す］

同 look for ～ （➡554）

▶ search for a house「家はどこかと探す」，search a house「家の中を捜す」の違いに注意。

141 1000▶542

gìve ríse to ～

～を引き起こす［生む］

142
1000▶743

be to bláme (for ～)

(～に対して) 責めを負うべきである [責任がある]

143
1000▶75

pìck óut ～

～を選ぶ

同 choose, select

▶ pick ～ out の語順も可。

144
1000▶153

in the énd

結局は, ついには

同 finally, at last, eventually, at the end of the day

145
1000▶400

tàke ón ～

① ～を引き受ける ; ～を雇う

同 undertake「～を引き受ける」; employ「～を雇う」

▶ take ～ on の語順も可。

▶「(競技などで) ～と対戦する」の意味もある。

② (様相・色・性質など) を呈する [帯びる]

146
1000▶666

mìght (jùst) as wéll *dó*

…するのも同じだ ; (気は進まないが) …してもよい ; (どうせなら) …するほうがいい

▶ might (just) as well *A* as *B* の形になると「Bするのは A するようなものだ, Bするくらいなら A するほうがましだ」の意味。

15 English Can Be Beautiful

日本の高校で，英語を教える側の思いと，学ぶ側の実態はどう異なるのか。

① I used to teach English in high school in Gifu Prefecture. ② My hope was to share my love of English with my students and fellow English teachers. ③ But I quickly learned that nobody learns English for the beauty of the language. ④ This is because students must prepare for college entrance exams. ⑤ They don't have time to enjoy English. ⑥ English has become, in effect, an endurance test. ⑦ I think this is due to the difficulty of preparing students for college. ⑧ I set out to show the poetry of English, but instead I had to prepare my students to be tested in grammar and vocabulary. ⑨ On occasion I would run across students who had a liking for English and spoke English well, but they often failed the tests. ⑩ I told those students to cheer up because they were able to use English as a language, and not only as test material. ⑪ I attribute their good oral communication to a lack of fear. ⑫ Because they did not care about making mistakes, they became better speakers, as it were. ⑬ If only English could be taught for fun instead of for tests!

語法・構文・表現

② **share *A* with *B***「AをBと分かち合う」

③ **learn that ...**「…ということを知る」

④ **This is because ...**「これは…だからである」▶既出内容の「原因」を述べる。

⑦ **prepare *A* for *B***「A（人）をBに備えて準備させる」

英語は時に美しい

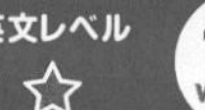

文化（教育・学校・学問）

①昔，私は岐阜県の高校で英語を教えていた。②私の望みは，英語への私の愛着を生徒や同僚の英語教員たちと分かち合うことだった。③だが，誰も言葉の美しさを追い求めて英語を学ばないということがすぐに分かった。④これは，生徒たちが大学入試に備えなければならないからだ。⑤英語を楽しむ時間がないのだ。⑥英語は事実上，耐久試験となってしまっている。⑦これは，生徒に大学の準備をさせるのが困難なことによるのだと思う。⑧私は英語の詩を紹介しようとし始めたが，それよりも生徒たちに文法と語彙（ごい）のテストの準備をさせなければならなかった。⑨時折，英語が好きで英語を上手に話す生徒にも度々出くわしたが，彼らはテストに落第することがよくあった。⑩私はそのような生徒たちに元気を出すように言った。彼らは英語を，単なるテストの素材としてではなく，言葉として使えるのだと。⑪彼らがオーラルコミュニケーションが上手なのは，恐怖心がないことのおかげだと私は考えている。⑫間違うことを気にしないので，いわば上手な話し手となったのだ。⑬英語をテストのためではなく，楽しむために教えることができればいいのだが。

---

⑧ **instead**「（しかし）そうする代わりに」▶この意味ではbutをよく伴う。
prepare ～ to *do*「～に…する準備をさせる」

⑩ **tell ～ to *do***「～に…するように言う」

⑬ **instead of ～**「～ではなく，～の代わりに」

15 English Can Be Beautiful

熟語の意味を確認しよう。

147
1000▶44

prepáre for ～

～の準備をする；~~～に備える~~

▶ prepare *A* for *B* は「Bに備えてAを準備する」。この場合の prepare は他動詞。

▶ *be* prepared for ～ は「～への用意ができている」(＝*be* ready for ～)。

148
1000▶415

in efféct

① 事実上，実際は

同 in fact (➡825)，in reality (➡566)，in practice (➡262)

② (法律などが) 実施されて 同 in force

【参考】come〔go〕into effect は「実施される」，bring〔put〕～ into effect は「～を実施する」。

149
1000▶412

be dúe to ～

① ～のため［結果］である

【参考】このdueは形容詞。due to ～ で前置詞句となり，その場合は owing to ～，on account of ～，because of ～ などと同義。

② 〔*be* due to *do* で〕…する予定である

同 *be* scheduled to *do*

150
1000▶411

sèt óut (～)

① 出発する 同 set off (➡033)

② 〔set out to *do* で〕…し始める 同 start，begin

③ ～を並べる；～を設計する 同 lay out ～ (➡264)

151
1000▶221

on occásion(s)

ときどき (＝sometimes，occasionally)

同 (every) once in a while (➡748)，(every) now and then〔again〕

152 1000▶449

rún acròss ～

① ～を偶然見つける，～に偶然出会う

同 run into ～ (➡339)，come across ～ (➡303①)，stumble across [on / upon] ～

② ～を走って横切る

153 1000▶541

hàve a líking for ～

～を好む

▶ take a liking to ～ は「～が好きになる」(＝take to ～ (➡297②))。

154 1000▶455

chèer úp (～)

元気づく；～を元気づける [応援する]

▶ 他動詞では cheer ～ up の語順も可。

155 1000▶490

attríbute *A* to *B*

*A*を*B*のせい [結果] と考える

同 ascribe *A* to *B*

156 1000▶349

as it wére

いわば 同 so to speak [say] (➡551)

▶ as it is (➡786) と区別する。

157 1000▶710

if ónly ...

① …でありさえすれば 同 only if ...

【参考】if only because ... は「…だけが理由だとしても」の意味。

② 〔現在・未来の願望を表して〕…でさえあればなあ

同 I wish ...

▶ if onlyの節だけで独立して用いることが多い。節の中は仮定法の動詞を用いる。

16 Plastic Society

プラスチック製品があふれる現代社会で，地球を守るために何ができるだろうか。

① Our excessive use of plastic has often been in the news recently. ② There are concerns that if we don't cut down on our use of plastic, we are likely to cause irreparable damage to our planet. ③ Already, our seas are full of it. ④ All around the world, volunteers of their own accord give up their spare time to clear beaches of rubbish by hand. ⑤ Plastic has become so much a part of modern life that a change in public habits is called for if we are to reduce our plastic waste. ⑥ Many governments have resorted to passing new laws with a view to cutting down our use of plastic. ⑦ For example, in many countries including the UK, there is a charge for all plastic shopping bags. ⑧ There has been a huge decline in the use of plastic bags thanks to this policy, as more people are inclined to take their own reusable bags when they go shopping. ⑨ More recently, campaigners have focused on single-use bottles; many schools have now banned these, and sales of reusable bottles are on the increase. ⑩ While we are unlikely to stop using plastic altogether, we must reflect on our overuse of plastic and find ways to reduce our plastic waste, thus preventing further damage to our world.

語法・構文・表現

② **cause *A* to *B*** 「AをBにもたらす［引き起こす］」
irreparable [irépərəbl] 「取り返しのつかない」 *cf.* reparable<repair

④ **volunteer** [và(:)ləntíər] 「ボランティア」 ▶アクセントに注意。
clear *A* of *B* 「AからBを取り除く」

⑤ **if ～ *be* to *do*** 「…したいのなら」 ▶この形の条件節で用いることが多い。

プラスチック社会

英文レベル ☆

自然（自然・環境）

①私たちがプラスチックを過剰に使用していることが，最近ニュースでよく報じられている。②プラスチックの使用量を減らさなければ，地球に取り返しのつかない被害をもたらす可能性が高いという懸念がある。③海はすでにプラスチックだらけだ。④世界中でボランティアたちが自発的に，自分の空き時間を割いて，海岸からゴミを手で取り除いている。⑤プラスチックは現代生活の大きな部分となっているので，プラスチック製のゴミを削減するには，一般大衆の習慣を変える必要がある。⑥多くの政府が，プラスチックの使用量を減らす目的で，新しい法律を成立させるという手段に出た。⑦例えば，英国を含む多くの国では，すべてのビニール製レジ袋に料金がかかる。⑧この政策のおかげで，ビニール袋の使用が大幅に減っている。買い物に行くときは自分のエコバッグを持参しようと思う人が増えているからだ。⑨より最近では，運動家たちは使い捨てのビンに注目した。多くの学校で今は使い捨てのビンが禁止になり，再利用可能なビンの売り上げが伸びている。⑩プラスチックの使用を完全にやめることはできそうにないが，自分たちがどれほど過剰にプラスチックを使っているかを反省し，プラスチック製ゴミを減らす方法を見つける必要がある。そうすることで，私たちの世界へのさらなる被害を防ぐことになるのである。

---

⑩ ***be*** **unlikely to** ***do***「…しそうにない」
overuse of plastic「プラスチックの使いすぎ」 ▶overuseはここでは名詞で[óuvərjù:s]。（動詞は[òuvərjú:z]。）
thus「そうすることで」 ▶分詞構文の前に用い，前述の内容の「結果」を述べる。

16 Plastic Society

熟語の意味を確認しよう。

158 1000▶29

be líkely to *do*

…しそうである

反 *be* unlikely to *do*「…しそうにない」

▶ likelyの前にvery, more, little, less などの副詞が付くことも多い。

159 1000▶655

of *one's* òwn accórd [frèe wíll]

自分の意志で，自発的に

同 of *one's* own volition, voluntarily

160 1000▶136

by hánd

手で

▶ このbyは「手段」を表し，後の名詞は無冠詞。［例］by machine「機械で」，by check「小切手で」，by e-mail「Eメールで」

161 1000▶175

sò ～ that ...

（結果を表して）非常に～なので…だ

▶ "～"には形容詞・副詞が入る。

▶ that は特に口語では省略されることが多い。

▶ 主節が否定文の場合は「…するほど～ではない」と「程度」を表すのが普通。

162 1000▶379

cáll for ～

① ～を必要とする，～を求める

同 require, demand, need

▶「人」以外が主語になることも多い。

▶〈call for＋人＋to *do*〉は「人に…するよう求める」(＝call on [upon] ～ to *do* (➡042②))。

②《主に英》(人) を誘い［迎え］に行く；(物) を取りに行く

▶《米》では「(天気予報で) ～を予報する」の意味でも使われる。

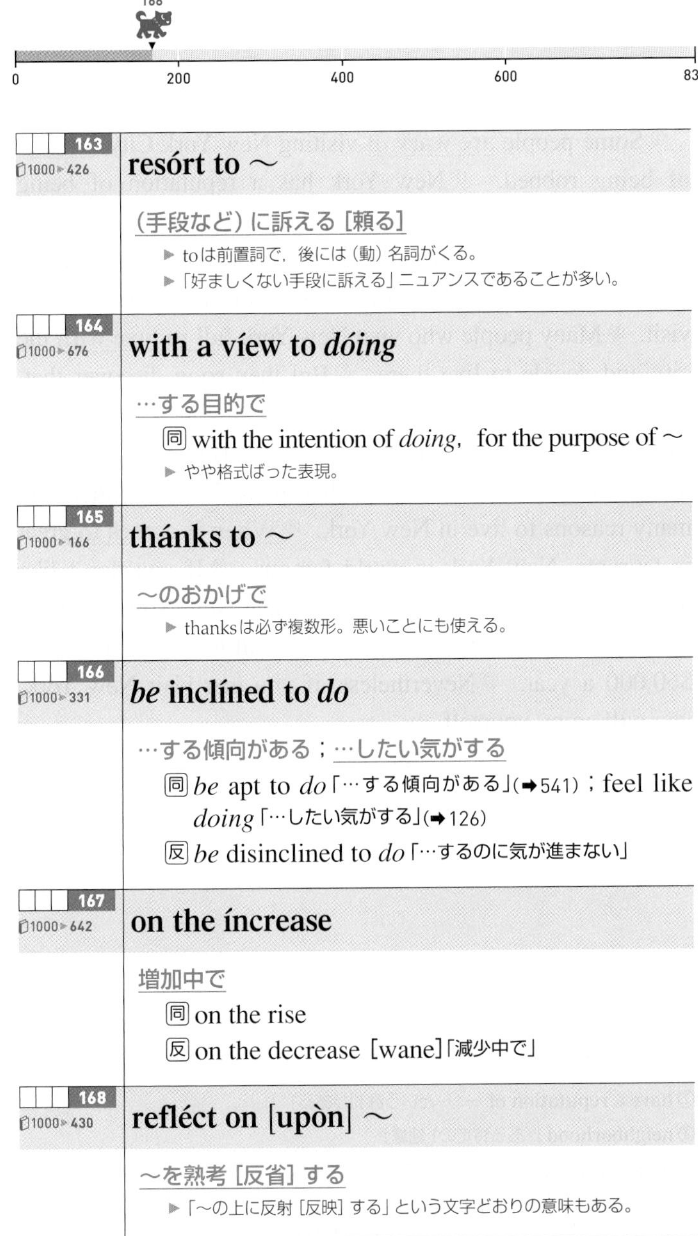

163 1000▶426

resórt to ～

(手段など) に訴える [頼る]

▶ toは前置詞で，後には (動) 名詞がくる。

▶「好ましくない手段に訴える」ニュアンスであることが多い。

164 1000▶676

with a víew to *dóing*

…する目的で

同 with the intention of *doing*, for the purpose of ～

▶ やや格式ばった表現。

165 1000▶166

thánks to ～

～のおかげで

▶ thanksは必ず複数形。悪いことにも使える。

166 1000▶331

be inclíned to *do*

…する傾向がある；…したい気がする

同 *be* apt to *do*「…する傾向がある」(➡541)；feel like *doing*「…したい気がする」(➡126)

反 *be* disinclined to *do*「…するのに気が進まない」

167 1000▶642

on the íncrease

増加中で

同 on the rise

反 on the decrease [wane]「減少中で」

168 1000▶430

refléct on [upòn] ～

～を熟考 [反省] する

▶「～の上に反射 [反映] する」という文字どおりの意味もある。

17 New York City

ニューヨークに魅了される人は多いが，気を付けるべきことは何か？

① Some people are wary of visiting New York City for fear of being robbed. ② New York has a reputation of being dangerous, but it is actually very safe. ③ You just have to bear in mind that there are some neighborhoods to avoid after dark. ④ In terms of safety for tourists, New York is a great place to visit. ⑤ Many people who visit New York fall in love with the city and decide to live there. ⑥ But they soon discover that, generally speaking, New Yorkers lead busy, sometimes stressful lives. ⑦ Most people say, "New York is a nice place to visit, but I wouldn't want to live there." ⑧ Still, there are many reasons to live in New York. ⑨ When it comes to great restaurants, New York is world famous. ⑩ If you don't like restaurants, you may well want to leave New York. ⑪ Also, the city is expensive. ⑫ It is very difficult to live on less than $60,000 a year. ⑬ Nevertheless, if you can visit New York, you will enjoy yourself.

語法・構文・表現

② **have a reputation of ～**「～という評判がある」

③ **neighborhood**「（ある特定の）地域」

⑥ **discover that ...**「…ということを知る［に気付く］」

⑦ **I wouldn't want to live**「私なら住みたいとは思わないだろう」►Iに仮定の条件（=「もし私なら」）が込められた「仮定法過去」の表現。

ニューヨーク市

英文レベル  

日常生活（旅行）

① 人によっては，盗難を恐れて，ニューヨーク市へは行くのを警戒する場合がある。② ニューヨークは危険だという評判があるが，実際はいたって安全だ。③ ただ，暗くなってからは避けるべき地域があることを心に留めておかねばならない。④ 観光客にとっての安全面という観点では，ニューヨークは訪れるには素晴らしい場所だ。⑤ ニューヨークを訪れる多くの人は，この街のことが大好きになり，そこに住もうと決心する。⑥ しかし，すぐに，ニューヨークの人たちは，概して，慌ただしく，時にストレスの多い生活を送っていることが分かる。⑦「ニューヨークは訪れるにはいい所だが，私なら住みたいとは思わない」と多くの人が言う。⑧ それでも，ニューヨークに住むべき理由は多くある。⑨ 素晴らしいレストランに関して言えば，ニューヨークは世界的に有名だ。⑩ もしレストランでの食事が嫌いなら，ニューヨークを離れたいと思うかもしれない。⑪ また，この街はお金がかかる。⑫ 年間６万ドル以下で生活するのは極めて困難だ。⑬ それでも，ニューヨークを訪れることができれば，楽しい時間を過ごすだろう。

---

⑧ **Still**「それでも」▶前述の内容を正しいと認めながらも，対照的な内容を述べる。

⑫ **less than ～**「～より少ない」▶厳密には「～」の数値を含まないが，文脈によっては「以下」の日本語を当てはめても差し支えない。

17 New York City

熟語の意味を確認しよう。

169
1000▶581

be wáry of ～

～に用心深い

同 *be* careful of ～, *be* cautious about [of] ～

170
1000▶614

for féar of ～

～を恐れて

▶ for fear (that) ... の形もある。この場合 that 節の中では will, would のほか, should, might も使われるが, 後の2語を使うと「文語調」になる。

171
1000▶592

kèep [bèar] ～ in mínd

～を心にとどめておく [忘れない]

▶ "～" が節で長い場合には, keep [bear] (it) in mind ... の語順にもなる。

172
1000▶598

in térms of ～

～の観点から；～に換算して

▶ 文脈に応じて,「～の立場から；～の言葉で；～によって」などと訳し分ける。

173
1000▶105

fàll in lóve with ～

(事・物) を大好きになる；(人) と恋に落ちる

▶ *be* in love with ～ は「状態」を表す。

178

0 200 400 600 830

174
1000▸342

gènerally spéaking

一般的に言えば

同 on the whole (➡801), all in all (➡502)

▶ 慣用的な分詞構文。似た例に strictly speaking「厳密に言えば」, frankly speaking「率直に言えば」, roughly speaking「大ざっぱに言えば」などがある。

175
1000▸519

lìve [lèad] a ～ lífe

～の生活をする

▶ "～" にはいろいろな形容詞が入る。

176
1000▸704

whèn it cómes to ～

～のこととなると；～をする段になると

177
1000▸665

màу wéll *dó*

おそらく…するだろう；…するのはもっともだ

▶ well には very が付くことも多い。may を might や could に変えると控えめな表現になる。

178
1000▸392

líve on (～)

① ～を常食にする

▶「(動物が) ～を常食にする」なら feed on ～ (➡221) がより一般的。

② (～の収入・金額) で生活する

同 live off ～

【参考】live off ～ では「～から吸い取って生きる」といった「非難」のニュアンスが込められることがある。

③ 生き続ける

▶ ①②の on は前置詞だが, ③の on は「継続」を表す副詞。[例] read on「読み続ける」, talk on「話し続ける」

▶ ③のときのアクセントは, lìve ón。

18 True Love

カンファレンスで知り合った女性と意気投合する筆者。彼らの関係はその後どうなったか？

① I first met Katie at a 2-week conference where I was one of the key presenters. ② She came to my presentation and the reception afterwards. ③ We hit it off immediately and I asked her to go out for a drink later in the week. ④ However, I was so tied up with the presentations that we never managed to meet up. ⑤ At the end of the conference, I told her I would get in touch when I got back from my next conference in the USA. ⑥ Typically, I lost her phone number, but I wasn't worried as we were both involved in the same kind of work, so it wouldn't be long before we ran into each other again. ⑦ However, what with work and other commitments, we did not see each other for a long time. ⑧ Then, I was invited to a colleague's wedding, and the lead bridesmaid was none other than Katie. ⑨ This time I made a point of writing down her phone number. ⑩ From that day on, we saw each other every weekend, and I knew that sooner or later we would get married. ⑪ Finally, we did and I have been married to her now for over 15 years.

語法・構文・表現

① **a 2-week conference**「2週間に及ぶカンファレンス」▶week を複数形にしない点に注意。

④ **never manage to *do***「どうにも…できない」
meet up「会う，落ち合う」

真実の愛

日常生活（婚姻・交友・人間関係）

①最初にケイティに出会ったのは，2週間ほどのカンファレンスでのことで，私はメインプレゼンターの1人として参加していた。②彼女は私のプレゼンに来ていて，その後のレセプションにも参加した。③私たちはすぐに意気投合し，彼女をその週のどこかで飲みに行こうと誘った。④しかし，私はプレゼンに追われて，なかなか会うことができなかった。⑤カンファレンスの最後に，私はアメリカでの次のカンファレンスから戻ったら連絡すると彼女に言った。⑥例によって，私は彼女の電話番号をなくしてしまったが，心配はしていなかった。私たちはどちらも同じような仕事に関わっていたので，また近いうちに会えるだろうと思ったのだ。⑦しかし，仕事やらそれ以外の用事やらで，私たちは長い間会うことがなかった。⑧その後，私は同僚の結婚式に招待されたのだが，先導する花嫁付添人はほかでもないケイティだったのだ。⑨今回は私は忘れずに彼女の電話番号をメモしておいた。⑩その日以来，私たちは毎週末に会い，遅かれ早かれ彼女と結婚すると思っていた。⑪ついに私たちは結婚し，彼女と結婚してもう15年以上になる。

⑥ **typically**「いつも通りに，よくあるように」
run into each other「ばったり出くわす，偶然出会う」

⑦ **commitment**「責務，義務，仕事」

⑪ **we did** = we got married

18 True Love

熟語の意味を確認しよう。

179
1000▸827

hìt it óff (with ～)

(人と) 仲良くなる [意気投合する]

同 take to ～ (➡297②), take a liking to ～, come to like ～

180
1000▸454

tìe úp (～)

(人) を拘束する；～を固く縛る；〔tie up (with ～) で〕(～と) 提携する

▶「(人) を拘束する」の意味では，受動態で「(多忙や交通渋滞などで) 動けない」を表すことが多い。

181
1000▸589

gèt in tóuch (with ～)

(～と) 連絡を取る

同 get in contact (with ～), make contact (with ～)

反 lose touch (with ～)「(～との) 連絡がなくなる」

▶「(～と) 連絡を取り続ける」は，keep [stay] in touch (with ～)。

182
1000▸562

be invólved in ～

～に携わっている [関係している]；～に熱中している

同 *be* concerned with [in] ～「～に関係している」(➡638)

▶ *be* の代わりに get，become などで「動作」を表す。

183
1000▸728

It is not lóng befòre ....

…するのに長くはかからない。，間もなく…する。

▶ is は時制によって変化する。

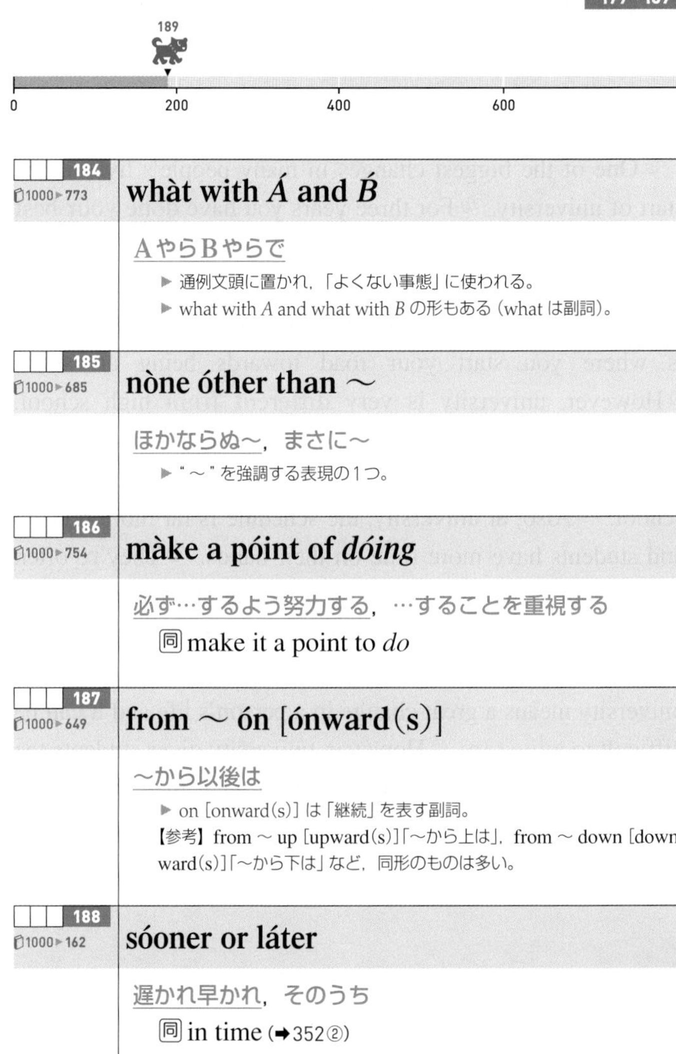

184
1000▶773

whàt with *Á* and *B́*

A やら B やらで

▶ 通例文頭に置かれ，「よくない事態」に使われる。

▶ what with *A* and what with *B* の形もある（what は副詞）。

185
1000▶685

nòne óther than ～

ほかならぬ～，まさに～

▶ "～" を強調する表現の1つ。

186
1000▶754

màke a póint of *dóing*

必ず…するよう努力する，…することを重視する

同 make it a point to *do*

187
1000▶649

from ～ ón [ónward(s)]

～から以後は

▶ on [onward(s)] は「継続」を表す副詞。

【参考】from ～ up [upward(s)]「～から上は」，from ～ down [downward(s)]「～から下は」など，同形のものは多い。

188
1000▶162

sóoner or láter

遅かれ早かれ，そのうち

同 in time (➡352②)

189
1000▶25

be márried (to ～)

(～と) 結婚している

▶「AはBと結婚した」は *A* married *B*. または *A* got [was] married to *B*. という。

19 University

大学生活とは，人生においてどのような意味を持つのであろうか。

①One of the biggest changes in many people's lives is the start of university. ②For three years you have done your best during your high school days and by virtue of your own hard work and effort, you have got what you most wanted. ③You have obtained a place in the university of your choice. ④This is where you start your road towards being an adult. ⑤However, university is very different from high school. ⑥First, most people major in a single subject of their choice rather than study a range of subjects that they learned in high school. ⑦Also, at university, the schedule is far more relaxed and students have more time on their hands. ⑧They're often free to join a club or to take up a new hobby that they have always wanted to do but have never had the time, for example, learning to play a musical instrument. ⑨In short, life at university means a great change in a person's life and it can be difficult to adjust to. ⑩However, university gives students the opportunity to grow up and decide on what their future will be.

語法・構文・表現

③ **of *one's* choice**「自分で選んだ」

④ **This is where ...**「これが…ところだ」▶関係副詞 where の前に the place を補って考える。

⑥ ***A* rather than *B***「B というよりは（むしろ）A である」
a range of 〜「いろいろな〜，広範囲な〜」

大学

文化（教育・学校・学問）

①多くの人にとって，人生の中の最大の変化の１つが，大学生活の始まりである。②皆さんは３年間，高校時代に精一杯頑張ってきて，自身の懸命な取り組みと努力のおかげで，最も望んでいたことを手に入れた。③希望の大学の籍を手にしたのだ。④大人への道は，ここから歩み始めることになる。⑤しかし，大学は高校とはまったく違う。⑥まず，ほとんどの人は，高校で学んだ広範囲の科目を勉強するよりも，自分で選んだ単一科目を専攻する。⑦また，大学ではスケジュールがはるかに緩く，学生は時間をだいぶ持て余してしまう。⑧学生は自由にクラブに入ることができる。あるいは，ずっとしたいと思っていたが時間がなかったようなこと，例えば，楽器の演奏を習うといった，新たな趣味を始めることもできる。⑨つまり，大学生活とは人生における大きな変換点を意味し，それに適応するのは難しいかもしれない。⑩しかし，人が大人になり，自分の将来がどうなるかを決める機会を大学は与えてくれるのである。

⑦ **relaxed**「ゆるい，厳格ではない」
on *one's* hand「（人の）自由になる」

⑧ **musical instrument**「楽器」

⑩ **gives ~ the opportunity to *do***「～に…する機会を与える」
decide on what their future will be「自分の将来がどのようなものになるかを決める」

19 University

熟語の意味を確認しよう。

190
1000▶95

dò *one's* bést

最善を尽くす

▶ do *one's* utmost [uttermost] という表現もある。

191
1000▶621

by [in] vírtue of ～

～のおかげで，～によって

同 because of ～，by means of ～ (➡709)

▶ かなり堅い句。

192
1000▶21

be dífferent from ～

～とは違っている

反 *be* similar to ～ (➡444)

▶ from の代わりに than や to も使われるが，from が一般的。

【参考】differ from ～ (➡288)

193
1000▶57

májor in ～

《主に米》(大学生が) ～を専攻する

▶《英》では specialise in ～ や study を用いる。大学院や上級研究所の場合は，specialize [《英》specialise] in ～。

194
1000▶248

be frée to *do*

自由に…できる

▶ feel free to *do* は主に命令形で，「遠慮なく…してください」という意味の文でよく使われる。

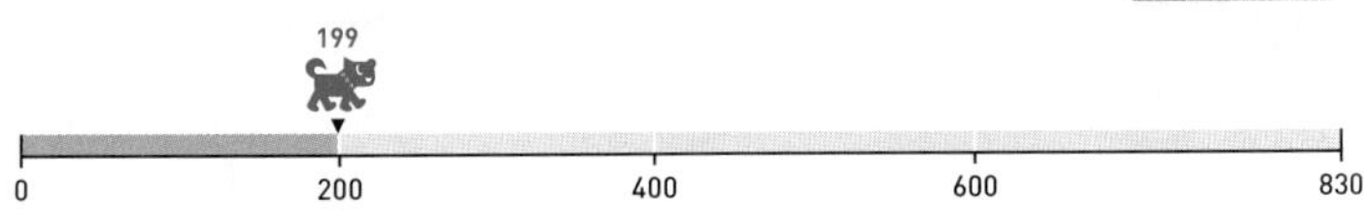

195 1000▶402

tàke úp ～

① (場所・時間) を取る；～を取り上げる

② (仕事・趣味など) を始める

▶ ①②ともに take ～ up の語順も可。

196 1000▶142

for exámple [ínstance]

例えば

▶ e.g. と略すこともある (ラテン語 exempli gratia より)。[ì:dʒí] または [fər ɪgzǽmpl] と読む。

197 1000▶341

in shórt

つまり，手短に言えば

同 in a word (➡354)

【参考】 for short は「略して，短く言って」。

198 1000▶485

adjúst (*A*) to *B*

(Aを) Bに合わせて調節する

同 adapt *A* to [for] *B*，accommodate *A* to *B*

199 1000▶64

gròw úp

大人になる；(事態などが) 生じる

▶ 精神的に「大人になる」の意味でも使う。

20 Problems at School

デイヴが抱えている学校での問題とは何か？ また，スーはデイヴにどんなアドバイスをしたか？

Sue: ① Hi, Dave. ② What's up? ③ You don't look happy.

Dave: ④ No, I'm having a problem with one of the students in my class.

Sue: ⑤ Really? ⑥ But I thought you loved college.

Dave: ⑦ Yeah, I do. ⑧ But it's this guy, George.

Sue: ⑨ What's wrong with him?

Dave: ⑩ Well, he thinks far too much of himself. ⑪ He's always boasting about how much he knows, but his grades are not that much different from mine!

Sue: ⑫ I know the type.

Dave: ⑬ Also, he is always showing off when the professor is around and whenever I talk to the professor, he cuts in and criticizes my opinion or my work. ⑭ I don't think that I can put up with it much longer.

Sue: ⑮ But, all the same, you seem content with the course, right?

Dave: ⑯ Yeah. ⑰ I love the course. ⑱ It's just him. ⑲ I suppose at heart he's all right. ⑳ I just need to learn to turn a blind eye to his boasting and keep my ideas to myself.

Sue: ㉑ Don't do that. ㉒ The whole idea of college is for you to express your ideas and discuss ideas. ㉓ Just be patient with George, and I'm sure he'll learn to listen to other people's ideas, or he won't be successful at college.

語法・構文・表現

④ **have a problem with ～**「～のことで問題がある」

⑨ **What's wrong with ～?**「～の何が問題なのか？」

⑪ ***be* not that much different from ～**「～とそれほど違わない」▶thatは「それほど」の意味の副詞。

⑬ ***be* around**「近くにいる」
criticize「～を批判する」

学校での問題

英文レベル ☆☆　203 words

文化（教育・学校・学問）

スー：　①あら，デイヴ。②どうしたの？③浮かない様子ね。

デイヴ：④うん，クラスのある生徒のことで問題があるんだ。

スー：　⑤そうなの？⑥でも，大学は大好きだと思ってたけど。

デイヴ：⑦そうだよ。⑧ただ，このジョージのことなんだ。

スー：　⑨彼がどうかしたの？

デイヴ：⑩まあ，彼は自分のことをすごく偉いと思ってるんだ。⑪いつも自分がどれだけ知識があるかを自慢しているけど，成績は僕とあまり変わらないんだよ！

スー：　⑫よくいるタイプだわ。

デイヴ：⑬それに，教授が近くにいるときにはいつも目立とうとして，僕が教授に話をしているとその度に割り込んできて，僕の意見や作ったものを批判してくるんだ。⑭もうこれ以上我慢できないよ。

スー：　⑮けど，それでもやはり，コースには満足してるのよね？

デイヴ：⑯うん。⑰このコースは大好きだよ。⑱問題は彼だけなんだ。⑲根はいいやつだと思うんだけど。⑳彼の自慢話には目をつぶって，自分の考えは自分の内に留めておくようにするしかないのかな。

スー：　㉑それはダメよ。㉒大学というのは，自分の考えを表現したり，考えを話し合ったりするための場なんだから。㉓ジョージのことはちょっと我慢して。彼もそのうちきっと他人の意見に耳を傾けることを学ぶと思う。そうしないと大学では上手くやっていけないからね。

---

⑭ **not ... much longer**「これ以上…ない」

⑳ **learn to *do***「…するようにする［なる］」

㉒ **The whole idea of ~ is (for *A*) to *do***「～というもの［の本質］は（Aが）…することだ」

㉓ **~, or ...**「～，そうしないと…」

20 Problems at School

熟語の意味を確認しよう。

200
1000▶824

thìnk múch [híghly] of ～

~~を高く評価する~~, ～を尊敬［尊重］する

同 respect, think a lot of ～, think the world of ～

反 think little [nothing / poorly] of ～「～を軽んじる」

▶ much は主に否定文で使われる。

▶ much [highly] は，受動態では過去分詞の前にくることが多い。

201
1000▶440

bóast of [abòut] ～

～を自慢する，～を誇らしげに話す

同 *be* proud of ～, take pride in ～ (➡662), pride *oneself* on ～ (➡482)

202
1000▶475

shòw óff (～)

(～を) 見せびらかす

▶ 他動詞では show ～ off の語順も可。

203
1000▶482

cùt ín

(人・車が) 割り込む

▶「～に割り込む」は，cut in on ～ や cut into ～。

204
1000▶198

pùt úp with ～

～を我慢する (＝tolerate, endure, stand)

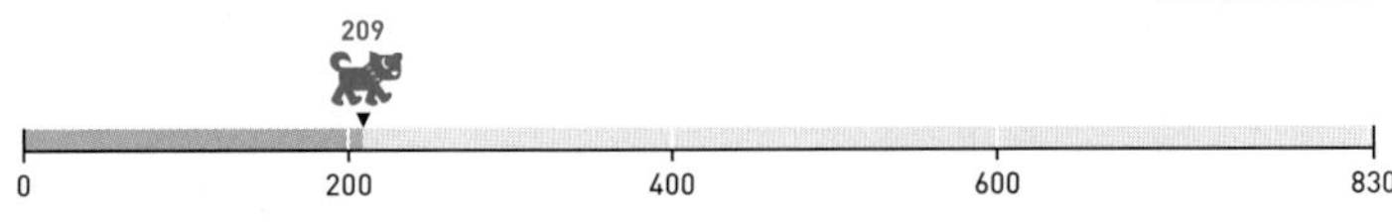

205
1000▶210

àll [jùst] the sáme

それでもやはり（=nevertheless）

▶「すべて同じ（の）」という文字どおりの意味もある。

▶ Thank you just the same.「とにかくありがとう」は，相手の好意に感謝しながら断る表現。

206
1000▶570

be contént [conténted] with ～

～に満足している

▶ *be* satisfied with ～「～に（完全に）満足している」(➡480) と異なり，こちらは「(自分を意識的に納得させて) 満足している」の意味。

207
1000▶636

at héart

心の底では，本当は

同〔口語で〕deep down

208
1000▶802

tùrn a blìnd éye to ～

～を見て見ぬふりをする

同 look the other way on ～

▶「～にまったく耳を貸さない」は，turn a deaf ear to ～。

209
1000▶683

to *oneséłf*

① 自分だけ（が使うの）に

▶ 強調のために all to *oneself* とも言う。

▶ (all) by *oneself*「1人きりで；独力で」，for *oneself*「自分で；自分のために」とのニュアンスの違いに注意。

② 自分自身に，心の中に［で］

▶ keep ～ to *oneself* は「～を独り占めする；～を他人に知らせない」。

21 Respect for the Aged Day

敬老の日という祝日を機会に，家族や世代のあり方について考えてみよう。

① *Keiro-no-hi*, or "Respect-for-the-Aged Day," is a national holiday in Japan. ② It's a day to honor older adults and to show appreciation for their contributions to society. ③ Today, up to a quarter of the Japanese population are considered elderly. ④ People look up to their elders, believing that they can pass on their wisdom and knowledge to the descendants. ⑤ As a holiday that began over 50 years ago, there're not many fixed rituals, but a number of young people return to their hometowns and turn up at various events, which gives elderly people a good chance to spend time with them without having to send for them. ⑥ In the past, multi-generational families often lived under the same roof, as a matter of course. ⑦ However, currently more and more young people are moving out to urban cities for employment, with most of them never returning, contrary to expectations. ⑧ Having more and more families living apart, not to mention the declining population, makes it all but certain that future generations will find it more difficult to keep the traditions going, but as they go through life themselves, they will hopefully find a way.

語法・構文・表現

⑤ **ritual**「儀式，典礼」

..., which gives elderly people ～「…，それは高齢者たちに～を与える」▶この非制限用法の関係代名詞whichが単数扱いになっているのは，直前のbut以下の文の内容を指すため。

⑦ **with ～ never *doing***「～は（結局）…することは決してない」▶withは「付帯状況」（…して，そして～）を表す。

敬老の日

文化（歴史・人類・文明・風俗）

①「敬老の日」は日本の祝日だ。②それは高齢者を敬い，社会に貢献してくれたことに対して感謝の気持ちを表す日である。③今日，日本の人口の4分の1までもの人が高齢者とされている。④年長者は尊敬されており，その知恵と知識は子孫に受け継がれていくとされている。⑤50年以上前に始まった休日にしては，決まった儀式はあまり多くないが，多くの若者が故郷に戻って，様々な行事に姿を見せる。そのおかげで，高齢者たちは，若者たちをわざわざ地元に呼び戻すことなく，彼らと時間を過ごせるのである。⑥かつては，複数世代の家族が，当然のことながら，同じ屋根の下に住むことがよくあった。⑦しかし，現在では，ますます多くの若者が職を求めて都会に出て行き，そして，期待に反して，そのほとんどが地元に戻ってくることはない。⑧人口減少は言うまでもなく，ますます多くの家族が離れて暮らすようになることで，未来の世代は伝統を維持していくのがさらに難しくなるであろうことは，ほぼ疑いない。だが，そういった世代が自らの力で人生を送りながら，何とか方法を見つけてくれるといいのだが。

⑧ **Having more and more ～ *doing***「…する～がますます増えること」
makes it all but certain that ...「…であることをほぼ確かなものにする」▶主語は文頭のHaving ... apart，itは形式目的語，真の目的語はthat節。
find it difficult to *do*「…するのは難しいと思う［分かる］」▶itは形式目的語。
keep ～ going「～を続けさせる，維持する」

21 Respect for the Aged Day

熟語の意味を確認しよう。

210 □□□ 1000▶413

úp to ～

① ~~まで~~

▶ 例えば up to 40 percent は「最高で40%」。

② 〔主にIt is up to ～で〕～しだいである；～の責任である

③ 〔*be* up to ～で〕(悪いこと) をしようとしている

211 □□□ 1000▶368

lòok úp to ～

～を尊敬する

同 respect

反 look down on [upon] ～ (➡518)

【参考】単に「(空など) を見上げる」は look up at ～ が普通。

212 □□□ 1000▶483

pàss ón ～

(物・情報など) を次に回す [伝える]

同 hand down ～ (➡789)

▶ pass ～ on の語順も可。

▶ 遠まわしに「死ぬ」(＝pass away (➡283)) の意味もある。

213 □□□ 1000▶296

tùrn úp (～)

① 現れる；起こる 同 show up (～) (➡124)

▶「上を向く；(経済などが) 上向く」という文字どおりの意味もある。

② (ガス・音量など) を大きくする；～を探し出す

▶ turn ～ up の語順も可。

▶「(襟など) を立てる」の意味もある。

214 □□□ 1000▶447

sénd for ～

(人) を呼ぶ；(物) を取り寄せる

▶「呼んで (人) に来てもらう」の意味。「(人) を呼びに行く」は, go for ～。

▶ send *A* for *B* は「Aを使わしてBを呼びに [取りに] 行かせる」。

219

0 200 400 600 830

215
1000▶275

as a màtter of cóurse

当然のこととして

216
1000▶555

be cóntrary to ～

～に反している

▶ 文頭で〈Contrary to ～, S＋V〉の形で副詞的に使うこともある。

217
1000▶361

nòt to méntion ～

～は言うまでもなく

同 not to speak of ～，to say nothing of ～ (➡392)

▶ “～”には名詞だけでなく，先行する文を受けてさまざまな語句がくる。

218
1000▶416

áll but ～

① ～も同然，ほとんど～

同 almost，just about ～ (➡770)

▶ 副詞句として働き，形容詞や動詞が続く。

② ～以外すべて

▶ butは前置詞（＝except）で，名詞や代名詞が続く。

219
1000▶62

gò thróugh ～

① ～を通過する

同 get through ～

▶ through は，The bill went through the Diet.「その法案が国会を通過した」では前置詞だが，The bill went through.「その法案が通過した」では副詞。

② （苦しみなど）を経験する

同 experience，undergo

22 Fishing Fashion

自分の趣味そのものが好きな人と，その趣味にお金をつぎ込むことが好きな人の違いとは？

① Have you ever noticed that there are two types of people in every hobby or sport? ② There are the people who love the sport, and then there are the people who love the gear. ③ For example, I love to fish. ④ All I need is a fishing pole and a hook. ⑤ But some people spend all day shopping for a nice hat to go with their fishing outfit. ⑥ Instead of looking for bait that fish feed on, these people search for the best looking lures. ⑦ It seems like they prefer buying things to actually doing things. ⑧ I'm not against people whose greatest pleasure derives from shopping. ⑨ But I wonder if people who put things over experiences are missing something, in a way. ⑩ It seems that in the long run, people who care more about things tend to change their hobbies often. ⑪ They keep finding new hobbies to spend money on. ⑫ I wonder if one day they will look back on all the stuff they have bought and it will dawn on them how much money they have wasted.

語法・構文・表現

④ **All I need is ～**「私には～があればよい」►all *S* need is ～「Sに必要なのは～だけだ」

⑤ **spend all day shopping for ～**「～を買うのに1日中費やす」►〈spend＋時間＋*doing*〉「…するのに（時間）を費やす」。
outfit「道具類一式」

⑥ **look for ～**「～を探す」〔➡554〕
search for ～「～を（求めて）捜す」〔➡140〕

⑦ **It seems like ...**「（まるで）…であるように思える」►likeをこのように接続詞として使うのは，特に《米》ではごく普通。

釣りの流儀

日常生活（スポーツ）

①どんな趣味やスポーツでも，人には2つのタイプがあることに気付いたことはあるだろうか。②スポーツが大好きな人がいて，一方，その道具に目がない人もいる。③例えば，私は釣りが大好きだ。④私には釣り竿（ざお）と釣り針さえあればいい。⑤しかし，人によっては，釣り道具一式とよく合う素敵な帽子を買うのにまる1日費やす人もいる。⑥魚が食いつく餌（えさ）を探す代わりに，そういった人たちは一番見た目のよいルアーを探し求める。⑦その人たちはまるで，実際に何かをすることよりも，物を買うことのほうが好きなように思える。⑧買い物から大きな喜びが得られる人に反対しているのではない。⑨ただ，体験よりも物を重視する人は，ある意味何かを逃しているのではないだろうか。⑩長い目で見ると，物により関心の強い人は，趣味をよく変える傾向にあるようだ。⑪その人たちは，お金をつぎ込む新たな趣味を探し続けているのだ。⑫ある日，自分がこれまでに購入した様々な物を思い返し，どれほどのお金を無駄にしたかに気付くことがあるものだろうか？

⑨ **I wonder if ...**「…だろうかと思う」
put things over experiences「体験より物を重視する」▶直訳すると「体験の上位に物を置く」。

⑩ **It seems that ...**「…であるように思える」

⑪ **new hobbies to spend money on**「お金をつぎ込むべき新しい趣味」▶〈spend＋金＋on ～〉「～に（お金）を費やす」。to spendは不定詞の形容詞用法，onの意味上の目的語はnew hobbies。

22 Fishing Fashion

熟語の意味を確認しよう。

220 1000▶389

gó with 〜

① 〜と付き合う；〜と一緒に行く

▶「〜と付き合う」はgo out with 〜 (*cf.* go out (➡680①)) とも言う。

② 〜に似合う

221 1000▶433

féed on 〜

〜を常食［餌（えさ）］にする

▶ 通例では動物について使うが，人間にも使われる。

▶ feed *A* on *B* は「AにB（餌）を与える」。

222 1000▶109

prefér *A* to *B*

BよりAを好む

同 like *A* better than *B*

▶ *A*に動詞がくる場合は不定詞・動名詞の両方を使えるが，不定詞の場合には後の to *B* は rather than (to) *do* とするのが一般的。
［例］I **prefer** going by taxi **to** walking.=I **prefer** to go by taxi **rather than** (**to**) walk.

223 1000▶442

derívе from 〜

〜に由来する，〜から出ている

▶ derive *A* from *B* は「BからAを得ている［推論する］」。この場合の derive は他動詞。

224 1000▶333

in a wáy

ある意味では，ある点で

同 in a sense (➡509)

▶ in the way (of 〜) (➡393) や (in) the way ... (➡666) と混同しないこと。

▶ in one way とも言う。

225
1000▸155

in the lóng rùn

長い目で見れば，結局は

同 in the long term

反 in the short run [term]「短期的には」

226
1000▸745

ténd to *dó*

…する傾向がある，…しがちである

同 *be* apt to *do* (➡541)，*be* inclined to *do* (➡166)

227
1000▸86

kéep *dóing*

…し続ける

同 keep [go] on *doing*

228
1000▸593

lòok báck on [upòn / to] ～

～を回顧［回想］する

▶「振り向いて（具体的な物）を見る」の意味では，look back at ～ にもなる。

229
1000▸240

dáwn on ～

（考えなどが）（人）にわかり始める［思い浮かぶ］

▶ occur to ～ (➡289) と同様に「思いつくもの」が主語になる。

23 How to be Happy

多忙でストレスを抱えた生活で幸せな気持ちに切り替える方法とは？

① Do you dream of living a life free from stress? ② Are you constantly tired from working so hard every day? ③ Do you spend all your time thinking about work at the expense of spending quality time with your family and friends? ④ Maybe it is time for you to slow down and rethink your lifestyle. ⑤ In our busy world, it is easy to forget what is really important in life. ⑥ Naturally, if you are well rested and happy, you will be a more productive and efficient person in all aspects of life. ⑦ It is also important to take in enough water, as dehydration can have a negative impact on your health and your state of mind. ⑧ See to it that you regularly spend time with friends and family; it is often said that time spent in the company of people who make you laugh is equivalent to taking a vacation. ⑨ Eat healthily, and exercise often: aim at eating five portions of fruit and vegetables and doing 30 minutes of exercise every day. ⑩ Above all, every now and then, treat yourself to something special, something that may not be good for you but you enjoy, such as a bar of chocolate. ⑪ Happiness consists in health and contentment, so please remember to be good to yourself.

語法・構文・表現

③ **quality time**「質の高い時間，充実した時間」(大切な人と過ごすことに時間を十分使える，価値ある時間のこと)

④ **it is time for ～ to *do***「～が…すべき時だ」

⑦ **dehydration** [dìːhaidréiʃən]「脱水症状」
have an impact on ～「～に影響を与える」

⑧ **time spent in the company of ～**「～と一緒に過ごす時間」▶過去分詞句のspent以下が直前のtimeを後置修飾。in the company of ～「～と一緒に」。

幸せでいる方法

日常生活（健康・医療）

①あなたは，ストレスとは無縁の生活を送ることを夢見ていますか。②毎日とてもきつい仕事でいつも疲れていますか。③自分の時間はすべて，仕事のことを考えているのですか。家族や友人と有意義な時間を過ごすことを犠牲にしてまで。④ひょっとすると，あなたは少し落ち着いて，生き方を見直すべき時かもしれない。⑤多忙な世の中では，人生において本当に大切なことを見失うのはたやすいことだ。⑥当然のことだが，もし十分に休めていて，幸せであれば，生活すべての面で，より生産性が高くて能率的になる。⑦水分を十分に摂るのも大切だ。脱水症状は健康や精神状態に悪影響を与える可能性があるからだ。⑧友人や家族と定期的に時間を過ごすように気を付けよう。笑わせてくれる人と一緒に過ごす時間は，休暇を取っているのに相当するとよく言われる。⑨健康的な食事を摂り，よく運動すること。毎日果物と野菜を5皿分食べて，30分運動することを目指そう。⑩とりわけ，時には自分に特別なご褒美をあげるようにしよう。例えばチョコレートのような，体には良くないかもしれないが大好きなものを。⑪幸せとは健康と満足にある。だから，どうか自分には優しくすることを忘れないでほしい。

⑨ **aim at eating ～ and doing 30 minutes of ...**「～を食べ，…を30分することを目指す」▶2つの動名詞句が並列。

⑩ **every now and then**「時には」
a bar of chocolate「板［棒］チョコ1枚［本］」（＝a chocolate bar）

⑪ **remember to *do***「忘れずに…する」〔➡803〕

㉓ How to be Happy

熟語の意味を確認しよう。

230 1000▸247

be frée from [of] ～

~~がない~~

▶ *be* は live, remain などになることもある。

【参考】free *A* from [of] *B*「A（人・場所）からB（苦難・障害など）を取り除く」では，free は他動詞。

231 1000▸253

be tíred from [with] ～

～で疲れる

【参考】「～でへとへとに疲れる」は，*be* tired [worn] out from [with] ～，*be* exhausted from [with] ～，*be* used up from [with] ～ など。

232 1000▸616

at the expénse of ～

～を犠牲にして

同 at the cost of ～

▶「～の費用で」という文字どおりの意味でも使う。

233 1000▸461

slòw dówn（～）

（～の）速度を落とす；ペースが落ちる

同 slow up（～）

反 speed up（～）「（～の）速度を上げる」

234 1000▸399

tàke ín ～

① ～を取り入れる；～を理解する

同 include「～を取り入れる」；understand「～を理解する」

② ～をだます

同 deceive

▶ この意味では受動態で使われることが多い。

③ ～を見物する

▶ ①②③ともに take ～ in の語順も可。

235
1000▶762

sée（to it）thàt ...

…するように取り計らう［気をつける］

▶ that 節の中は，未来に関する話題でも現在形を用いるのが普通。

236
1000▶329

be equívalent to ～

～に等しい

同 *be* equal to ～（➡521）

237
1000▶443

áim at ～

～を目指す；～を狙う

▶「AをBに向ける」は，aim *A* at *B*。この場合の aim は他動詞。

238
1000▶208

abòve áll（élse）

とりわけ，特に（=especially，particularly）

同 above all things

239
1000▶821

tréat *A* to *B*

A（人）にB（食事など）をおごる

▶ I'll［Let me］buy you a meal.「食事をおごるよ」といった簡単な表現もある。

240
1000▶297

consíst in ～

～にある

同 lie in ～（➡375）

▶ やや堅い句。

▶ consist of ～（➡398）と区別する。

24 The United Nations

国際連合の発足経緯と，その存在意義について読み取ろう。

① The United Nations, whose establishment dates back to 1945, is one of the most significant organizations on earth. ② Although the United Nations does not have any official power in any singular country, nothing may be more important than this organization, providing personnel for a variety of peacekeeping and humanitarian missions around the world. ③ A conference in 1941, during World War II, gave birth to the organization. ④ Representatives from 14 countries around the world met in London, and this provided them with the first major signing, which would lead to the Declaration by the United Nations of the following year. ⑤ By the end of 1945, 51 countries, in all, eventually signed the charter which formalized the organization. ⑥ Since then, many other countries have joined in, while only a few have dropped out. ⑦ At present, the number tends to be just below 200 countries. ⑧ The United Nations hosts a number of major conferences all over the world yearly, in addition to fund-raisers, debates, and events open to the public, in the hope of making the world better off than ever before.

語法・構文・表現

② **any singular country**「どれか１つの国」►any one countryを強めた表現。
personnel [pə̀ːrsənél]「職員，隊員」►単数・複数扱い。アクセントに注意。
humanitarian「人道主義の」

④ **declaration**「宣言」

⑤ **charter**「憲章」

⑥ **while**「だが一方」►「対比」を表す。

国際連合

社会（国際関係）

①国際連合は，その設立は1945年に遡るが，世界で最も重要な機構の1つである。②国際連合は，どの1国に対しても公的な権限は持たないが，この機構ほど重要なものはない。世界中の様々な平和維持任務や人道的任務において，人員を派遣しているのだ。③第二次世界大戦中の1941年に行われた会議で，その機構は発足した。④世界中の14の国々から代表団がロンドンに集まり，最初の主要な調印を代表団にもたらし，翌年の「連合国共同宣言」へと至った。⑤1945年末までには，全部で51の国々が，この機構を正式に設立する憲章に最終的に署名した。⑥それ以来，他の多くの国々が加入している一方，脱退した国はほんのわずかにすぎない。⑦現在，加盟国数は200か国を少し下回るぐらいである。⑧国際連合は，世界がこれまで以上によりよくなるように，資金調達の催し，討論会，一般公開されている行事に加えて，世界中で大規模な会議を毎年数多く開いている。

---

⑦ **tend to *do***「…する傾向にある」〔➡226〕

⑧ **host** [houst]「（会などを）主催する」▶発音に注意。
fund(-)raiser「資金調達の催し」
in the hope of *doing*「…することを希望して」
than ever (before)「かつてないほど，以前よりまして」

24 The United Nations

熟語の意味を確認しよう。

241
1000 ▸ 311

dáte bàck to 〜

〜にさかのぼる，〜に始まる

同 go back to 〜

242
1000 ▸ 159

on éarth

①〔疑問詞を強めて〕一体全体

②〔最上級を強めて〕世界中で

①② 同 in the world

▸ 単に「地球上で」の意味で使うこともある。

▸ 否定を強める用法もある。

［例］There is no reason **on earth** to apologize to you.「あなたに謝る理由はまったくない」

243
1000 ▸ 735

Nóthing is mòre *Á* than *B́*.

〔最上級〕BほどAなものはない。

同 There is nothing more *A* than *B*., Nothing is so〔as〕*A* as *B*.

244
1000 ▸ 543

gìve bírth to 〜

〜を産む；〜の原因になる

245
1000 ▸ 281

províde *A* with *B*

AにBを供給する

同 supply *A* with *B* (➡797)

▸ provide *B* for *A* の形もある。

【参考】同形をとる動詞に present *A* with *B* (➡812)，furnish *A* with *B*，endow *A* with *B*，equip *A* with *B* など。

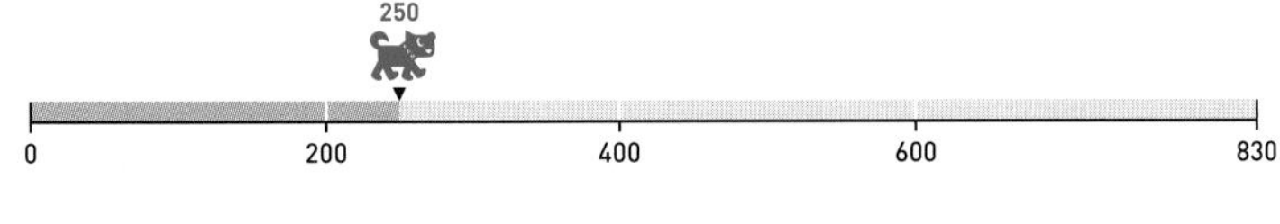

246
1000▶219

in áll

全部で（=altogether）

247
1000▶469

dròp óut

脱落する，中途退学する

▶ drop out of school [university / a race] は「学校 [大学／競争] を退学 [脱落] する」。

【参考】dropout は「脱落者，中途退学者」。

248
1000▶338

at présent

現在は，目下（もっか）

同 now，at the moment（➡385）

249
1000▶145

in addítion（to ～）

（～に）加えて；さらに

同 besides（～），on top（of ～）；along [together] with ～（➡013），apart from ～（➡355①）「～に加えて」；what is more「さらに」（➡487）

250
1000▶28

be wèll óff

裕福である

同 *be* well-to-do

反 *be* bad [badly] off「お金に困っている，落ちぶれている」（比較級は *be* worse off）

▶ *be* well-off とも書く。well-off は「裕福な」の意味の形容詞。
[例] a **well-off** family「裕福な一家」

▶ 比較級 *be* better off には「もっと裕福である」のほか，「もっと好都合である」の意味もある。

㉕ The Rowing Trip

ボートチームのクルーたちは，競技会を控えて何に気を付けておけばよいか。

Dear Rowing Team,

① As you know, the new rowing season is now under way and our first big competition of the year is this weekend. ② Before the busy part of the season sets in, I want to go over some rules:

*③ Please turn in all membership forms and fees by Friday without fail. ④ No latecomers will be accepted.

*⑤ The club has brought out a new rowing kit. ⑥ The new uniform is available from the coaches. ⑦ Competition organizers are very particular about appearance: crews must all wear the same uniform so that their team is easily identifiable.

*⑧ During competitions, when the coaches speak, shut up and listen. ⑨ There has been far too much noise recently during instruction.

*⑩ During a race, if you drop an oar by mistake, the rest of your crew in your boat should continue rowing: don't stop to try to rescue the oar. ⑪ We can retrieve it later.

*⑫ Never get in a boat without checking your equipment. ⑬ Once you take your seat, don't move until everybody else is seated. ⑭ Safety is always the priority.

⑮ That's it for now. ⑯ I wish you all a great season, and a successful first competition. ⑰ Hopefully it will clear up before the weekend: the weather forecast is good. ⑱ We might even get some sunshine.

Coach Foster

語法・構文・表現

⑦ **identifiable**「(身元・属性などを) 確認［識別］できる」

⑮ **That's it (for now).**「(今のところ) 以上です，(とりあえず) これだけです」

ボートに乗って

日常生活（スポーツ）

ボートチームの皆さんへ

①ご存じの通り，新しいシーズンが始まって，本年最初の大きな競技会が今週末にあります。②慌ただしいシーズンに突入する前に，ルールを確認しておきます。

*③会員の申込用紙と会費は，すべて金曜日までに必ず提出してください。④遅れた方は受け付けできません。

*⑤クラブは新しい競漕服を製作しました。⑥新しいユニフォームはコーチから入手願います。⑦競技主催者は外見に非常に厳しく，チームが容易に判別できるよう，クルー全員が同じユニフォームを着用せねばなりません。

*⑧競技中，コーチが話しているときは，話をやめて，コーチの話を聞いてください。⑨最近，指導中のおしゃべりが多すぎます。

*⑩レースの最中，誤ってオールを落としてしまっても，ボート内の残りのクルーは漕ぎ続けてください。オールを拾おうとして漕ぐのをやめてはいけません。⑪落ちたオールは後で回収できます。

*⑫ボートに乗るときは必ず各自の装備を確認してください。⑬着席したら，全員が座るまで動かないこと。⑭安全は常に最優先です。

⑮今のところ以上です。⑯皆さん全員にとって素晴らしいシーズンとなり，また，最初の競技がうまくいくことを祈っています。⑰うまくいけば，週末までには雨は上がるでしょう。天気予報は上々です。⑱少し日が差すかもしれません。

フォスターコーチより

⑯ **wish you all 〜**「皆さん全員に〜を祈る」▶wish *A B*「AにB（成功・幸運など）を祈る」。

25 The Rowing Trip

熟語の意味を確認しよう。

251 1000▶652

ùnder wáy

(計画などが) 進行中で

▶ underwayと1語につづることも増えている。

252 1000▶200

sèt ín

始まる (＝begin, start)

▶ 主に雨季や病気などの「好ましくないこと」が始まるときに使う。

253 1000▶404

tùrn ín ～

① ～を提出する

同 submit, hand in ～ (➡726), give in ～ (➡808②), hand over ～ (➡634)

② ～を引き渡す, ～を返却する

▶ ①②ともにturn ～ in の語順も可。

254 1000▶656

withòut fáil

必ず, 間違いなく

▶ 命令形では「高圧的に」響きかねないので, 多用は慎む。代わりに *be* sure to *do*, don't forget to *do* などを使う。

255 1000▶584

be partícular abòut [òver] ～

～についてやかましい [気難しい]

▶ 疑問詞節の前では about や over は省略もあり得る。

▶ *be* particular to ～「～に特有な」と区別する。

256 1000▶458

shùt úp (～)

話をやめる；～を黙らせる

▶ 他動詞では shut ～ up の語順も可。

257 1000▶137

by mistáke

間違って

258 1000▶725

néver *do* withòut ～

…すれば必ず～する

▶ 二重否定で，肯定の意味を強調する。
▶ never の代わりに not や cannot なども用いられる。

259 1000▶525

tàke [hàve] a séat

着席する

同 *be* seated，seat *oneself*

▶ sit down より堅い表現。
【参考】動詞としての seat は他動詞であるから，自動詞的に使うには同のように受動態にするか再帰代名詞 *oneself* が必要。

260 1000▶453

clèar úp (～)

(天候が) 晴れる；(疑念・不明点など) を明らかにする

▶ 他動詞では clear ～ up の語順も可。

26 Furniture

家具を購入して自宅で組み立てるのは，果たして簡単なことなのだろうか。

① Something which has become really popular in recent years is home-assembled furniture. ② This is furniture that you buy from a shop, then put together yourself at home. ③ In the shop the construction of the item appears simple. ④ However, in practice, the truth is often quite to the contrary. ⑤ To assemble the item, most people lay out all of the pieces on the floor so that they can see which piece needs to be attached to which. ⑥ Some people are very logical and can tell with ease how to construct the item. ⑦ Most people, however, struggle to tell one piece from another and need to carefully follow the instructions. ⑧ Many people, usually fathers, complain that what looked like an easy job in the shop is in fact quite complicated. ⑨ They also complain that, while they're attempting to construct the item, other family members are abundant in advice and keen to share their opinions with everybody on how best to finish the project. ⑩ Advice is often easy to come by, but practical help is not so easy to get. ⑪ Finally, the item is finished and we realize that it really was not all that difficult.

語法・構文・表現

① **home-assembled furniture**「自宅組み立て式家具」 ▶home-assembledはassembled at homeの意味の複合形容詞。

⑤ **so that they can see ...**「…が分かるように」 ▶「目的」を表す。

⑦ **struggle to *do***「…しようと奮闘する」
instructions「説明書」 ▶この意味では，複数形で用いる。

家具

産業（製造）

①近年非常に流行ってきたものに，組み立て式の家具がある。②これは，店で家具を購入し，自宅で自ら組み立てるというものだ。③店頭だと，その品物の組み立ては簡単そうに見える。④だが，実際には，まったく反対のことが多い。⑤品物を組み立てるのに，たいていの人はすべての部品を床に並べる。そうすれば，どの部品をどれに取り付ければよいかが分かるからだ。⑥中には理路整然と考えられる人もいて，そのような人なら品物の組み立て方が簡単に分かる。⑦しかし，ほとんどの人は部品を１つ１つ判別するのに格闘し，説明書通りに注意深く進める必要がある。⑧多くの人は，たいていは父親なのだが，店頭では簡単な作業に見えたことが，実のところ極めて複雑だと不満を述べる。⑨また，品物を組み立てようとしている間，家族の他の者たちはあれこれたくさんアドバイスをしてきて，組み立てを完成させる最善の方法について，自分の意見をみんなに話したがってばかりだという不満も言う。⑩アドバイスは簡単に手に入るが，実用的な手助けとなることはなかなかないものだ。⑪そしてついに，家具が完成し，そんなに難しいことではまったくなかったと気付くのである。

⑨ **attempt to *do***「…しようとする」
_be_ keen to *do*「…したいと切望している」
how best to *do*「…する最善の方法」 ▶*cf.* how to *do*「…する方法」

⑩ **～ is easy to *do***「～は…するのが簡単だ」 ▶to *do* の意味上の目的語が「～」。

26 Furniture

熟語の意味を確認しよう。

261 1000▶196

pùt togéther ～

(部品など) を組み立てる；(考えなど) をまとめる (=assemble, build)

▶ put ～ together の語順も可。

262 1000▶628

in práctice

実際には

同 in fact (➡825②), in reality (➡566), in effect (➡148①)

▶ ほかに「(医者・弁護士などが) 開業して」の意味も。

263 1000▶270

to the cóntrary

それと反対の [に]

▶ 修飾する語句の直後に置かれることが多い。

264 1000▶244

lày óut ～

～を並べる；～を設計する

同 set out ～ (➡150③)

▶ lay ～ out の語順も可。

265 1000▶489

attách *A* to *B*

AをBに取り付ける [付与する]

▶ *be* attached to ～ には「～に愛着を持っている」の意味もある。

266
1000▶714

with éase

容易に

同 easily, without difficulty

▶〈with＋抽象名詞〉で副詞の働きをする。

267
1000▶288

téll *A* from *B*

AをBと区別する

同 distinguish *A* from *B* (➡361)

268
1000▶566

be abúndant in ～

～が豊富である

同 *be* rich in ～

【参考】abound in [with] ～ (➡730)

269
1000▶185

cóme by ～

～を手に入れる (＝get, obtain)

▶「ちょっと立ち寄る」(＝drop in (➡501), drop by) の意味も。その場合，アクセントは còme bý。

270
1000▶716

nòt all that ～́

それほど～ではない

同 not so [very] ～

▶ 口語的表現。all を省いてもほぼ同意。

▶ " ～ " には形容詞・副詞が入る。

27 Influenza

インフルエンザはどのような症状で，かかったら何を心がけたらよいだろうか。

① In winter every year, the influenza, or the 'flu' virus returns. ② The flu is a common virus that affects the lungs and chest of people. ③ The symptoms of the flu vary from a mild cold-like sickness to a dangerous life-threatening disease. ④ People who suffer from the flu experience a range of symptoms, for example, fever, a sore throat, or a runny nose. ⑤ Most people pay a visit to their local doctor, hoping that the doctor can cure them of the sickness. ⑥ The doctor usually gives them a series of antibiotic drugs, in particular, antiviral drugs, which may do them some good. ⑦ Then, the doctor usually confines the patients to bed and prohibits them from going to work or school, because the flu is highly contagious and everybody is worried about the virus becoming an epidemic. ⑧ If the patients stick to the drugs, the drugs should make a difference and, in all likelihood, they should be able to get rid of the virus in about a week.

語法・構文・表現

③ **symptom** [símptəm]「兆候，症状」
vary from *A* to *B*「AからBまで様々である［異なる］」

④ **a range of ～**「様々な～，広範囲の～」
a runny nose「鼻水」

⑤ **～, hoping that ...**「…ということを期待しながら，～」▶「付帯状況」の分詞構文。

インフルエンザ

日常生活（健康・医療）

①毎年冬になると，インフルエンザ（'flu' とも言う）ウィルスが再び現れる。②インフルエンザは，人の肺や胸部を冒す，よくあるウィルスだ。③インフルエンザの症状は，軽い風邪のような病状から，生命を脅かす危険な病気まで様々である。④インフルエンザを患う人は，例えば，発熱，喉の痛み，鼻水など，様々な症状を体験する。⑤たいていの人は，医師が病気を治してくれるのを期待して，近所の医者を訪ねる。⑥医師は通常，患者に一連の抗生物質，特に抗ウィルス薬を処方し，その薬は患者にある程度は効果がある。⑦それから，医師はたいてい患者を床につかせ，仕事や学校に行くのを禁じる。インフルエンザは感染力が高く，みなウィルスが蔓延（まんえん）することを心配しているからだ。⑧もし患者が薬を飲み続ければ，薬は効果があるはずで，ほとんどの場合，およそ1週間でウィルスが取り除かれるはずだ。

⑥ **a series of ～**「一連の～」
antibiotic [æ̀ntibaiɑ́(:)tik]「抗生物質の」

⑦ **contagious** [kəntéidʒəs]「伝染性の」
***be* worried about the virus becoming ～**「ウィルスが～になることを心配する」
▶ the virus は動名詞 becoming の意味上の主語。
epidemic「（病気の）蔓延，流行」

27 Influenza

熟語の意味を確認しよう。

271 1000▶49

súffer from ～

（病気など）で苦しむ［悩む］

【参考】suffer には，suffer damage［a loss］「損害［損失］を受ける」などの他動詞用法もある。

272 1000▶798

pày a vísit（to ～）

（～を）訪問する

▶「人」を訪ねる場合，pay ～ a visit の形も多い。

273 1000▶506

cúre *A* of *B*

AのBを治す；A（人）のB（悪癖など）を取り除く

274 1000▶220

in partícular

特に（＝especially，particularly）

同 not least

▶ 限定する語句の直後に置かれる。

275 1000▶588

dò ～ góod

（人）のためになる［役に立つ］

反 do ～ harm［damage］「（人）に害を与える」

▶〈(S)VOO〉の文構造。goodは名詞で，形容詞も付く。

▶「（利益・損害などを）与える，もたらす」は，give ではなく do や cause を使う点に留意。

276 1000▶492

confíne *A* to *B*

AをBに限定する；AをBに閉じ込める

同 limit *A* to *B*「AをBに限定する」

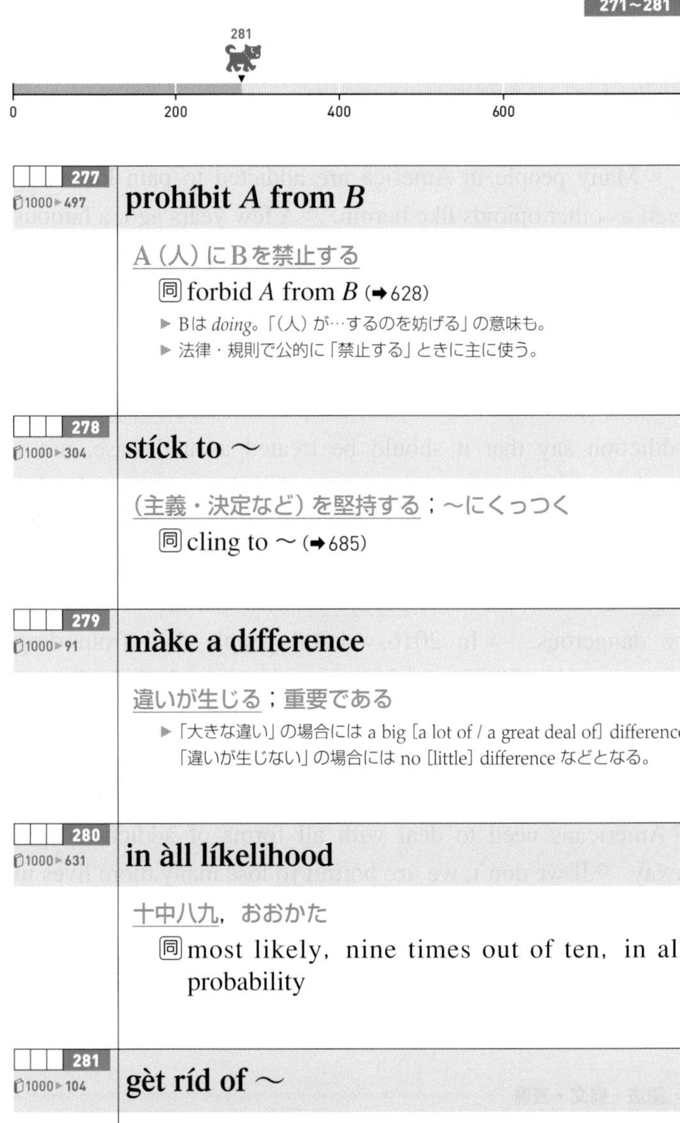

277
1000▶497

prohíbit *A* from *B*

A（人）にBを禁止する

同 forbid *A* from *B*（➡628）

▶ Bは *doing*。「（人）が…するのを妨げる」の意味も。
▶ 法律・規則で公的に「禁止する」ときに主に使う。

278
1000▶304

stíck to ～

（主義・決定など）を堅持する；～にくっつく

同 cling to ～（➡685）

279
1000▶91

màke a dífference

違いが生じる；重要である

▶「大きな違い」の場合には a big [a lot of / a great deal of] difference,「違いが生じない」の場合には no [little] difference などとなる。

280
1000▶631

in àll líkelihood

十中八九，おおかた

同 most likely, nine times out of ten, in all probability

281
1000▶104

gèt ríd of ～

（厄介なもの）を取り除く

同 do away with ～（➡742），dispose of ～（➡604），eliminate, remove

28 Addiction in America

薬物依存の問題をどのような人が抱え，また，その要因として何が挙げられているか。

① Many people in America are addicted to pain killers as well as other opioids like heroin. ② A few years ago, a famous actor passed away after overdosing on drugs. ③ The number of Americans who are addicted is increasing, in spite of efforts by doctors and the police to stop the use of drugs. ④ Many people find fault with the addicts and believe they are weak or have no willpower. ⑤ But people who are familiar with addiction say that it should be treated as a disease, not a weakness. ⑥ Because very accomplished, strong people also become addicts, it doesn't make sense that only weak people become addicted to drugs. ⑦ People think that drugs differ from alcohol. ⑧ It never occurs to them that alcohol can also be dangerous. ⑨ In 2016, 64,000 people died from drug overdoses, but 88,000 deaths were related to alcohol. ⑩ As a matter of fact, smoking leads to 500,000 deaths per year. ⑪ So, while opioid addiction stands out as a terrible disease, addiction to other drugs in the US is also a problem. ⑫ Americans need to deal with all forms of addiction right away. ⑬ If we don't, we are bound to lose many more lives in the years ahead.

語法・構文・表現

① ***be* addicted to** ～「～（薬物など）に依存する，～に耽る」►addicted [ədíktid]
opioid [óupiòid]「オピオイド」(鎮静作用を持つ物質の総称)

② **overdose on** ～「～（薬など）を飲み過ぎる」►overdose [òuvərdóus]（名詞の場合は [óuvərdòus]）

④ **addict** [ǽdikt]「依存症の人」►動詞の場合との発音の違いに注意。

アメリカにおける薬物依存

 社会（社会問題）

①アメリカでは大勢の人が，ヘロインのようなオピオイドだけでなく，様々な鎮痛剤にも依存している。②2，3年前，有名な俳優が薬物を過剰に摂取した後，亡くなった。③依存症状のアメリカ人の数は，医師や警察が薬物使用をやめさせようとする努力にもかかわらず，増加の一途をたどっている。④多くの人々は依存症の人たちを非難し，また，そのような人たちは精神的に弱いか意志力がないと思っている。⑤しかし，依存症に詳しい人たちによると，依存症は精神的弱さではなく，病気として対処すべきだと言う。⑥相当に名を成し，精神的に強靭（きょうじん）な人でも薬物依存者になるので，精神的弱者しか薬物中毒にならないというのは道理にかなわない。⑦薬物はアルコールとは違うと思われている。⑧そう思う人には，アルコールも危険となり得ることなど思いもよらない。⑨2016年，6万4千人が薬物の過剰摂取で死亡したが，アルコール関連の死亡は8万8千件であった。⑩実のところ，喫煙は年間50万件の死亡という結果をもたらしている。⑪つまり，オピオイド依存は深刻な病気として際立っているが，アメリカでは他の薬物依存もまた問題となっている。⑫アメリカ人は直ちにあらゆる種類の依存症に対処する必要がある。⑬さもなければ，今後数年でいっそう多くの命が間違いなく失われるだろう。

---

⑤ **treat *A* as *B***「AをBだとみなす」

⑨ ***be* related to ～**「～に関連している」〔➡648〕

⑩ **lead to ～**「～（という結果）に至る」〔➡052〕

⑪ **while ...**「…ではあるが」▶「譲歩」を表す。

28 Addiction in America

熟語の意味を確認しよう。

282
1000▶176

A as wéll as *B*

Bだけではなく*A*も

▶ not only *A* but (also) *B* (➡367) とは *A*，*B* の位置が逆。
▶ *A* as well as *B* 全体が主語の場合は，動詞は*A*に一致。
▶「Bと同じようによく～なA」の意味もある。

283
1000▶194

pàss awáy

死ぬ (＝die)

▶「過ぎ去る；(時) を過ごす」の元の意味でも使う。

284
1000▶167

in spíte of ～

～にもかかわらず

同 despite，for all ～ (➡346)，with all ～ (➡557)

▶ in spite of [despite] *oneself* は「思わず，我知らず」。

285
1000▶188

fìnd fáult with ～

～にけちをつける，～を非難する (＝criticize)

▶ 受動態でもwithを落とさない。

286
1000▶250

be famíliar with ～

(物事) をよく知っている

反 *be* unfamiliar with ～「(物事) に精通していない」

▶ 主語は「人」。

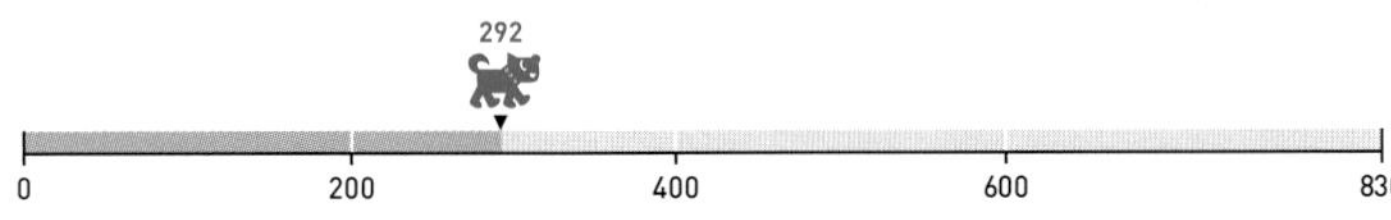

287
1000▸90

màke sénse

意味をなす；道理にかなう

▶ sense には perfect, much, no, little などの形容詞も付く。
【参考】make sense of ～ は「～を理解する，～の意味がわかる」。

288
1000▸52

díffer from ～

～と異なる

▶ 形容詞を使った *be* different from ～（➡192）よりやや堅い表現。

289
1000▸239

occúr to ～

ふと（人）の心に浮かぶ

▶ dawn on ～（➡229）と同様，「思いつくもの」が主語になる。
［例］A good idea **occurred to**［**dawned on**］me.「よい考えが浮かんだ」

290
1000▸276

as a màtter of fáct

実を言うと，実際は

▶ 新情報を追加したり，相手の誤りを訂正するときに使われる。

291
1000▸301

stànd óut

際立つ；目立つ

【参考】形容詞はoutstanding「顕著な」。

292
1000▸256

be bóund to *do*

きっと…する；…する責任がある

同 *be* sure to *do*「きっと…する」

▶ この bound は bind の過去分詞が形容詞化したもので，*be* bound for ～（➡741）の bound とは語源が異なる。

29 Fixing Up the Beach

思い入れのあるビーチが様変わりしていることに心を痛める筆者は，どのような対策を考えているか。

① I love my local beach. ② It's not perfect, though. ③ As a general rule, it doesn't allow surfing or any swimming farther than 20 meters away from the shore. ④ This is no doubt due to many swimmers being at risk while being far out in the ocean because of the strong currents. ⑤ Some beachgoers may complain of this rule, but it's mostly fine for me. ⑥ I took to this beach mostly because of its fine white sand and not for the water. ⑦ If I were to be disappointed in something, it would be that the beach has gotten dirtier of late. ⑧ I remember coming here as a child, running all over the pure, soft sand. ⑨ It was fun in itself just being free in an open area. ⑩ Now, there's too much trash, such as glass, stuck in the sand, making it dangerous to ignore. ⑪ I'm thinking of organizing a volunteer group to clean it all up. ⑫ However, having volunteers, rather than the government, do the job may not be the most efficient way, but it will do for the present. ⑬ Then, maybe I can relive my carefree days on the beach once again.

語法・構文・表現

④ **current**「流れ，潮流，海流」

⑥ **mostly because of ～**「主に～の理由で」

⑦ ***be* disappointed in ～**「～にがっかりする，失望する」

⑧ **all over ～**「～の至る所で」〔➡128〕

⑨ **It was fun just being ～**「ただ～でいるだけで楽しかった」►Itは形式主語，真主語はjust being以下。

きれいなビーチを取り戻す

自然（自然・環境）

①私は地元のビーチをとても気に入っている。②もちろん，完璧というわけではないが。③原則として，そこでは岸から20メートル以上離れた沖でのサーフィンや遊泳は禁止である。④これはおそらく，遊泳客が海上はるか彼方で泳ぐのは危険だからだ。潮の流れが強いためである。⑤海水浴客の中には，この規則に不平を言う者がいるかもしれないが，私としては特に問題ない。⑥私がこのビーチを好きになったのは，主に細かな白い砂が気に入ったからで，海水のためではなかった。⑦がっかりしていることがあるとすれば，ビーチが最近汚れてきているということだろう。⑧私は子供の頃にここに来て，きれいで柔らかい砂の上を走り回ったことを覚えている。⑨広い砂浜で，自由気ままにいられること自体が楽しかった。⑩それが今では，ガラスなどの大量のゴミが砂に刺さっていて，無視するには危険な状態になっている。⑪私は，そこを徹底的に清掃するボランティアグループを作ろうかと考えている。⑫しかし，政府ではなくボランティアにその仕事をさせるのは一番効率的なやり方ではないかもしれないが，差し当たりは役に立つ。⑬そうすれば，いつかまたビーチでのんびりできるかもしれない。

---

⑩ **making it dangerous to ignore**「無視するのを危険にしている」▶「結果」を表す分詞構文。itはtrashを指し，不定詞句to ignoreはdangerousを修飾。

⑪ **clean it all up**「そこをすっかり掃除する［片付ける］」▶allは強調。

⑫ **have ～ *do***「～に…してもらう［させる］」
will do「役に立つ」〔➡674〕

⑬ **relive** [rìːlív]「（過去の体験などを）再度体験する」
carefree [kéərfrìː]「苦労のない，のんきな」

29 Fixing Up the Beach

熟語の意味を確認しよう。

293
1000▶211

as a (gèneral) rúle

普通は；概して；原則として（＝generally, usually）

同 in general (➡637①)「普通は」；in principle (➡570)

294
1000▶156

nò dóubt

おそらく，たぶん

同 without (a) doubt, undoubtedly

▶ no doubt ～ but ... で「確かに～だが…」と譲歩の構文を構成することもある。

［例］**No doubt** this bed is good, **but** it doesn't fit me.「このベッドは確かによいものだが，私には合わない」

295
1000▶633

at rísk

危険な状態で

同 in danger, at stake, in jeopardy

【参考】at *one's* own risk [peril]「～の責任で」は，「事故の際も当方は責任を負わない」の意味で警告の掲示などに使われる。

［例］You swim here **at your own risk** [**peril**].「ここでの遊泳は自己責任で」

296
1000▶47

complái n abòut [of] ～

（苦痛など）を訴える；～について不平を言う

▶「（苦痛など）を訴える」の意味では of が普通。

297
1000▶401

táke to ～

①（習慣的に）～を始める；～にふける

② ～を好きになる

同 hit it off with ～ (➡179)

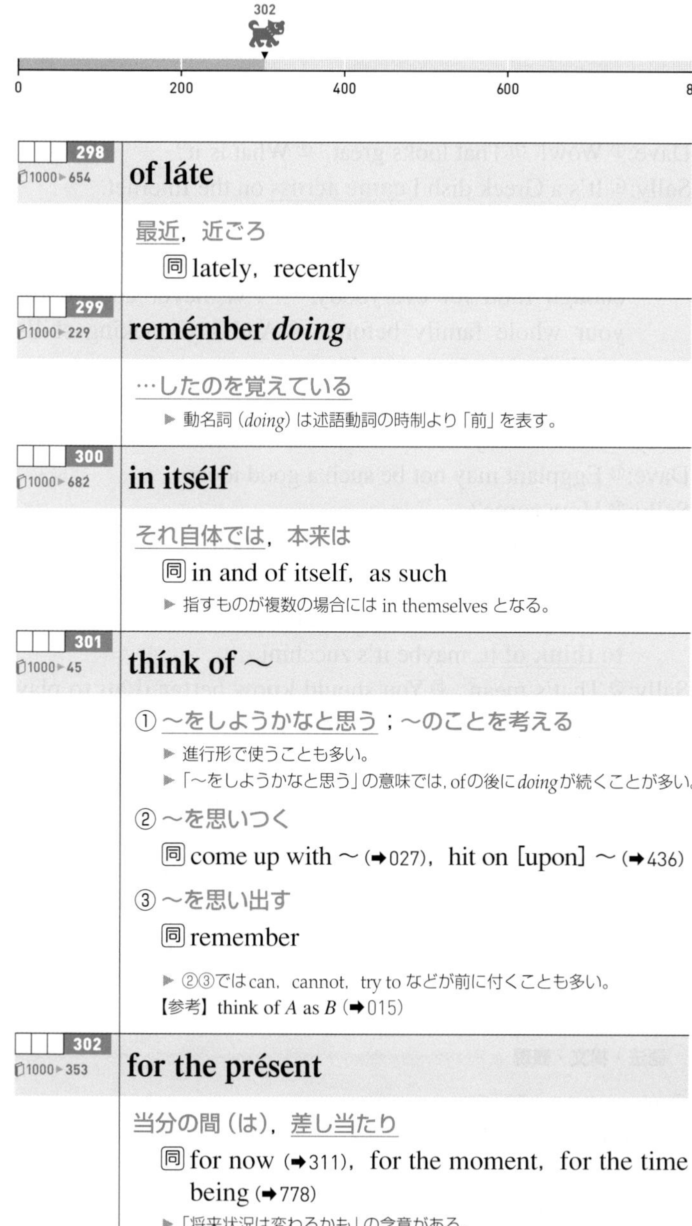

298 1000▶654

of láte

最近，近ごろ

同 lately，recently

299 1000▶229

remémber *doing*

…したのを覚えている

▶ 動名詞（*doing*）は述語動詞の時制より「前」を表す。

300 1000▶682

in itsélf

それ自体では，本来は

同 in and of itself，as such

▶ 指すものが複数の場合には in themselves となる。

301 1000▶45

thínk of ～

① ～をしようかなと思う；～のことを考える

▶ 進行形で使うことも多い。

▶ 「～をしようかなと思う」の意味では，ofの後に*doing*が続くことが多い。

② ～を思いつく

同 come up with ～（➡027），hit on［upon］～（➡436）

③ ～を思い出す

同 remember

▶ ②③ではcan，cannot，try to などが前に付くことも多い。

【参考】think of *A* as *B*（➡015）

302 1000▶353

for the présent

当分の間（は），差し当たり

同 for now（➡311），for the moment，for the time being（➡778）

▶ 「将来状況は変わるかも」の含意がある。

30 Meal

🔑 デイヴは料理にどんな問題があると言い，そして実際はどうだったのか。

Dave: ① Wow! ② That looks great. ③ What is it?

Sally: ④ It's a Greek dish I came across on the Internet.

Dave: ⑤ What's it made of?

Sally: ⑥ Vine leaves, mince and eggplant. ⑦ I just hope there's enough food for everybody. ⑧ I've never cooked for your whole family before. ⑨ And my cooking skills aren't the best in the world.

Dave: ⑩ Did you say eggplant?

Sally: ⑪ Yes. ⑫ Why?

Dave: ⑬ Eggplant may not be such a good idea.

Sally: ⑭ How come?

Dave: ⑮ Well, my Mom's allergic to eggplant.

Sally: ⑯ You're kidding!

Dave: ⑰ I don't know for sure, but I think so. ⑱ Actually, come to think of it, maybe it's zucchini.

Sally: ⑲ That's mean. ⑳ You should know better than to play jokes on me at a time like this. ㉑ You know how nervous I am. ㉒ I'll get you for that.

Dave: ㉓ I was just pulling your leg. ㉔ I'm trying to make you relax.

Sally: ㉕ Well, I've finished cooking for now, so you can do the washing-up as punishment for teasing me. ㉖ Oh, and there're some strawberries left over you can help yourself to if you're hungry.

語法・構文・表現

⑥ **mince**「ひき肉，ミンチ肉」

⑮ ***be* allergic to ～**「～にアレルギーがある，～が大嫌いな」

⑲ **mean**「意地の悪い，卑劣な」

⑳ **play a joke on ～**「～をからかう」

㉒ **I'll get you for that.**「きっとこの仕返しをするぞ」

食事

英文レベル ☆☆ 179 words

日常生活（料理・食事）

デイヴ：① わあ！ ② 美味しそうだね。③ それ，何？

サリー：④ インターネットで見つけたギリシャ料理よ。

デイヴ：⑤ 何でできているんだい？

サリー：⑥ ブドウの葉，ひき肉，それにナスよ。⑦ みんなに十分な分があるといいんだけど。⑧ あなたの家族みんなに料理を作ったことがこれまでなかったから。⑨ それに，私の料理の腕前は世界一とはいかないし。

デイヴ：⑩ ナスって言った？

サリー：⑪ ええ。⑫ どうして？

デイヴ：⑬ ナスはあまりいい考えじゃないかも。

サリー：⑭ どうして？

デイヴ：⑮ いや，お母さんがナスアレルギーなんだ。

サリー：⑯ 嘘（うそ）でしょ！

デイヴ：⑰ はっきりとは分からないけど，そうだと思う。⑱ いや，そう言えば，ズッキーニだったかも。

サリー：⑲ 意地悪ね。⑳ こんなときに私をからかうほどバカじゃないって思ってたけど。㉑ 私が心配性なのは知ってるでしょ？ ㉒ このお返しはきっとするからね。

デイヴ：㉓ ちょっとからかっただけだよ。㉔ リラックスさせてあげようとしただけだよ。

サリー：㉕ じゃあ，差し当たり料理は終わったから，私をからかった罰として，食器を洗ってね。㉖ そうだ，もしお腹（なか）がすいてるならイチゴが残ってるから，ご自由にどうぞ。

㉕ **do the washing-up**「食器洗いをする」
as punishment for ～「～の罰として」
tease「～をからかう」

㉖ **there're some strawberries left over you can ...**「あなたが…してもいいイチゴがいくらか残っている」▶you canの前に関係代名詞thatを補って読む。
left over「食べ残しの」▶leave ～ over「～を残しておく」。

30 Meal

熟語の意味を確認しよう。

303 1000▶381

cóme acròss (〜)

① 〜を偶然見つける，〜に偶然出会う

同 run across 〜 (➡152①)，run into 〜 (➡339)

▶「〜を横切ってやって来る」という文字どおりの意味もある。

② (考えなどが相手に) 伝わる [理解される]

同 get across

▶ ②のときのアクセントは，còme acróss。

304 1000▶15

be máde of 〜

〜でできている

▶ 原材料の質的変化が伴わない。伴う場合には *be* made from 〜。「〜で構成されている」と言うときは *be* made up of 〜 を使う。

305 1000▶812

Hòw cóme (...)?

どうして (…か)。

同 Why (...)?

▶ 驚きを表すことが多い。後ろに節が続く場合は，〈How come S+V ...?〉の語順となる。

306 1000▶830

You're kídding (me).

冗談でしょう。，まさか。

同 You must be kidding., Are you kidding?, No kidding?

▶ 信じられない事実を聞いたときなどによく使われる慣用的表現。

307 1000▶651

for súre [cértain]

確かに

同〔副詞句の場合〕surely, certainly

▶ That's for sure [certain]. は「それは確かだ」の意味の決まった表現。この場合の for sure [certain] は形容詞句。

308
1000▶823

còme to thínk of it

考えてみると，そういえば

▶ when [now that] I come to think of it の省略形。

309
1000▶694

knòw bétter（than to *do*）

（…しないだけの）分別がある，（…するほど）ばかではない

310
1000▶805

pùll ～'s lég

〔口語で〕～をからかう［かつぐ］

▶「いじめる」などの悪意はない。

▶ 進行形で使うことが多い。

311
1000▶268

for nów

今のところは，当分は

同 for the present（➡302），for the time being（➡778），for the moment

▶ Goodbye for now. は「それではまた」の意味。

312
1000▶819

hélp *onesèlf* to ～

～を自由に取る

▶ 食べ物だけでなく，ほかの物品を勧めるときにも使う。

31 Allergy

筆者は自分の頭痛の原因を何であると考えてきたか？　また，実際の原因はどのようなものだったか？

①I have always been prone to headaches, but I always blamed them on my glasses. ②I have two pairs; one for reading and one for normal, and I often don't bother to change them, so I end up walking around with my reading glasses. ③However, this spring the headaches got much worse and sometimes the pain was beyond description, and it took a long time to get over them. ④I began to get frightened and thought I was coming down with something serious, and that I might be going blind, as often the pain seemed to affect my eyesight. ⑤They got so bad that I decided to go to the doctor as I could use some painkillers to stop the pain. ⑥The doctor checked my eyes and did some other tests. ⑦In the end the doctor diagnosed my headaches as an acute form of allergic reaction to industrial dust. ⑧Recently, a new factory had been built near my apartment, and that was the source of the dust. ⑨Luckily, this was not something that I would die of, and all I had to do to recover from the allergy was to move to a new apartment!

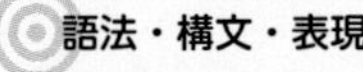

語法・構文・表現

①**blame ～ on ...**「～を…のせいにする」(＝blame ... for ～)

②**end up *doing***「(結局) …することになる」〔➡503〕

④**get frightened**「怖がる，怯(おび)える」

アレルギー

英文レベル ☆☆

日常生活（健康・医療）

①私はずっと頭痛を起こしやすかったが，いつもそれをメガネのせいにしてきた。②メガネは２組持っている。１つは読書用，もう１つは普段用なのだが，わざわざ頻繁にかけ直しはしないので，結局は読書用をかけて歩き回ることが多い。③しかし，この春になると頭痛がひどくなり，ときに痛みは言葉では言い表せないほどひどく，回復するまでに長い時間がかかった。④怖くなって，何か深刻な病気にかかっていて，失明するのではないかと思った。痛みが視力に影響しているように思えたからだ。⑤痛みがあまりにもひどくなったので，医者に行くことにした。痛み止めがあれば痛みを止めることができるだろうと思ったのだ。⑥医者は私の目を診断し，他にもいくつか検査をした。⑦結局，医者は私の頭痛を産業粉塵（ふんじん）に対する急性アレルギー反応だと診断した。⑧最近，私のアパートの近くに新しい工場が建設され，それが粉塵の原因となっていたのだ。⑨幸運なことに，このせいで私が死ぬといったほどのことではなく，アレルギーから回復するには別のアパートに引っ越すだけでよいのだった！

---

⑦ **an acute form of allergic reaction to ～**「～に対する急性アレルギー反応」

⑨ **something that I would die of**「死因となり得るもの」 ▶die of [from] ～「～（が原因）で死ぬ」〔➡321〕

31 Allergy

熟語の意味を確認しよう。

313 1000▸560

be próne to ～

～になりやすい

同 *be* liable to ～

▶ 好ましくない状況に用いられる。

▶ *be* prone to *do* は「…しがちである」。

314 1000▸749

bóther to *dó*

わざわざ…する

▶ 否定文・疑問文の中で使うのが普通。

▶ bother *doing* もあるが，あまり使われない。

【参考】Don't bother. は，「それには及びません」と申し出などを断るときの表現。

315 1000▸658

beyònd descríption

言葉では表現できないほどの [に]

【参考】beyond recognition「見分けがつかないほど」，beyond (a) doubt [question]「疑いもなく」。

316 1000▸189

gèt óver ～

～を克服する；(病気など) から回復する (=overcome)

▶ 〈can't (などの否定語) + get over ～〉で，「(驚きのあまり) ～を信じられない」の意味でも使う。

317 1000▸585

còme dówn with ～

(病気) にかかる

同 get [become / fall / *be* taken] sick [ill] with ～

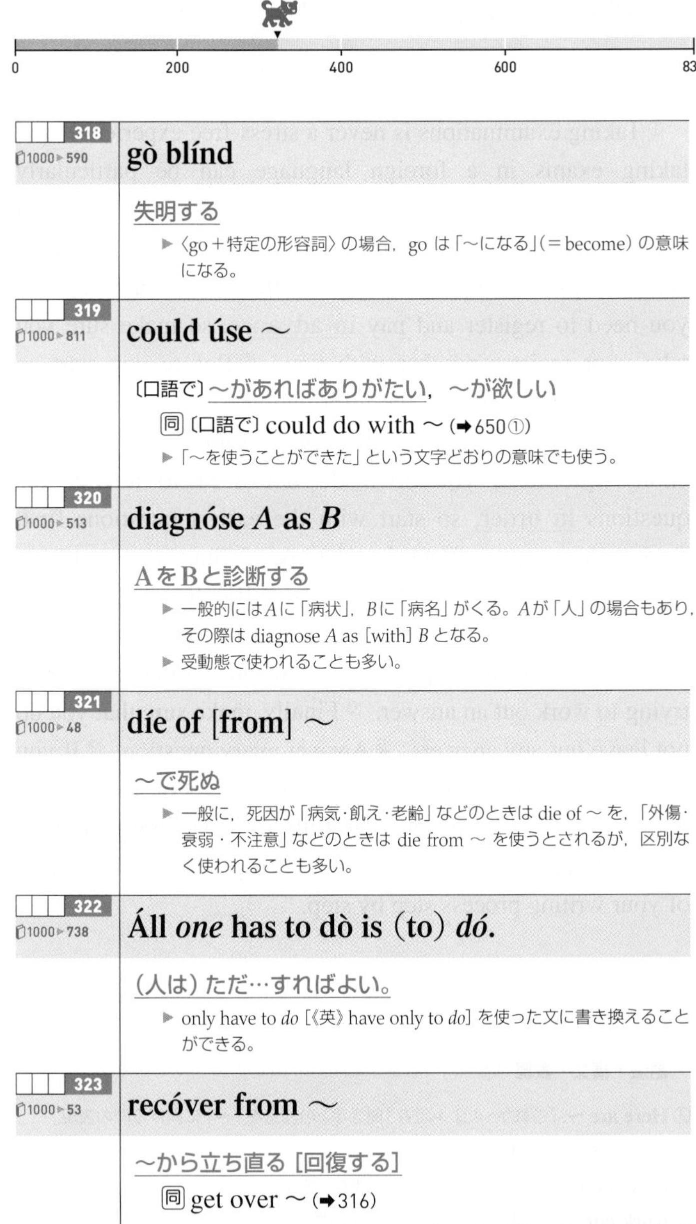

318 1000▶590

gò blínd

先明する

▶〈go＋特定の形容詞〉の場合，go は「～になる」(＝become) の意味になる。

319 1000▶811

could úse ～

〔口語で〕～があればありがたい，～が欲しい

同〔口語で〕could do with ～ (➡650①)

▶「～を使うことができた」という文字どおりの意味でも使う。

320 1000▶513

diagnóse *A* as *B*

AをBと診断する

▶一般的には*A*に「病状」，*B*に「病名」がくる。*A*が「人」の場合もあり，その際は diagnose *A* as [with] *B* となる。

▶受動態で使われることも多い。

321 1000▶48

díe of [from] ～

～で死ぬ

▶一般に，死因が「病気・飢え・老齢」などのときは die of ～ を，「外傷・衰弱・不注意」などのときは die from ～ を使うとされるが，区別なく使われることも多い。

322 1000▶738

Áll *one* has to dò is (to) *dó*.

(人は) ただ…すればよい。

▶only have to *do* [《英》have only to *do*] を使った文に書き換えることができる。

323 1000▶53

recóver from ～

～から立ち直る［回復する］

同 get over ～ (➡316)

32 Exams

ストレスをできるだけ少なくして試験に臨むための秘訣とは何だろうか。

① Taking examinations is never a stress-free experience, and taking exams in a foreign language can be particularly stressful. ② However, don't be discouraged from taking an exam that could be important for your future. ③ Here are some simple steps to help you reduce your stress. ④ For most exams, you need to register and pay in advance, so make sure you take your registry number with you. ⑤ Before you start an exam, be sure to fill out the information page carefully. ⑥ At the start, quickly look over the whole exam. ⑦ For multiple-choice questions, you often do not need to answer the questions in order, so start with the easiest questions first. ⑧ Also, do not put off starting the test. ⑨ Start at once to use your time effectively. ⑩ Don't read difficult questions over and over again. ⑪ If you can't answer the question quickly, move on to the next question. ⑫ Spend a minute at most trying to work out an answer. ⑬ Finally, make sure that you do not leave out any answers. ⑭ Answer every question. ⑮ If you don't know the answer, take a guess. ⑯ For essay style questions, read the question carefully to make sure you know what the question is driving at. ⑰ Then go through the stages of your writing process step by step.

語法・構文・表現

③ **Here are 〜.**「これが〜だ」▶読者［聞き手］の注意を「〜」に向ける際の表現。

⑤ **be sure to *do***「必ず…しなさい」

⑪ **move on to 〜**「〜（次の段階など）に進む，移る」

⑫ **work out 〜**「（問題など）の答えを見つけ出す」

試験

文化（教育・学校・学問）

①試験を受けるというのは，ストレスと無縁の体験どころではない。また，外国語で試験を受けるのは，とりわけストレスが大きいことがある。②しかし，自分の将来にとって重要な試験を受けることを思いとどまってはいけない。③ストレスを軽くするのに役立つ簡単な手順をいくつか紹介しよう。④ほとんどの試験は，事前に申し込みと支払いが必要なので，自分の登録番号を持参しているか確認すること。⑤試験を始める前に，必ず「受験者情報ページ」には慎重に記入すること。⑥開始したら，試験問題全体に素早く目を通すこと。⑦多肢選択問題の場合，問題を順番通りに解いていく必要はないことが多いので，一番簡単な問題から始めるとよい。⑧また，解答を始めるのを遅らせてはいけない。⑨すぐに開始して，時間を有効に使うこと。⑩難しい問題は何度も繰り返し読まないように。⑪問題がすぐに解けなければ，次の問題に進もう。⑫1問を解答するのに使える時間は，せいぜい1分だ。⑬最後に，やり残している解答が1つもないことを確認しよう。⑭すべての問題を解答すること。⑮答えが分からなければ，勘で答えよう。⑯論文形式の問題では，質問をよく読んで，問題が何を意図しているのか確かめよう。⑰それから，文書作成の手順を1つ1つ検討するのだ。

⑬ **leave out ～**「～を省く，～を入れずにおく」

⑮ **take a guess**「推量する，当てずっぽうで言う」（＝make［《英》have］a guess）

⑰ **go through ～**「～に目を通す，～を（詳しく）検討する」
step by step「1つ1つ」

32 Exams

熟語の意味を確認しよう。

324
1000▶495

discóurage *A* from *B*

A（人）にBを思いとどまらせる

325
1000▶218

in advánce

前もって（＝beforehand）

326
1000▶74

fìll óut ～

（書類など）に書き込む

▶ fill ～ out の語順も可。

▶ fill in ～ もほぼ同じ意味だが，括弧（かっこ）のような短い空欄を埋めるときに主に使う。［例］**fill in** the blanks「空欄を埋める」

327
1000▶193

lòok óver ～

～を（ざっと）調べる（＝examine）

▶ look ～ over の語順も可。

328
1000▶365

in órder

整頓されて；順調で；適切で；順序正しく

反 out of order（➡779）

▶ put［keep］～ in order は「～を整頓する［整頓しておく］」の意味。

329 1000▶195

pùt óff ～

～を延期する（=postpone）

▶ put ～ off の語順も可。

▶「（人）を不快にさせる」などの意味にもなる。

330 1000▶129

at ónce

① すぐに

同 immediately，right away（➡537），out of hand，on the spot

② 同時に

同 at the same time，all at once

331 1000▶223

óver and òver（agáin）

何度も繰り返し（=repeatedly）

332 1000▶127

at（the）móst

せいぜい，多くても

反 at（the）least（➡026）

▶「数量・程度」について使う。

333 1000▶791

dríve at ～

〔whatを目的語に〕～のつもりである

▶ What are you driving at? のように進行形が普通。

▶「真意・意図」などを尋ねるときの決まり表現。

33 Rifles in America

銃規制に対する立場や考え方の違いを整理して読み進めよう。

① Do you know what NRA **stands for**? ② If you asked any American **at random**, they would tell you that it stands for National Rifle Association. ③ The NRA is a powerful group in the United States that is against gun control. ④ Many members of the NRA are completely **at ease** with military style rifles. ⑤ The U.S. Constitution says that Americans have the "right to bear arms." ⑥ But there are also many Americans who **look on** guns **as** dangerous weapons. ⑦ They want more gun control, because guns are dangerous for society **at large**. ⑧ Whenever people ask for more gun control, they **run into** the same problem. ⑨ Politicians take money from the NRA and do what the NRA tells them to do. ⑩ Recently, protestors complained about the number of guns in our society. ⑪ The protestors **held up** signs that said, "Why do you love guns more than children?" ⑫ The NRA wants teachers to have guns in schools to protect students. ⑬ But many people say that is too dangerous. ⑭ **For one thing**, it might not be a good idea to have a gun in a place where a child can **have access to** it. ⑮ There are other problems with that idea **as well**. ⑯ Teachers **are busy with** their jobs. ⑰ They don't have time to practice shooting.

語法・構文・表現

③ **a powerful group ... that is against ～**「～に反対する強力な団体」▶関係代名詞thatの先行詞はa powerful group。

⑨ **what the NRA tells them to do**「NRAが彼ら（＝政治家）にするように要求すること」

アメリカにおける銃

社会（社会問題）

①NRAとは何を表すか，知っているだろうか。②アメリカ人に無作為に尋ねてみれば，それは全米ライフル協会の略だと誰もが教えてくれるだろう。③NRAは銃規制に反対するアメリカ合衆国で影響力のある団体だ。④NRAの構成員の多くは，軍様式ライフルと一緒だと心底安心する。⑤合衆国憲法には，アメリカ人は「武器を携帯する権利」を有すると書かれている。⑥しかし，銃を危険な武器だと見なすアメリカ人もまた大勢いる。⑦このような人たちは，より厳しい銃規制を望んでいる。銃は社会全体にとって危険だからである。⑧より厳しい銃規制を求めるときは必ず，同じ問題に直面する。⑨政治家たちはNRAから金を受け取り，NRAの言いなりとなるのだ。⑩近頃，抗議活動の参加者たちは，アメリカ社会における銃の数について訴えている。⑪彼らが掲げる看板にはこう書かれていた。「なぜ子供たちよりも銃を愛するのか？」⑫NRAは，生徒を守るために教員が校内で銃を携帯することを望んでいる。⑬だが，多くの人は，それはあまりにも危険だと言う。⑭1つには，銃を子供の手の届くところに置いておくのは好ましくない。⑮教員が銃を携帯するというその考え方には，他にもまた問題がある。⑯教員は自分たちの本業で忙しいのだ。⑰射撃練習をする時間などない。

---

⑭ **it might not be a good idea to *do***「…するのは好ましくないかもしれない」

⑰ **practice shooting**「射撃の練習をする」►practiceはenjoy，mindなどと同様に動名詞を目的語にとる。

33 Rifles in America

熟語の意味を確認しよう。

334 1000▶398

stánd for ～

① ～を意味する，～の略である

同 represent, mean, denote

② 〔否定文・疑問文で〕～を許容する，～を我慢する

同 stand, bear, tolerate

▶ ①②の意味のほかに「～を支持する」の意味もある。

335 1000▶132

at rándom

無作為に；手当たりしだいに

336 1000▶373

at (*òne's*) éase

くつろいで

同 relaxed

反 ill at ease (➡738)

▶ 他動詞的に「～をリラックスさせる」は put ～ at (～'s) ease, make ～ feel at ease [home] など。

337 1000▶285

lóok on [upòn] *A* as *B*

*A*を*B*と見なす

同 regard *A* as *B* (➡474), think of *A* as *B* (➡015), see [view] *A* as *B*

338 1000▶414

at lárge

① 〔名詞の後に置いて〕一般の；全体としての

同 in general「一般の」(➡637②)；as a whole「全体としての」(➡087)

② 逃走中で，逮捕されないで

同 on the loose

339 1000▸434

rún into ～

～に偶然出会う，～を偶然見つける；～にぶつかる

同 run [come] across ～「～に偶然出会う，～を偶然見つける」(➡152①・303①)

340 1000▸391

hòld úp ～

① ～を持ち上げる；～を支える；持ちこたえる

同 support「～を支える」

② ～を遅らせる　同 delay

③ ～に強盗に入る

▸ ①②③ともに hold ～ up の語順も可（①は他動詞の場合）。

341 1000▸143

for óne thìng

１つには

▸ 理由などを挙げる言い方。for another は「もう１つには」。

342 1000▸539

hàve áccess to ～

～を利用できる；～に近づける

▸ 文脈に応じて「～が手に入る；～と面会できる」などの意味にもなる。
▸ have のほかに get，gain なども使う。
▸ have easy access to ～ のように access には形容詞も付く。

343 1000▸212

as wéll

～もまた（=too，also）

▸ 文末に置くことが多い。

344 1000▸567

be búsy with ～

～で忙しい

▸ *be* busy *doing* は「…するのに忙しい」。
▸ with の代わりに at，on などもあり得る。

34 Army Basic Training

筆者は軍の新兵訓練で何が身に付いたのだろうか。

① When I was 19 years old, I joined the United States Army. ② In boot camp, we had to camp in the desert in New Mexico. ③ On the way to our camp, we crawled underneath barbed wire while the drill sergeant fired a machine gun over our heads. ④ For all the hard work we did, the desert was a beautiful place to train. ⑤ In the distance I saw thunderstorms. ⑥ When I woke up very early in the morning, I could catch sight of bats swirling overhead in the moonlight. ⑦ At night I had to cover my boots owing to the scorpions that would try to crawl inside. ⑧ I tried to act tough in front of the other soldiers so that I wouldn't lose face, but in reality I longed to go home to my family and friends. ⑨ I had to learn to do many different things by heart. ⑩ If I didn't get out of bed in time for physical training, then I would have to do many extra pushups. ⑪ I also had guard duty throughout. ⑫ When my training was over, I left the Army, but other soldiers liked it so much they stayed for good. ⑬ I'm glad I did it. ⑭ The Army made me strong, responsible, and hardworking. ⑮ In a word, it made me a man.

語法・構文・表現

② **boot camp**「(米軍) 新兵訓練プログラム，新兵訓練所」

③ **crawl**「這う，這って進む」

⑧ **act tough**「強がる，虚勢を張る」►〈act＋形容詞〉「～のふりをする」。
so that I wouldn't *do*「…しないように」
long to *do*「…することを切望する」

陸軍基礎訓練

文化（教育・学校・学問）

①19歳のとき，私は米国陸軍に入隊した。②新兵訓練では，ニューメキシコの砂漠で野営をしなければならなかった。③キャンプ地への道中，教練教官が私たちの頭上で機関銃を放つ中，有刺鉄線の下をほふく前進した。④それらは非常にきつい任務ではあったが，その砂漠は訓練には美しい場所だった。⑤遠くの方では，雷雨が見られた。⑥早朝に目が覚めると，月明かりの中で頭上を旋回しているコウモリを見つけることができた。⑦夜は，ブーツの中にもぐり込んでくるサソリのために，ブーツを覆っておく必要があった。⑧他の兵士たちの前では，私はメンツを失わないように屈強なふりをしていたが，実際には，家族や友人たちの元に帰りたいと切に願っていた。⑨私は多くの様々なことのやり方を覚えなければならなかった。⑩訓練に間に合うよう起床しないと，相当数の腕立て伏せを追加で課せられた。⑪また，その間ずっと警備勤務もあった。⑫訓練が終わると私は除隊したが，他の兵士の中にはそこを非常に気に入って，ずっと留（とど）まる者もいた。⑬訓練を成し遂げることができて，私は嬉（うれ）しく思う。⑭陸軍訓練のおかげで，私はたくましく，責任感が強く，そして勤勉になった。⑮つまり，私を一人前の男にしてくれたのだ。

⑨ **learn to do many different things by heart**「多くの様々なことを意識せずにできるようになる」▶learn to *do*「…できるようになる」。

⑫ **liked it so much they ...**「それが非常に気に入ったので，彼らは…」▶so ～ (that) ...「とても～なので，…」(ここではthatが省略)。

34 Army Basic Training

熟語の意味を確認しよう。

345
1000▸266

on the wáy (to ～)

(～への) 途中で

▶「(～から帰る) 途中で」は，on the way (from ～)。

346
1000▸357

for áll ～

～にもかかわらず

同 in spite of ～(➡284)，despite，with all ～(➡557)，in (the) face of ～

▶ for all that は「それにもかかわらず」。

347
1000▸278

in the dístance

遠方に [で]

348
1000▸547

càtch síght of ～

～を見つける [見かける]

▶ catch のほかに get，have も使われる。

349
1000▸165

ówing [dúe] to ～

～のために

同 on account of ～，because of ～

▶ かつては due to ～ を前置詞的に使うのは誤りとされたが，現在では標準語法になっている。

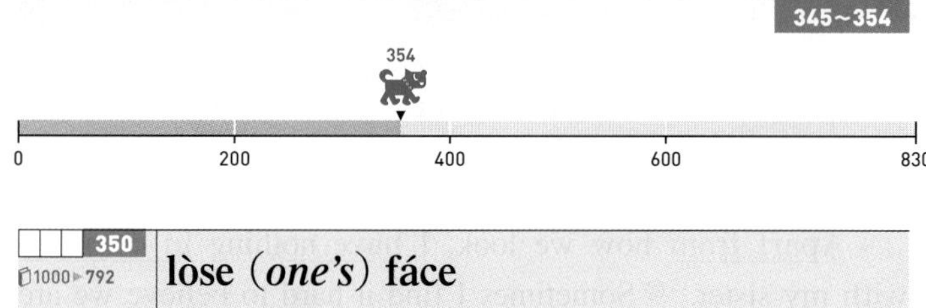

350 ⎕1000▶792

lòse (*one's*) fáce

面目を失う

反 save (*one's*) face「面目を保つ」

▶ いずれも *one's* は付けないのが普通。

351 ⎕1000▶191

léarn ～ by héart

～を暗記する (=memorize)

▶ know ～ by heart は「～を暗記している」。

352 ⎕1000▶8

in tíme

① 間に合って

▶「～に間に合って」は，in time for ～。

【参考】on time (➡024)

② やがて，そのうちに

同 sooner or later (➡188)，in due course [time]

353 ⎕1000▶215

for góod

永久に (=forever，permanently)

354 ⎕1000▶340

in a wórd

要するに，つまり

同 in short (➡197)，in brief ; 〔口語で〕in a nutshell

35 Siblings

一卵性双生児は何がどの程度まで似ている（あるいは異なっている）ものだろうか。

① Apart from how we look, I have nothing in common with my sister. ② Sometimes I find it hard to believe we are from the same family. ③ She takes after our father and likes rugby, hockey, skiing, and running, but I'm anything but sporty; I'm more like our mother and prefer indoor activities like reading, watching movies, cooking, and sewing. ④ She enjoys active holidays, but I like to relax on the beach. ⑤ She wants to live in a big city, but I want to live in the countryside. ⑥ In terms of personality, we are not in the least alike. ⑦ However, as is often the case with identical twins, many people find it difficult to distinguish one sister from the other, and often confuse us. ⑧ To make matters worse, when we were very young, our mother dressed us the same, so friends could never tell which of us was which. ⑨ Of course, it goes without saying that like all identical twins, we pretended to be each other from time to time, but since our personalities are so different, it didn't take long for friends to recognize our prank. ⑩ Nowadays friends who know us well can tell us apart immediately. ⑪ In brief, to look alike is one thing; to be alike is another.

語法・構文・表現

② **find it hard to *do***「…するのが難しいと思う」►itは形式目的語，to *do*が真の目的語。⑦ find it difficult to *do*も同じ構文。

⑦ **identical twins**「一卵性双生児」(*cf.* fraternal twins「二卵性双生児」)

⑧ **dress ～ the same**「～に同じように服を着せる」►sameは副詞。通例theを伴って用いる（＝in the same way)。

兄弟姉妹

日常生活（家庭・家族）

①外見を除けば，私は妹と共通点を何一つ持たない。②同じ家の出だと考えるのが難しいと思うことも時々ある。③彼女は父に似ていて，ラグビー，ホッケー，スキー，それにランニングが好きだが，私はスポーツなんてとんでもない。私はむしろ母に似ていて，読書，映画鑑賞，料理に裁縫といった屋内ですることの方が好きだ。④彼女は体を動かして休日を楽しむが，私はビーチでくつろぐのが好きだ。⑤彼女は大都市に住みたいと思っているが，私は田舎に住みたい。⑥性格の点から見ると，私たちは少しも似ていない。⑦ところが，一卵性双生児にはよくあることだが，多くの人は一方をもう一方と見分けるのは難しいと思っており，それで私たちをよく混同してしまう。⑧さらに困ったことに，私たちが幼い頃，母は私たちに同じような服を着せたので，友人たちはどちらがどちらだかまるで見分けがつかなかった。⑨もちろん，他の一卵性双生児と同様，私たちは時々お互いを装ったのは言うまでもないが，2人の性格があまりにも違うので，友人たちが私たちの悪ふざけに気付くのにそう長くはかからなかった。⑩近頃では，私たちのことをよく知っている友人たちは，すぐに私たちを見分けられる。⑪要するに，見た目が似ていることと中身が似ていることは別のことなのだ。

tell which of us was which「私たちのどちらがどちらかを見分ける」

⑨ **it didn't take long for ～ to *do***「～が…するのに長くはかからなかった」▶for ～はto *do*の意味上の主語。

prank「いたずら，悪ふざけ」

⑩ **tell ～ apart**「～（の違い）を見分ける」

35 Siblings

熟語の意味を確認しよう。

355
1000▶169

apárt from ～

① ～のほかに

同 besides, in addition to ～ (➡249), aside from ～ (➡041)

② ～を除いては

同 except for ～, aside from ～ (➡041)

▶「～から離れて」の意味でも使う。[例] sit **apart from** each other「互いに離れて座る」

356
1000▶591

hàve *A* in cómmon (with *B*)

(Bと) 共通にAを持っている

357
1000▶201

tàke áfter ～

～に似ている (=resemble)

358
1000▶261

ánything but ～

全然～ではない, ～どころではない

同 far from ～ (➡085)

▶「～以外何でも」の文字どおりの意味もある。

359
1000▶698

nót ～ (in) the léast

まったく～ない

同 not ～ at all (➡543①), not ～ in the slightest

▶ not (in) the least ～ の形もある。

360
1000▶708

as is óften the cáse (with ～)

(～に関して) よくあることだが

▶ often, as is the case (with ～) という語順になることもある。

365

0 200 400 600 830

361
1000▸287

distínguish *A* from *B*

AをBと区別する

同 tell *A* from *B*(➡267), distinguish between *A* and *B*, tell [see] the difference between *A* and *B*

362
1000▸647

to màke màtters [thìngs] wórse

さらに悪いことに

同 worse still [yet](➡010), what is worse

▶ 独立不定詞の例。

363
1000▸726

It gòes without sáying that ....

…なのは言うまでもない。

同 needless to say (➡818)

▶ It は形式主語。

364
1000▸217

from tíme to tíme

ときどき (=sometimes, occasionally)

同 (every) now and then [again], (every) once in a while (➡748)

365
1000▸737

Á is óne thìng; *B́* is anóther

AとBとは別のものである

▶ 2つの事柄がまったく異なることを明言するときによく使われる構文。

36 Computer

🔑 コンピューターは私たちにとってどのような存在となっているのか。

① These days, computers have become essential to our daily lives. ② They are important not only at our work places but also at home where they provide an endless source of entertainment through games or movies on the Internet. ③ Most people spend a great deal of time sitting in front of their computer screens. ④ They would find it very difficult to go about their normal daily lives without the easy access to the Internet and social networks. ⑤ At work, computers have taken the place of the simple pen and paper and even machines such as typewriters and fax machines. ⑥ Computers help us save time, allowing us to quickly sort out our problems and other tasks that we need to complete in a day. ⑦ Suffice to say that with our dependence on the computer and the Internet, our greatest fear is what would happen if our computer broke down. ⑧ Then, our first action would be to get it fixed at any cost. ⑨ Our dependence on the computer must lie in the ever-increasing speed of life in the twenty-first century.

語法・構文・表現

② **provide a source of entertainment**「娯楽をもたらす，娯楽の発信源となる」

④ **would find it very difficult to ... without ～**「～がなければ…するのは非常に難しいと分かるだろう」▶仮定法過去。without ～ が「仮定の条件」を表す。また，it は形式目的語。

⑥ **allow ～ to *do***「～が…するのを可能にする，～が…できるようにする」

⑦ **what would happen if *S did***「もしSが…したら，どうなるだろうか」▶仮定法過去。この節全体が〈SVC〉の文型のC（補語）になっている。

コンピューター

科学・技術（機械・コンピューター）

①近頃，コンピューターは日常生活に不可欠となっている。②それは職場のみならず，インターネットのゲームや映画を介して娯楽を無限にもたらしてくれる自宅でも重要だ。③たいていの人が，かなり多くの時間をコンピューター画面の前に座って過ごす。④そのような人たちは，インターネットやソーシャルネットワークに簡単にアクセスできないと，通常の生活を普通に送るのはとても困難だと思うだろう。⑤職場では，コンピューターは単なるペンと紙，そしてタイプライターやファックスといった機器にまで取って代わっている。⑥コンピューターは時間を節約するのに役立ち，そのおかげで，さまざまな課題やその日に仕上げるべき仕事を処理することができる。⑦あえて言うなら，私たちがコンピューターやインターネットに依存しているため，最も懸念されることは，もしコンピューターが故障したらどうなるかということだ。⑧その場合，我々が最初にするのは，何としてでもコンピューターを修理してもらうことだろう。⑨コンピューターへの依存は，21 世紀において生活のスピードが加速し続けていることに原因があるに違いない。

---

⑧ **Then**「その場合には」▶前文 what would happen if ... の「仮定」に呼応して結論を導く。
get it fixed「それ（＝コンピューター）を修理してもらう」▶get ～ *done*「～を…（された状態）にしてもらう」

⑨ **ever-increasing**「さらに高まる」▶ever- は「絶えず～」の意味で複合語を作る。

36 Computer

熟語の意味を確認しよう。

366 　1000▶326

be esséntial to ～

~~にとって不可欠である~~

同 *be* indispensable to [for] ～ (➡806)

367 　1000▶177

nòt ónly *A* but (àlso) *B*

*A*だけではなく*B*も

▶ only の代わりに merely, simply, just なども使われる。
▶ 全体が主語の場合，受ける動詞は*B*に合わせる。

368 　1000▶6

a grèat [gòod] déal (of ～)

たくさん(の～)

▶ 後には不可算名詞がくる。a great [good] deal は副詞句・名詞句としても使う。

369 　1000▶448

gó abòut ～

① ～に取り掛かる；～に精を出す

② (仕事など)を続ける

▶「～を歩き回る」の意味にもなる。
▶ go about in the park「公園の中を歩き回る」のように，about が副詞のときのアクセントは gò abóut。

370 　1000▶521

tàke *one's* [～'*s*] pláce

① 〔主語と *one's* が一致〕いつもの席に着く；特定の地位を占める

② 〔主語と ～'*s* が不一致〕～に取って代わる

▶ take the place of ～ の形にもなる。

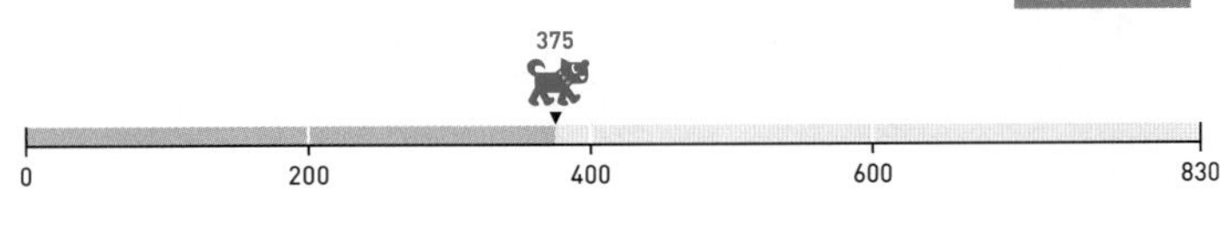

371
1000▶470

sòrt óut ～

～を整理する；～を処理する

同 iron out ～「～を処理する」(➡529)

372
1000▶739

Suffìce (it) to sáy that ....

…と言えば十分である。；あえて言うなら…。

▶ 古びた表現であるが，ときに今も使われる（Suffice [səfáɪs] は仮定法現在）。現代的語順では，It suffices to say that ....。

373
1000▶462

brèak dówn (～)

① ～を分解する；～を壊す

▶ break ～ downの語順も可。

② 故障する；取り乱す；肉体的［精神的］に参る

【参考】a nervous breakdown は「神経衰弱」。このbreakdown は名詞。

374
1000▶347

at áll còst(s) [ány còst]

ぜひとも

同 at any price

▶「いくらお金をかけても」が元の意味。

375
1000▶298

líe in ～

～にある

同 consist in ～ (➡240)

37 Hannah's Plans

日本に戻ることを決めたハンナは，どんな計画を立てているのか。

① Hannah is a Japanese citizen who has spent most of her life in America. ② One day, she felt she was starting to forget what it had been like to live in Japan. ③ She thought it was high time that she moved back, now that she was no longer a child. ④ In preparation for her trip, Hannah saved up all her vacation days at work so she could do a job search in Japan to provide for her new life, all without risking her present career. ⑤ Going over her plan, she looked to visit Kyoto, by way of Tokyo. ⑥ In doing so, she figured there would be little, if any, chance of failure in finding work in both of these locations. ⑦ If she couldn't find a job in Tokyo, she could focus harder on getting one in Kyoto. ⑧ Now, the day has finally arrived and Hannah has finished up her first interview in Tokyo. ⑨ It went pretty well, she thought. ⑩ At the moment, being in Tokyo also has brought back a lot of fond memories. ⑪ Feeling that her trip has already become a success, Hannah is getting confident of her future.

語法・構文・表現

② **what it is like to *do*** 「…するのはどのようなものか」 ▶itは形式主語，真主語はto *do*。ここでは過去完了形で，間接疑問の語順。

③ **now that ...** 「今や…であるので」〔➡058〕

④ **save (up) ～** 「～をとって［貯めて］おく」
so (that) *S* can *do* 「Sが…できるように」〔➡006〕
all without *doing* 「…することはまったくなく」 ▶allは副詞で「まったく」。

⑤ **look to *do*** 「…することを期待する」

ハンナの計画

英文レベル ☆☆

産業（職業・労働）

①ハンナは，アメリカで人生の大半を過ごしている日本国民だ。②ある日，彼女は日本での生活がどんなだったかを忘れ始めていると感じた。③もう子供ではないのだから，そろそろ日本に戻るべき時だと思った。④旅の準備として，ハンナは職場での休暇をすべてとっておいた。それは，現在のキャリアを危うくすることなく，新しい生活に備えて日本で求職活動ができるようにするためであった。⑤計画をよく検討しながら，彼女は東京経由で京都に行くのを待ち望んでいた。⑥そうすることで，それら両方の場所で仕事をうまく見つけられない可能性は，あったとしても，ごくわずかであろうと彼女は考えた。⑦もし東京で仕事が見つからなければ，京都でより熱心に職探しに集中すればよい。⑧さて，ついにその日がやって来て，ハンナは東京で最初の就職面接を終えた。⑨かなりうまくいった，と彼女は思った。⑩今は，彼女は東京にいることで，たくさんの懐かしい記憶を思い出している。⑪この旅がすでにうまくいっていると思って，彼女は自分の未来を確信しつつあった。

⑥ **In doing so**「その際に，そうすることで」
figure (that) ...「…だと考える」
there would be little chance of ～「～の可能性はほとんどないだろう」

⑩ **being in Tokyo has brought back ～**「東京にいることが～を思い出させた」
▶無生物主語構文。
fond memories「楽しい［懐かしい］思い出」

37 Hannah's Plans

熟語の意味を確認しよう。

376
1000▶729

It is (hìgh) tíme (that) ....

(とっくに)…してよいころだ。

▶ that節の中は仮定法過去(単数 be 動詞では was が普通)を使うのが一般的。It is about time (that) .... は「そろそろ…してよいころだ」の意味。

377
1000▶157

nò lónger ～

もはや～ない

同 not ～ any longer

【参考】no more ～ [not ～ anymore] は「数量・程度」について使うことが多い。

378
1000▶173

in preparátion for ～

～の準備中で

379
1000▶632

at wórk

① 職場で;仕事中で[の]

② 作用して;運転[作動]中で[の]

380
1000▶408

províde for ～

① ～を扶養する

▶ 目的語には「人」がくるのが普通。

② ～に備える;(法律が)～を規定する

▶「(将来の災害・攻撃・不足など)に備える」の意味では,provide against ～ もある。

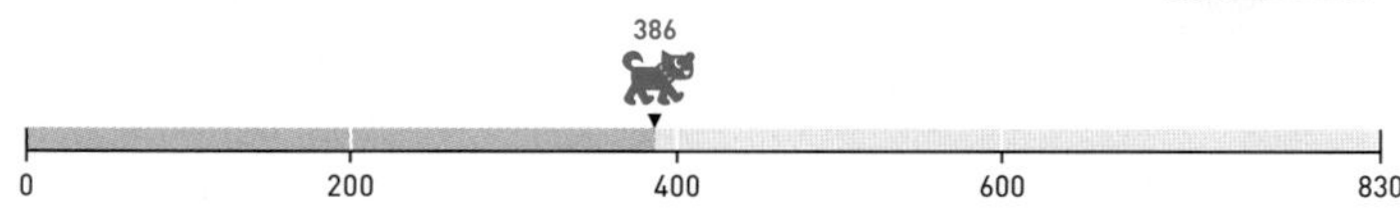

381
1000▶388

gò óver ～

① ～に詳細に目を通す；～を調べる

同 search, examine

【参考】look over ～（➡327）は「～を（ざっと）調べる」。

② ～を復習する；～を繰り返す

同 review「～を復習する」；repeat「～を繰り返す」

▶「～を越えていく」の文字どおりの意味もある。

382
1000▶420

by wáy of ～

① ～経由で 同 via, through

② ～として，～のつもりで（の） 同 as a means of ～

383
1000▶770

if ány

もしあるとしても；もしあれば

▶〈few [little], if any〉は，「あるとしてもごく少数［少量］しかない」のニュアンス。

384
1000▶37

fócus on ～

～に集中する；～に焦点を合わせる

▶ focus *A* on *B* は「AをBに集中させる」の意味。この focus は他動詞。

385
1000▶339

at the móment

〔現在時制で〕現在は；〔過去時制で〕（ちょうど）その時

386
1000▶576

be cónfident of [abòut] ～

～を確信している

同 *be* sure of [about] ～（➡388），*be* convinced of ～（➡422）

▶ *be* confident that ... と節も続く。*be*はget，becomeなどにもなる。

38 Get Yourself Motivated

自分に課した誓いを守れないことはよくあることだが，なぜそうなるのだろうか。

① You've likely heard this story a million times — your friend makes a promise to himself that he would take care of his health, but doesn't keep his word. ② He was so sure of the importance, too, but instead of setting aside time for good habits, he eats junk food and stays up late watching TV instead of putting out the lights at a reasonable hour. ③ Why is he depriving himself of sleep, to say nothing of nutrition, and is it simply laziness that is getting in the way? ④ Well, the answer is a bit complex. ⑤ People wear out their motivation due to "decision fatigue," and this is superior to our planning ability. ⑥ Let's say you apply for a gym membership. ⑦ Unless you immediately find the gym very pleasurable upon the first visit, your willpower will be gradually depleted each time you make the choice of returning. ⑧ My suggestion is to make yourself pay a penalty for missing the gym. ⑨ If you pay your friend 10 dollars each time you fail, you can artificially generate more motivation for yourself. ⑩ This may sound strange, but sometimes the only way we can beat our mental weaknesses is by using another weakness to help motivate us.

語法・構文・表現

① **make a promise (to *oneself*) that ...**「…という約束を（自分に）する，（心に）誓う」►thatはpromiseの同格節を導く接続詞。

② **stay up late *doing***「…して遅くまで起きている」

③ **is it (simply) ～ that ...?**「…するのは（単に）～だろうか？」►強調構文。

⑥ **Let's say (that) ...**「仮に…であるとしよう」

自分にやる気を起こさせるには

日常生活（健康・医療）

①次のような話は，おそらく何度も聞いたことがあるだろう。あなたの友人が，自分の健康に気を付けると心に誓ったが，その約束を守らないという話だ。②彼もその大切さを確信してはいたのだが，好ましい習慣のための時間を取っておく代わりに，ジャンクフードを食べ，また，適度な時間に電気を消さないで，遅くまで起きてテレビを見ているのだ。③なぜ彼は，栄養は言うまでもなく，自らの睡眠時間までも奪ってしまうのか。妨げとなっているのは，単に怠け癖なのだろうか。④さて，その答えは少々複雑だ。⑤「決断疲れ」のために意欲がすり減ってしまい，この「決断疲れ」は「計画力」を上回ってしまうのだ。⑥仮に，スポーツクラブの会員に申し込むとしよう。⑦最初に訪れたときに，すぐにそのスポーツクラブがすごく楽しいと思わない限り，次にまた行こうとする度に，その気力はだんだんと減退していく。⑧私からの提案だが，スポーツクラブを欠席したら自分に罰を科すというのはどうだろう。⑨毎回サボるごとに友人に 10 ドル支払うとすれば，無理やりにではあっても，もっと自分にやる気を起こさせることができる。⑩奇妙に思えるかもしれないが，我々が自分の精神的な弱さに打ち勝つ唯一の方法は，時に別の精神的な弱さを使って自分をやる気にさせることだ。

---

⑦ **upon the first visit**「最初に訪れたときに（すぐに）」
deplete [diplíːt]「～を減らす」
each time ...「…する度に」▶接続詞的に使われている（＝every time ...）。
make the choice of *doing*「…することを選択する」

⑧ **pay a penalty for ～**「～のことで罰を受ける［代償を払う］」

38 Get Yourself Motivated

熟語の意味を確認しよう。

387 1000▶96

kèep *one's* prómise [wórd]

約束を守る

反 break *one's* promise [word]「約束を破る」

▶ *one's* promise は a promise [promises] でも可。

▶「約束」の意味では，word は常に単数形で，*one's* を付ける。

388 1000▶18

be súre of [abòut] 〜

〜を確信している

同 *be* certain of [about] 〜，*be* confident of [about] 〜 (➡386)

▶ 主語には「人」がくる。

▶ *be* sure [certain] that ... と節も続く。

389 1000▶314

sèt asíde 〜

〜を蓄える；〜を取っておく；〜をわきに置く

▶ set 〜 aside の語順も可。

▶ put aside 〜 (➡565) と同様に「〜をわきに置く」の意味から，「〜を片づける；〜を無視する」の意味にも発展する。

390 1000▶395

pùt óut 〜

① (火・明かりなど) を消す

同 extinguish

② 〜を出す

▶ ①②ともに put 〜 out の語順も可。

▶「〜を外に出す」という文字どおりの意味もある。

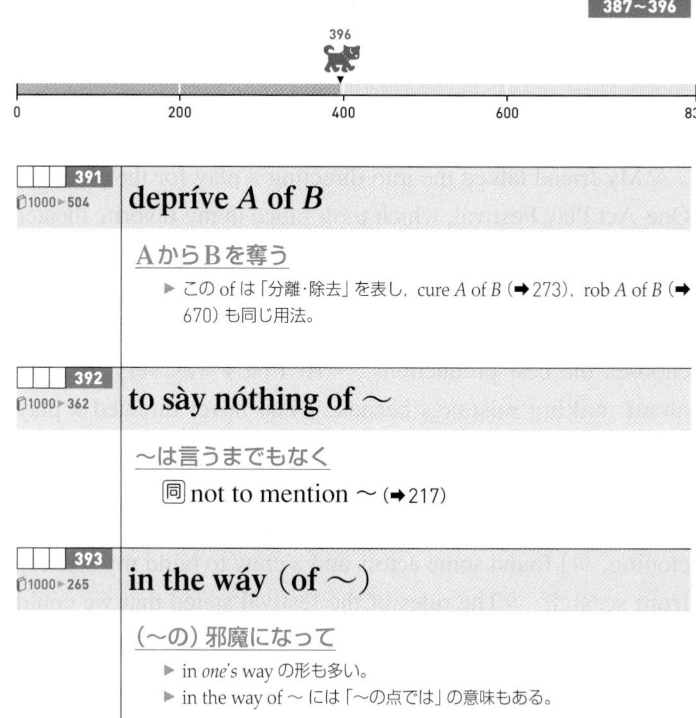

391 1000▶504

depríve *A* of *B*

AからBを奪う

▶ このofは「分離・除去」を表し，cure *A* of *B*（➡273），rob *A* of *B*（➡670）も同じ用法。

392 1000▶362

to sày nóthing of ～

～は言うまでもなく

同 not to mention ～（➡217）

393 1000▶265

in the wáy（of ～）

（～の）邪魔になって

▶ in *one's* way の形も多い。
▶ in the way of ～ には「～の点では」の意味もある。

394 1000▶471

wèar óut（～）

～をすり減らす［疲れ果てさせる］；すり減る

▶ 他動詞では wear ～ out の語順も可。

395 1000▶552

be supérior to ～

～より優れている

▶「～より」は，than ～ ではなく to ～。

396 1000▶227

applý for ～

（仕事・許可など）を申し込む［志願する］

▶〈apply to＋人［場所］＋for ～〉は「人［場所］に～を申し込む」。

39 A Real Drama

🔑 筆者にとって初めての演出となった芝居は，上演後にどのような結末を迎えたか？

① My friend talked me into directing a play for the National One-Act Play Festival, which took place in my favorite theater in my hometown. ② The annual festival consists of three nights of short plays, produced by amateur theater groups. ③ Three plays are shown each night, and a panel of judges chooses the best productions. ④ At first I was very anxious about making mistakes because I had never directed a play before. ⑤ I didn't need to worry since many people helped me. ⑥ Most of the plays in the festival were classic comedies, but I took a risk and decided on a modern serious one about human cloning. ⑦ I found some actors and a crew to build my scenery from scratch. ⑧ The rules of the festival stated that we could not spend any money on props, so we had to find those around our homes and workplaces. ⑨ We all put in a lot of very hard work to rehearse the play. ⑩ The Festival arrived. ⑪ We were very nervous. ⑫ Two of the actors had never performed in public before! ⑬ Our show was met with rapturous applause, and we won the prize for Best Production. ⑭ I accepted the trophy on behalf of everyone involved in the production.

語法・構文・表現

① **talk ～ into ...**「～を説得して…させる」

③ **a panel of judges**「審査員団」

⑥ **classic**「典型的な，模範的な」

⑧ **prop**「（劇場の）小道具」

本物の芝居

英文レベル ☆☆

文化（音楽・芸術・文学）

①私は「全国一幕演劇祭」の芝居を演出するよう友人に説得された。それは地元の私の一番好きな劇場で行われた。②年に一度のこの祭典は，三夜にわたる寸劇で構成され，アマチュア劇団により上演されている。③毎晩３つの劇が上演され，審査員が最優秀作品を選出する。④最初私は，ミスをするのではないかととても不安だった。これまでに芝居の演出などしたことがなかったからだ。⑤だが，心配する必要などなかった。大勢の人が助けてくれたのだ。⑥祭典での芝居の大半は定番の喜劇だったが，私は覚悟の上でクローン人間に関するシリアスな現代風の芝居に決めた。⑦役者陣と舞台背景をゼロから作るスタッフ班は見つかった。⑧祭典の規則で，小道具にはお金を使うことはできないと記されていたので，私たちは小道具を自宅や職場で見つけるしかなかった。⑨芝居の稽古（けいこ）には，皆とても大変な労力を注いだ。⑩祭典の日がやって来た。⑪私たちはひどく緊張していた。⑫俳優陣のうち２人は，これまで人前で演じたことがなかった！⑬公演は熱烈な拍手喝采（かっさい）を受け，最優秀作品賞を勝ち取った。⑭私は，この作品に関わったすべての人を代表してトロフィーを受け取った。

⑩ **arrive**「（予定の日などが）来る，訪れる」

⑬ **rapturous** [rǽptʃərəs]「熱烈な」
applause [əplɔ́ːz]「拍手」

⑭ **involved in ～**「～に関係している」〔➡182〕▶直前のeveryoneを後置修飾。

39 A Real Drama

熟語の意味を確認しよう。

397
1000▶87

tàke pláce

催される；起こる

▶「(計画されたことが) 催される」の意味で使うとされるが,「(自然に) 起こる」(= happen) の意味でも広く使う。

398
1000▶46

consíst of ～

～から成り立っている

同 *be* composed of ～ (➡795)

▶ 進行形や受動態にはしない。

▶ consist in ～ (➡240) と混同しないこと。

399
1000▶257

be ánxious abòut ～

～を心配している

同 *be* concerned about [for] ～ (➡661)

▶ ときに *be* anxious for ～ も使う。

400
1000▶92

màke a mistáke

間違いをする

401
1000▶526

tàke a rísk [rísks]

(あえて) 危険を冒す；賭ける

同 take a chance [chances] (➡672)

▶「…する危険を冒す」は, take the risk of *doing*。

▶ run a risk [risks] は「(結果として) 危険を冒すことになる [恐れがある]」。

402
1000▶431

decíde on [upòn] ～

～を (どれにするか) 決める, (複数の選択肢から) ～に決める

同 settle on ～

407

0 200 400 600 830

403 1000▶784

from scrátch

最初から

同 from the (very) beginning

▶ start from scratchの形が多い。

404 1000▶480

pùt ín ～

① (物・言葉など) を差し入れる [加える]；(設備など) を取り付ける

同 install「～を取り付ける」

② (労力・時間・金など) を注ぎ込む [投入する]

同 devote, invest

▶ ①②ともにput ～ inの語順も可。

405 1000▶151

in públic

人前で，公然と

同 publicly

反 in private [secret]「ひそかに，こっそりと」

406 1000▶407

méet with ～

① ～を受ける，～を経験する

同 experience, undergo

② 《主に米》～と (約束して) 会う，～と会見する

同 meet

407 1000▶622

on [in] behalf of ～

～を代表して；～のために

▶ on [in] ～'s behalf の形もある。

40 Directions

道に迷った男性はどこに向かっていて，女性はどう対応したのだろうか。

Man: ① Excuse me. ② I wonder if you can help me. ③ I seem to have gotten lost.

Woman: ④ Sure. ⑤ Where are you trying to go?

Man: ⑥ The station. ⑦ But there seems to be something wrong with the map on my iPhone.

Woman: ⑧ Let me see your map. ⑨ No, that's right. ⑩ You're here on Bell Street. ⑪ There're a couple of stations near here, so it depends on where you want to go. ⑫ There's an underground station just around the corner, and the mainline station is a 5-minute walk at most.

Man: ⑬ I need to get to the mainline station because I have to get a train to Bristol.

Woman: ⑭ Well, I'm going in that direction. ⑮ I can take you to Paddington Station.

Man: ⑯ Paddington? ⑰ Is it named after the bear?

Woman: ⑱ No, the other way around. ⑲ Come on. ⑳ We'll be there before you know it.

Man: ㉑ That's very kind of you.

Woman: ㉒ My pleasure. ㉓ Watch your step here. ㉔ There is a new office block under construction here and they have dug up the sidewalk. ㉕ If you look to your left, you can see the station building coming in sight.

Man: ㉖ Thank you.

Woman: ㉗ Well, here we are. ㉘ Have a safe journey.

語法・構文・表現

③ **I seem to have *done***「…してしまったようだ」

⑪ **it depends on ～**「それ（＝どの駅に行くべきか）は～による」

⑱ **the other way around**「その逆で，あべこべで」▶「駅名からクマの名前を付けた」

道案内

英文レベル ☆☆

日常生活（旅行）

男性：① すみません。② ちょっとお願いがあるのですが。③ どうも道に迷ってしまったようで。

女性：④ いいですよ。⑤ どちらに向かっているのですか？

男性：⑥ 駅です。⑦ でも，私の iPhone だと地図が何かおかしいみたいなんです。

女性：⑧ ちょっと見せてください。⑨ いえ，地図は正しいですよ。⑩ 今，ここのベル通りにいます。⑪ この近くには駅がいくつかありますが，どこに行きたいかによります。⑫ すぐ近くには地下鉄の駅があって，中央駅も歩いてせいぜい 5 分です。

男性：⑬ ブリストルまで電車で行くので，中央駅に行かないといけませんね。

女性：⑭ 私もその方向に行くところです。⑮ パディントン駅までお連れできますよ。

男性：⑯ パディントン？ ⑰ それはクマから名前をとったのですか？

女性：⑱ いえ，逆です。⑲ さあ，行きましょう。⑳ あっという間に着きますよ。

男性：㉑ ご親切にありがとうございます。

女性：㉒ どういたしまして。㉓ 足元に注意してください。㉔ この辺りは新しいオフィスビルの工事中で，歩道を掘り返しているんです。㉕ 左の方を見ると，駅の建物が見えてきますよ。

男性：㉖ ありがとうございます。

女性：㉗ さあ，着きましたよ。㉘ お気を付けて。

ということ。

㉔ **office block**「オフィスビル」 ▶blockを「大型ビル」の意で使うのは主に《英》用法（《米》では office building）。

40 Directions

熟語の意味を確認しよう。

408 1000▶97

gèt lóst

道に迷う 同 go astray

▶「人生の道に迷う」の意味でも使われる。

▶ *be* lost は「迷っている」という「状態」を表す。

409 1000▶180

Sómething is [There is sómething] wróng with ～.

～はどこか調子がおかしい［故障している］。

▶ Nothing is [There is nothing] wrong [the matter] with ～. は「～はどこもおかしくない」。

410 1000▶356

（jùst）aròund the córner

（距離・時間的に）すぐ近くに

同 close [near] at hand (➡456)

▶「角を曲がった所に」という文字どおりの意味でも使われる。

411 1000▶516

náme *A* àfter *B*

AをBにちなんで名づける

▶《主に米》では name *A* for *B* とも言う。

412 1000▶793

befòre *one* knóws it

あっという間に

同〔口語で〕before *one* can [could] say knife [Jack Robinson]

413 1000▶815

Mỳ pléasure.

〔お礼の言葉に対して〕どういたしまして。

同 You're (very [most]) welcome.

▶ The pleasure is (all) mine. やIt's my [a] pleasure. はより丁寧な応答。

【参考】With pleasure. は「喜んで，かしこまりました」の「快諾」の意味。

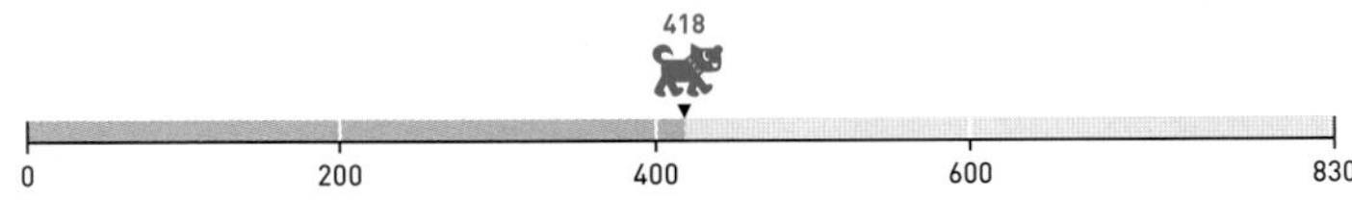

414 1000▸828

wátch *one's* stép

足元［言動］に注意する

▶ watch *one's* mouth「言葉に気をつける」，watch *one's* head「(低い天井など) 頭に気をつける」，watch *one's* manners「行儀に気をつける」なども。

415 1000▸653

ùnder constrúction

建築［工事］中で

【参考】under repair は「修繕中で」。

416 1000▸393

lóok to ～

① ～のほうを見る；～に気をつける

同 pay attention to ～ (➡067)，attend to ～「～に気をつける」

② ～に頼る，～を当てにする

▶ look to *do* は「…することを期待する」の意味。
▶ look to *A* for *B* [to *do*]「AにBを［…するように］頼る」の形が多い。

417 1000▸371

in [withìn] síght

見えて，視界に入って

同 in view

反 out of sight (➡600)

▶ come into sight [view] は「(物が) 見えてくる」。

418 1000▸826

Hére we áre.

さあ着いた。

▶ 目的地などに着いたときに使う。
▶ 探し物が見つかったときなど，「ほら，ここにあった」の意味でも使う（＝Here it is.）。

41 Ore-Ore!

オレオレ詐欺の手口とは？ 標的になりやすい人は？ 被害を防ぐ方法は？

① A man in his mid-30s has been arrested on a charge of taking money under false pretenses, in a scam. ② This scam is a case of what we call 'Ore-Ore'. ③ The man called a number of old people who he was acquainted with and so knew a little about their personal lives, such as having children who lived far away. ④ He then pretended to be the children and asked for money. ⑤ The old people were convinced of his identity as he knew enough about the family, and so they easily fell victim to the scam. ⑥ The man has admitted to the scam but said that it served the old people right, as they should have checked his identity more carefully. ⑦ In contrast, some old people have forgiven the man for stealing money from them because, since the crime happened, their children have been in contact far more. ⑧ The police say that cases of Ore-Ore are increasing and warn old people to watch out for strange phone calls and have nothing to do with people who suddenly ask for money, even if they say that they are your family.

語法・構文・表現

① **under false pretenses**「偽りの口実を設けて」 ▶pretense [príːtens]「言い訳，口実」
scam「詐欺」

④ **pretend to be ～**「～であるふりをする」

⑥ **should have *done***「…すべきだった」

オレオレ詐欺

社会（事件・犯罪・事故）

①30代半ばの男が，詐欺で金をだまし取った容疑で逮捕された。②この詐欺は，いわゆる「オレオレ詐欺」の事件だ。③男は何人もの知り合いのお年寄りに電話をかけた。お年寄りたちの私生活について，例えば，遠くに住んでいる子供がいるかなど，少しは知っていたのだ。④そして，彼はお年寄りの子供のふりをして，お金を要求した。⑤お年寄りたちは，彼が自分の家族のことをよく知っていたので，彼の身元を信じてしまい，簡単に詐欺の被害者になってしまったのだ。⑥男は詐欺行為を認めているが，高齢者の自業自得と言った。本人確認をもっと慎重にすべきだったと言うのだ。⑦逆に，男が自分の金を盗んだことを許す高齢者もいる。事件が起きて以来，子供との接触が増えたからだ。⑧警察によると，オレオレのケースが増えており，高齢者に対して，不審な電話には注意し，たとえ自分の家族だと言われても，急にお金を要求してくる人とは関わりを持たないよう警告している。

---

⑦ **In contrast**「その一方，対照的に」
_be_ in contact (with ～) far more「ずっと［はるかに］（～との）接触が多い」

⑧ **warn ～ to _do_**「～に…するように警告する」
even if ...「たとえ…であっても」

41 Ore-Ore!

熟語の意味を確認しよう。

419 1000▸623

on（a [the]）chárge of ～

～の容疑［罪］で

▶ in charge of ～（➡066）と区別しよう。

420 1000▸662

whàt we cáll ～

いわゆる～

同 what is called ～

▶ 主語・時制は文脈に応じて変化する。
［例］**what** they used to **call** ～「彼らが昔言っていた～」

421 1000▸572

be acquáinted with ～

～に精通している；～と知り合いである

▶「～と知り合いになる」の意味では，*be*の代わりにget，becomeなどを使う。

422 1000▸579

be convínced of ～

～を確信している

同 *be* sure of［about］～（➡388），*be* confident of［about］～（➡386）

▶ *be* convinced that ... と節も続く。

423 1000▸546

fàll víctim to ～

～の犠牲［餌食（えじき）］になる

同 become a victim of ～

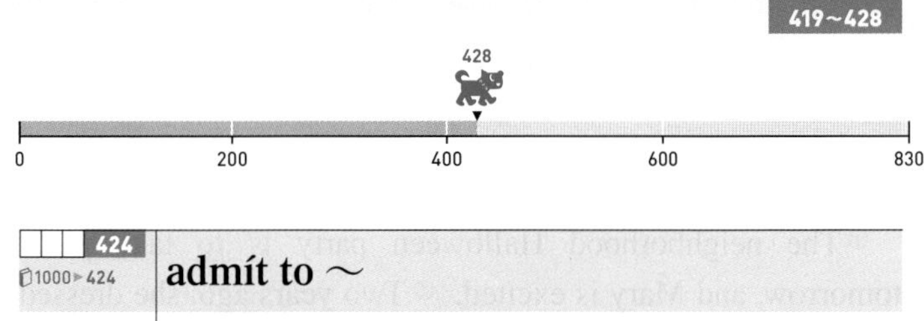

424
1000▶424

admít to ～

～を認める［告白する］

同 confess

▶ 同じ意味を表すのに，admit を単独で使うことも多い（その場合は他動詞）。

【参考】admit *A* to *B* は「AをBに収容する」の意味。

425
1000▶799

sèrve ～ ríght

～にとって当然の報いである

▶ 悪行の報いに対し，「因果応報だ」の意味の言葉。

426
1000▶503

forgíve *A* for *B*

BのことでAを許す

427
1000▶308

wàtch óut (for ～)

(～に) 気をつける

同 look out (for ～) (➡064)

428
1000▶669

hàve something [nothing] to dó with ～

～と関係がある［ない］

▶ something, nothing は意味に応じて anything, a lot, much, little などにもなる。ただし，much は肯定文ではあまり使われない。

▶ have to do with ～ も同意で広く使われる

42 The Original Costume

今年のハロウィーンの衣装に，メアリーは何を着ることにしたのだろうか。

① The neighborhood Halloween party is to take place tomorrow, and Mary is excited. ② Two years ago, she dressed as a fairy, and last year, she was a mermaid. ③ This time, there's a contest for the scariest monster, and Mary wants to win. ④ At first, she went to the store and tried on many costumes that were on display in the store, starting with a giant lizard, then a bat, and finally, a wolf. ⑤ "None of these are scary enough," she thought, and decided this year she would rather create something original. ⑥ Back at home, Mary took out all her old clothes, and thought about what she could use up to make a monster that would strike people as scary. ⑦ After a while, she hit on a good idea. ⑧ Making the best of the clothes, she cut and joined all the materials to make a mix of the monsters she saw at the store. ⑨ Before long, she had a three-part suit with a set of dark bat wings, a lizard body with claws, and a wolf mask with long teeth. ⑩ Finally, at last, she was ready to step up in front of everyone!

語法・構文・表現

① **neighborhood**「（ある特定の）地域」
take place「催される，行われる」〔➡397〕

④ **start with ～**「～から始める」 ▶fromではないことに注意。
lizard [lízərd]「トカゲ」

⑥ **take out ～**「～を取り出す」

独創的な衣装

日常生活（趣味・娯楽）

①地域のハロウィーン・パーティーが明日開かれる予定で，メアリーはわくわくしている。②2年前，彼女は妖精の扮装をして，昨年は人魚だった。③今回は，最も怖い怪物のコンテストがあり，メアリーは優勝を狙っている。④最初は，彼女は店に行って，店に陳列してある衣装をいろいろと試着した。巨大トカゲに始まり，次にコウモリ，最後にはオオカミといった具合だ。⑤「どれもあまり怖くないわね」と思い，今年はむしろ何か独創的なものを自分で作った方がいいと考えた。⑥家に戻ると，メアリーは古い衣類をすべて引っ張り出して，みんなに怖いと感じさせるような怪物を作るのに，何を使い切ることができるか，あれこれ考えた。⑦しばらくすると，いいアイデアを思い付いた。⑧衣類を目一杯活用しながら，彼女はそれらを裁断し，素材すべてを店で見かけた怪物の組み合わせに作り替えた。⑨間もなく，3つを組み合わせた衣装ができた。黒いコウモリの翼に，カギ爪付きのトカゲ，そして，長い牙の付いたオオカミのマスクだ。⑩ついに，ようやく，彼女はみんなの前に出る準備が整ったのだ。

think about ～「～を検討［熟考］する」

⑦ **After a while**「しばらくして」

⑨ **Before long**「間もなく」〔➡633〕
claw「（動物・鳥などの）爪，カギ爪」

42 The Original Costume

熟語の意味を確認しよう。

429 1000▶740

be to dó

①〔予定・運命〕…することになっている

②〔義務〕…すべきである

③〔意図・目的〕…するつもりである；〔可能〕…できる

▶「…するつもりである」は，if 節中で用いられる。

430 1000▶263

at fírst

最初は

同 at the start，at the outset

▶ first of all（➡131），for the first time（➡575）と混同しない。first of all は「まず第一に」と「陳述の順序」を，for the first time は「初体験」を述べる表現。

431 1000▶78

trỳ ón ～

～を試着する

▶ try ～ on の語順も可。

432 1000▶641

on displáy

陳列中で［の］，展示して

同 on exhibit，on exhibition，on show

▶ 意味が発展して「（感情・性質などを）はっきり見せて」の意味でも使う。［例］That put his character **on** stark **display**.「それは彼の性格を鮮明に示した」

433 1000▶686

would [had] ráther *do*（than ～）

（～するよりも）むしろ…したい

▶ had よりも would を使うのが普通。

▶ rather の後に節を続けることもできる。その場合，節の中は仮定法過去（過去時制では仮定法過去完了）を使う。
［例］**I'd rather** you didn't go alone.「（できれば）君1人では行ってもらいたくない」

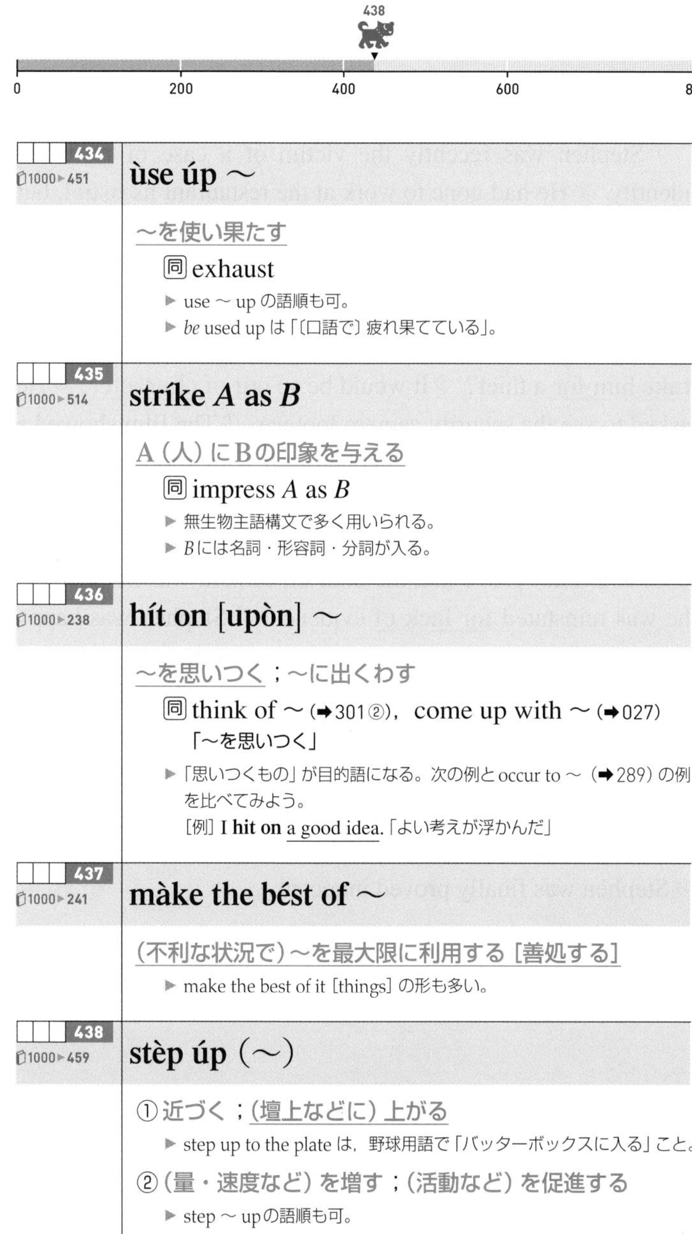

434
1000▶451

ùse úp ～

～を使い果たす

同 exhaust

▶ use ～ up の語順も可。

▶ *be* used up は「〔口語で〕疲れ果てている」。

435
1000▶514

stríke *A* as *B*

A（人）にBの印象を与える

同 impress *A* as *B*

▶ 無生物主語構文で多く用いられる。

▶ *B*には名詞・形容詞・分詞が入る。

436
1000▶238

hít on [upòn] ～

～を思いつく；～に出くわす

同 think of ～（➡301②），come up with ～（➡027）「～を思いつく」

▶「思いつくもの」が目的語になる。次の例と occur to ～（➡289）の例を比べてみよう。

［例］I **hit on** a good idea.「よい考えが浮かんだ」

437
1000▶241

màke the bést of ～

（不利な状況で）～を最大限に利用する［善処する］

▶ make the best of it［things］の形も多い。

438
1000▶459

stèp úp（～）

① 近づく；（壇上などに）上がる

▶ step up to the plate は，野球用語で「バッターボックスに入る」こと。

②（量・速度など）を増す；（活動など）を促進する

▶ step ～ upの語順も可。

43 Mistaken Identity

スティーヴンはなぜ窃盗犯と思われ，解雇後にどのような行動をとったか。

① Stephen was recently the victim of a case of mistaken identity. ② He had gone to work at the restaurant as usual, but the moment he arrived, he was called into the manager's office. ③ Stephen was horrified when his boss said she suspected him of stealing £300, and she fired him immediately. ④ He was an honest man: how could anyone take him for a thief? ⑤ It would be so out of character. ⑥ He asked to see the security camera footage. ⑦ The film showed a man who was similar to Stephen (tall with short, dark hair) breaking into the office, and taking money from the safe. ⑧ Stephen hired a lawyer, and eventually got his job back; his boss could not prove that the thief on camera was Stephen, so he was reinstated for lack of evidence. ⑨ Stephen was happy to get his job back, but he wanted to prove he was innocent. ⑩ He did not have to wait long. ⑪ Two weeks later, police caught a man stealing money from the convenience store next to the restaurant. ⑫ Sure enough, he was tall with short dark hair, and looked exactly like Stephen. ⑬ He admitted to breaking into the restaurant, the store, and three houses. ⑭ Stephen was finally proved innocent.

語法・構文・表現

② **call ～ into ...**「～を…に呼び寄せる」

④ **how could anyone *do*?**「いったい誰がどうして…することができようか？」▶反語的表現。

⑥ **footage**「（ある出来事・事件等の）映像」

人違い

英文レベル ☆☆

社会（事件・犯罪・事故）

①スティーヴンは先日，人違いによる被害者となった。②彼はいつも通りレストランに出勤したが，到着するとすぐに，支配人のオフィスに呼ばれた。③上司は彼が300ポンドを盗んだのではないかと疑っていると言って，彼を直ちに解雇したので，彼は震え上がった。④彼は正直者であった。いったい誰が彼を泥棒と間違えるというのか。⑤（彼の性格からは）まったく考えられないことだった。⑥彼は防犯カメラの映像を見せてほしいと許可を求めた。⑦その映像には，（短髪で黒髪の背が高い）スティーヴンに似た男がオフィスに侵入し，金庫から金を奪う様子が映し出されていた。⑧スティーヴンは弁護士を雇い，最終的には仕事を取り戻した。上司は防犯カメラの泥棒がスティーヴンであることを証明できず，証拠不足のために彼は復職した。⑨スティーヴンは仕事を取り戻して嬉（うれ）しかったが，自分が無実であることを証明したかった。⑩だが，長く待つ必要はなかった。⑪2週間後，警察は男がレストランの隣にあるコンビニから金を盗んでいるところを捕らえた。⑫案の定，その男は背が高く短髪の黒髪で，スティーヴンにそっくりだった。⑬彼はレストラン，コンビニ，それに3軒の家宅侵入を認めた。⑭スティーヴンはようやく無実だと証明された。

⑦ **show ～ *doing***「～が…しているところを示す」
⑧ **reinstate**「～を復職させる」
⑫ **Sure enough**「案の定，思った通り」
⑬ **admit to ～**「～（事実・罪など）を（しぶしぶ）認める」〔➡424〕

43 Mistaken Identity

熟語の意味を確認しよう。

439 1000▶124

as úsual

いつものように

▶ business as usual には,「〔掲示で〕(災害などにかかわらず) 平常どおり営業いたします」のほか,「(改善が必要にもかかわらず) 旧態依然とした状態(の)」の意味がある。

【参考】「いつもより～」は〈比較級＋than usual〉。[例] earlier **than usual**「いつもより早く」

440 1000▶703

the móment [mínute] ...

…するとすぐに

同 as soon as ... (➡732)

▶ 後に that (関係副詞) が付くこともある。

441 1000▶508

suspéct *A* of *B*

BについてAを疑う

▶ suspect *A* as *B* は「BとしてAに疑いをかける」。

442 1000▶284

táke *A* for *B*

AをBだと(誤って)思う[間違える]

同 mistake *A* for *B* (➡540)

443 1000▶660

out of cháracter

(その人の)性格に合わない[調和しない];役に不向きな

反 in character「(その人の)性格に合った[調和した];役にはまった」

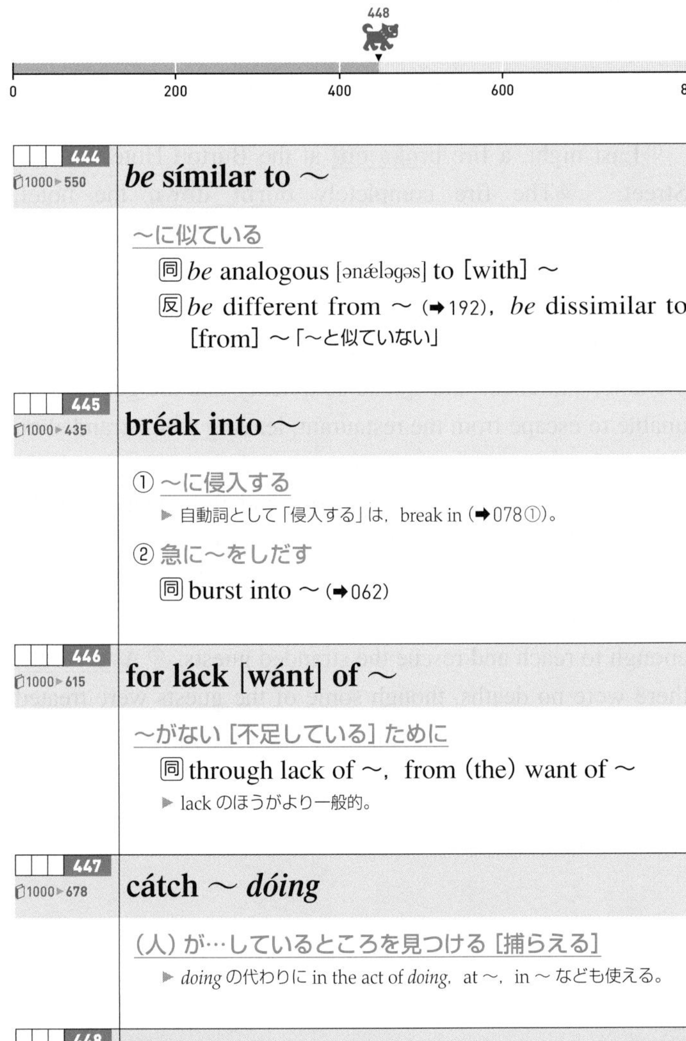

444 1000▶550

be símilar to ～

～に似ている

同 *be* analogous [ənǽləgəs] to [with] ～

反 *be* different from ～ (➡192), *be* dissimilar to [from] ～「～と似ていない」

445 1000▶435

bréak into ～

① ～に侵入する

▶ 自動詞として「侵入する」は，break in (➡078①)。

② 急に～をしだす

同 burst into ～ (➡062)

446 1000▶615

for láck [wánt] of ～

～がない [不足している] ために

同 through lack of ～, from (the) want of ～

▶ lack のほうがより一般的。

447 1000▶678

cátch ～ *dóing*

(人) が…しているところを見つける [捕らえる]

▶ *doing* の代わりに in the act of *doing*, at ～, in ～ なども使える。

448 1000▶418

néxt to ～

① 〔場所・位置〕～の次の [に]

② 〔否定を表す語の前に置いて〕ほとんど～

同 almost

44 The Fire

ホテルで起こった火災はどのような様子で，どのような結果になったか。

① Last night, a fire broke out at the Burton Hotel on Elm Street. ② The fire completely burnt down the hotel, transforming the famous building into a pile of ash in a little over three hours. ③ According to witnesses, guests were enjoying their evening meal at the rooftop restaurant, when all of a sudden fire alarms started to ring. ④ The fire started in the hotel's kitchens and spread so quickly that the guests were unable to escape from the restaurant, leaving them stranded on the roof at the mercy of the raging fire. ⑤ Staff quickly informed the authorities of the fire and the situation of the guests. ⑥ Luckily, the fire brigade were close at hand as they had been practicing fire drills at a local park, and due to the drills, their fire trucks were equipped with ladders long enough to reach and rescue the stranded guests. ⑦ As a result, there were no deaths, though some of the guests were treated at the local hospital for having breathed in the smoke.

語法・構文・表現

② **a pile of ～**「～の山」
a little over ～「～ちょっと」▶「～を少し超えて」が元の意味。

③ **～, when ...**「～，するとそのとき…」(＝ ～, and then ...)

④ **spread *so* quickly *that* ...**「とても速く広がったので，…」
leave ～ stranded「～を取り残された状態にする，～を立ち往生させる」
raging「猛烈な，激しい」

火災

英文レベル  

社会（事件・犯罪・事故）

①昨晩，エルム通りのバートンホテルで火災が発生した。②その火災でホテルは全焼し，3時間ちょっとで，有名な建物を灰の山に一変させた。③目撃者によると，宿泊客は屋上レストランで夕食を楽しんでいて，そのとき突然，火災報知器が鳴り始めたという。④ホテルのキッチンから出火して，火が回るのがあまりにも速かったので，宿泊客はレストランから逃げることができず，猛烈な火のなすがままに屋上に取り残されていた。⑤ホテルスタッフはすぐに関係機関に，火事のことと宿泊客の状況を連絡した。⑥運よく，消防隊が地元の公園で防火訓練をしていたのですぐ近くにいた。その訓練のおかげで，消防車には取り残された宿泊客のところに届いて救出するのに十分な長さのはしごが搭載されていた。⑦その結果，死者は1人も出なかった。とは言え，宿泊客の何名かは煙を吸い込んだことで，地元の病院で治療を受けたのだが。

---

⑥ **fire brigade**「消防隊」（主に《英》）▶brigade「隊，団体」。class，familyなどと同様，単・複両用に扱う。
had been practicing「訓練し続けていたところだった」▶過去完了進行形。

⑦ **though**「もっとも…なのだが」▶主節の後に続けて事実や意見を添え，主節の内容を少し弱める働きをする。
breathe in ～「～を吸い込む」

44 The Fire

熟語の意味を確認しよう。

449 1000▶377

brèak óut

① (火事・戦争などが) 起こる

② (汗・吹き出物などが) 出る；急にしだす

▶「(汗などが) 出る」では，人が主語になることもある。

▶「急に～をしだす」では，break out in [into] ～，break out *doing*。

450 1000▶465

bùrn dówn (～)

～を全焼させる；(建物が) 全焼する

同 burn (～) to the ground；reduce ～ to ashes「～を全焼させる」

▶ 他動詞では burn ～ down の語順も可。

451 1000▶510

transfórm *A* ìnto [to] *B*

AをBに変える [変質させる]

同 turn *A* into *B* (➡094)，change *A* into *B*

▶ いずれのニュアンスでも into を使うことが多い。

452 1000▶164

accórding to ～

① ～によれば

② ～に従って；～に応じて

同 in accordance with ～

453 1000▶209

àll of a súdden

突然に，不意に (＝suddenly，abruptly)

同 〔口語で〕 out of the blue，from [out of] nowhere

454
1000▸618

at the mércy of ～

～のなすがままになって

▶ at ～'s mercy の形もある。

455
1000▸115

infórm *A* of [abòut] *B*

AにBを知らせる

456
1000▸355

clòse [nèar] at hánd

（距離・時間的に）すぐ近くに

同 on hand

457
1000▸569

be equípped with ～

～を備えている

▶「教育·才能」などの抽象的なものを「備えている」場合にも使える。（＝ *be* blessed with ～, *be* gifted with ～「～に恵まれている」）

458
1000▸122

as a resúlt（of ～）

（～の）結果として

同 as a consequence（of ～）

45 Company Internships

就職の前にインターンシップを経験することの利点や，気を付けておくべきことは何か。

① These days, when an exciting new company first comes into being, there may not be as many job openings as you might expect. ② Instead, you might be forced to consider looking for an internship, prior to a full-time job offer. ③ An internship may not be what you want, but you might want to think again. ④ Provided that you pass an evaluation, usually within a year or two, you can get into the company, or at least receive a very nice referral to another satisfactory position elsewhere. ⑤ Except that internships rarely pay well, this system can be beneficial for a lot of young job seekers inasmuch as they are often ignorant of what the working world is like. ⑥ If they were to get their jobs too easily, they could have difficulty in working with the staff due to their lack of experience, and might burn out too quickly. ⑦ So, if you ever want to give an internship a try, make sure that you learn everything you can and leave nothing to be desired in your work. ⑧ In no time, everyone will be congratulating you on your success!

語法・構文・表現

① **as many ～ as ...**「…と同数の～」

③ **you might want to *do***「…した方がいいかもしれない，…してはいかがだろう」
▶提案や依頼をするときの表現。

④ **get into ～**「～（仕事）に就く」
referral (to ～)「（求職など）（～への）紹介，推薦」▶referral [rifə́ːrəl]
position「職，勤め口」

⑤ **Except that ...**「…ということを除いて」▶thatは省略されることもある。
rarely「めったに～ない」▶準否定。

会社のインターンシップ

英文レベル ☆☆

産業（職業・労働）

①最近は，面白そうな新しい会社がまず設立される場合，思ったほど求人数が多くないことがある。②代わりに，フルタイムの求人よりも先に，インターンシップを探すことを検討せざるを得ないこともある。③インターンシップというのは，あなたが希望していることとは違うかもしれないが，考え直してもいいかもしれない。④評価で合格点を取れば，たいていは1，2年のうちにその企業に入れる。あるいは，少なくともどこか別の申し分のない勤め口への推薦を得られる。⑤インターンシップは，給料が高いことはまれだが，それを除けば，多くの若い求職者にとって有益な制度である。そのような若い人たちは，実社会とはどのようなものかを分かっていない場合が多いからだ。⑥もしそのような人たちがいとも簡単に職に就いてしまうと，経験不足のため，職場の人たちと一緒に働くのに苦労するだろうし，また，あっという間に疲弊してしまうかもしれない。⑦だから，もしインターンシップを試してみたいと思ったら，仕事で学べることはすべて学び，不満な点を残さないように心がけよう。⑧すぐに，あなたの働きぶりを職場のみんなが称賛してくれることだろう。

---

be **beneficial for ～**「～にとって有益である」▶beneficial [bènifíʃəl]
what ～ is like「～はどんなものか」▶ここでは間接疑問の語順。

⑥ **If** ***S*** **were to** ***do***「もしSが…するようなことがあれば」▶「仮定の条件」を表す。主節のcouldとmightも仮定法。
burn out「燃え尽きる，嫌気がさす」

⑦ **if you ever** ***do***「もしいつか…することがあれば」

⑧ **In no time**「すぐに，あっという間に」

45 Company Internships

熟語の意味を確認しよう。

459 (1000▶586)

còme into béing [exístence]

出現する，生まれ出る

▶ bring ～ into being [existence] は「～を出現させる」。

460 (1000▶741)

be fórced to *do*

やむなく…する

同 *be* compelled to *do*，*be* obliged to *do*

▶ obliged < compelled < forced の順で強制の意味が強くなる。

461 (1000▶206)

príor to ～

～より前で（＝before）

▶ prior は，senior，junior などとともにラテン語系の単語。これらの語では「～より」は than ～ではなく to ～ で表す。

462 (1000▶818)

thìnk agáin

考え直す，考えを変える

同 think twice, have second thought(s)（about ～）（*cf*. on second thought），rethink

463 (1000▶701)

províded（that）...

もし…ならば

同 if，assuming（that）...

▶ providing（that）... とも言う。

464 (1000▶775)

ìnasmúch [ìn as múch] as ...

…だから

同 because，since

▶ 古風な表現であるが，法律の文章などには頻出する。inasmuch as とつづることが圧倒的に多い。

470

0 200 400 600 830

465
1000▶575

be ígnorant of ～

～を知らない

466
1000▶538

hàve dífficulty (in) *doing*

…するのが困難である，苦労しながら…する

同 have a hard time (in) *doing*, have trouble (in) *doing*

▶ 通例 in は付けない。後に名詞が続けば in は with になる。

▶ difficulty には great, no などいろいろな形容詞も付く。

467
1000▶781

gìve ～ a trý

～を試してみる

▶ 意味は動詞 try と同じだが，口語ではこのように〈(give, have, take などの) 基本動詞 (＋a) ＋ (名詞・動詞同形の) 名詞〉で表すことが多い。

468
1000▶89

màke súre (～)

(～を) 確かめる；確実に～をする

同 make certain (～)

▶ sure [certain] の後には that節，to *do*，of ～ のいずれも続けることが可能。

469
1000▶758

lèave nóthing to be desíred

申し分ない

▶ やや格式ばった表現だが，入試に頻出している。

▶ nothing は意味に応じて little, a lot などになる。a lot や much では「不満な点が多い」の意味になり，much は肯定文では古風。

470
1000▶515

congrátulate *A* on [for] *B*

BのことでAを祝う

▶ for を使うのは《主に米》。

46 Election

筆者は10代の若者の投票についてどう考えているか？

① In many democratic countries, going to the polls for the first time is a symbol of becoming an adult. ② Voting for the first time has been likened to a modern day Coming-of-Age ritual. ③ However, in some countries, there is a major debate regarding what is the best age at which people should be allowed to have a say in how their country is run. ④ More traditional countries regard teenagers as too immature to vote, and say that the voting should only be allowed after people reach their twenties, because teenagers can't really understand what is happening in the world. ⑤ However, given that teenagers use technology a great deal, they are easily able to find out which candidates will put emphasis on issues that directly affect them, and so vote for those candidates to take office. ⑥ Having said that, many teenagers are not interested in politics and are satisfied with the situation as it is, and will probably leave it up to others to elect who leads the country.

語法・構文・表現

① **for the first time**「初めて」〔➡575〕

② **vote**「投票をする」▶⑤ vote for ～「～に投票する」
Coming-of-Age ritual「成人の儀式」

③ **～ regarding ...**「…に関する～」▶前置詞。
the best age at which ...「…である最適な年齢」
be* allowed to *do「…するのを許される」
how their country is run「彼らの国がどう運営されるべきか」

選挙

社会（社会問題）

①多くの民主主義国家では，初めて投票所に行くことは大人になることの象徴である。②初めての投票は，現代の成人式に例えられる。③しかし，国によっては，国民が国の運営方法について発言権を持つことを許されるべき最適な年齢に関して，大きな議論を生んでいる。④昔ながらの国々では，10代の若者は投票するにはあまりにも未熟だとみなされ，20代になって初めて投票を許されるべきだと言われている。10代の若者は，世界で何が起きているのかまだよく理解できないからである。⑤しかし，ティーンエイジャーがテクノロジーを多用していることを考えると，彼らはどの候補者が自分に直接関係のある問題を重視しているかを知ることが簡単にできるので，その候補者に投票して就任してもらうことになる。⑥そうは言っても，多くのティーンエイジャーは政治に関心がなく，現状に満足しており，国の指導者を選ぶのは他の人たちに任せるであろう。

④ **immature**「未熟な」
should only be allowed after ...「…した後でのみ許されるべきである」▶onlyの位置はallowedの前または後でも可。

⑤ **use ～ a great deal**「～を非常によく使う」
candidate [kǽndidèit]「候補者」
issues that directly affect ～「～に直接影響する問題」

⑥ **as it is**「現状の，ありのままの」〔➡786〕▶直前の名詞situationを修飾する。

46 Election

熟語の意味を確認しよう。

471 1000▶800

gò to the pólls

投票に行く

▶ the polls [poulz] は「投票（所）」の意味。単数形の poll は「世論調査；投票数」。

472 1000▶493

líken *A* to *B*

*A*を*B*にたとえる

同 compare *A* to [with] *B* (➡639)

473 1000▶529

hàve a sáy (in ～)

（～に）発言権［発言力］を持つ

▶ sayは名詞で，冠詞aのほかに*one's*などが付く。

【参考】have the (final) say (in [on] ～) は「（～に）（最終的な）決定権を持つ」。

474 1000▶113

regárd *A* as *B*

*A*を*B*とみなす

同 see *A* as *B*, look on [upon] *A* as *B* (➡337), think of *A* as *B* (➡015), view *A* as *B*, take *A* as *B*

475 1000▶768

gíven (that) ...

…を考慮すれば；…なので

▶ 語句が続く場合には〈given＋語（句）〉となり，そのときの given は前置詞的。

476 1000▸69

fìnd óut ～

(調査などの結果)を見つけ出す[知る], ～がわかる;(真相)を見抜く[突き止める]

同 discover

▸ find ～ out の語順も可。

477 1000▸548

pùt émphasis [stréss] on [upòn] ～

～を強調[重視]する

同 place [lay] stress on [upon] ～

478 1000▸801

tàke óffice

(公職に)就任する

同 assume office

反 leave [resign] office「公職を辞する」

479 1000▸788

hàving sáid thàt

そうは言ったものの

同 that said

480 1000▸26

***be* sátisfied with ～**

～に満足している

▸ 意味に応じて *be* の代わりに seem, look などを用いることもある。

481 1000▸488

léave *A* (ùp) to *B*

AをBに任せる;AをBに残す

▸ 受動態で使うことも多い。

47 Frugal Father

父が息子に勧める節約術とは？

① My father **prides himself on** being good at saving money. ② When I left home to go to university, he gave me some tips so that I could afford to live comfortably. ③ **Believe it or not**, you can save **as much as** 30% of your electricity bill by unplugging your appliances. ④ It is also good practice to **turn off** lights when you are not using them: studies show that the cost for a single halogen light left on for 6 hours a day **amounts to** £15.78 a year. ⑤ **What is more**, you can make greater savings using LED lights instead of halogen: 6 hours of daily use will **come to** £4.21 a year. ⑥ My father also recommends batch cooking: when preparing dinner, make more than you need, and put the extra portions in your freezer for another day. ⑦ This is a good idea, because batch cooking is **that much cheaper** than cooking a single meal: **for the most part**, family-sized packs are cheaper than single portions, and if you batch cook, you only have to **take the trouble to** prepare the food once. ⑧ I'**m grateful to** my father **for** teaching me these and other useful tips: they save me both money and time.

語法・構文・表現

② **tip**「(秘密) 情報，秘訣，助言」
so that ...「…するために」►「目的」を表す。
comfortably「(経済的に) 困らずに，楽に」

③ **appliance**「(主に電気) 器具」(＝electric appliance)

倹約家の父

英文レベル ☆☆

社会（経済・金融）

①父はお金の節約に長けていることを自任している。②私が大学へ通うために家を離れたとき，私が不自由なく生活にゆとりが持てるように，父はいくつか秘訣を授けてくれた。③驚くべきことに，電気器具のプラグを抜くことで電気料金の30パーセントも節約できるのだ。④また，使っていないときは電灯を消すのもよい習慣だ。研究によれば，ハロゲンライト1つでも，1日6時間つけたままにしておくと，年間で総計15.78ポンドになる。⑤さらに，ハロゲンライトの代わりにLEDライトを使えば，もっと節約することができる。1日当たり6時間使うと，年間で4.21ポンドになる。⑥父はまた，食事をまとめて作ることを勧めている。ディナーを用意するとき，必要分以上に作っておき，余った分を別の日のために冷凍庫に保管するのだ。⑦1食分だけを作るよりもまとめて作る方がずっと安上がりなので，これはよいアイデアだ。大抵は，家族サイズのパックは一人前の分量よりも安いので，食事をまとめて作れば，わざわざ食事を作る手間は1回だけで済む。⑧こういったことや，他にも役立つヒントを教えてくれたことに関して，父に感謝している。おかげで，お金も時間も節約できるのだ。

---

④ **left on**「つけたままにした」▶a single halogen lightを後置修飾。leave ～ onで「～をつけたままにしておく」の意味。

⑥ **batch cooking**「一括調理」（ある程度まとまった量の食事を一度に作ること）
extra portions「余った分量の料理」

⑦ **only have to *do***「…しさえすればよい」（＝have only to *do*）

47 Frugal Father

熟語の意味を確認しよう。

482
1000▸323

príde *oneselfe* on 〜

〜を誇り［自慢］に思う

同 take pride in 〜 (➡662)

483
1000▸715

belìeve it or nót

まさかと思うような話だが

▶ 〜 or notで「〜であろうとなかろうと」。

484
1000▸687

as mány [múch] as 〜

〜もの数［量］の；〜と同数［量］の

▶ 数（many）や量（much）が多い驚きを表す。
▶「〜もの数［量］の」の意味では，many，muchのほかにlittle，thickなどいろいろな形容詞［副詞］を使い，〈as＋形容詞［副詞］＋as 〜〉で「驚き」を表せる。"〜"には「数詞」がくるのが普通。［例］as hot as 300 ℃「セ氏300度もの高温で」

485
1000▸80

tùrn óff (〜)

（スイッチなど）を消す；（水・ガスなど）を止める；（明かりなどが）消える

同 switch off (〜)「〜を消す；消える」

反 turn on (〜) (➡790)

▶ 他動詞では turn 〜 off の語順も可。

486
1000▸35

amóunt to 〜

総計〜になる 同 come to 〜 (➡488①)

▶ 意味が転じて，「結果として〜となる，〜に等しい」ともなる。

487
1000▸693

whàt is móre

さらに，おまけに

同 besides，in addition (➡249)

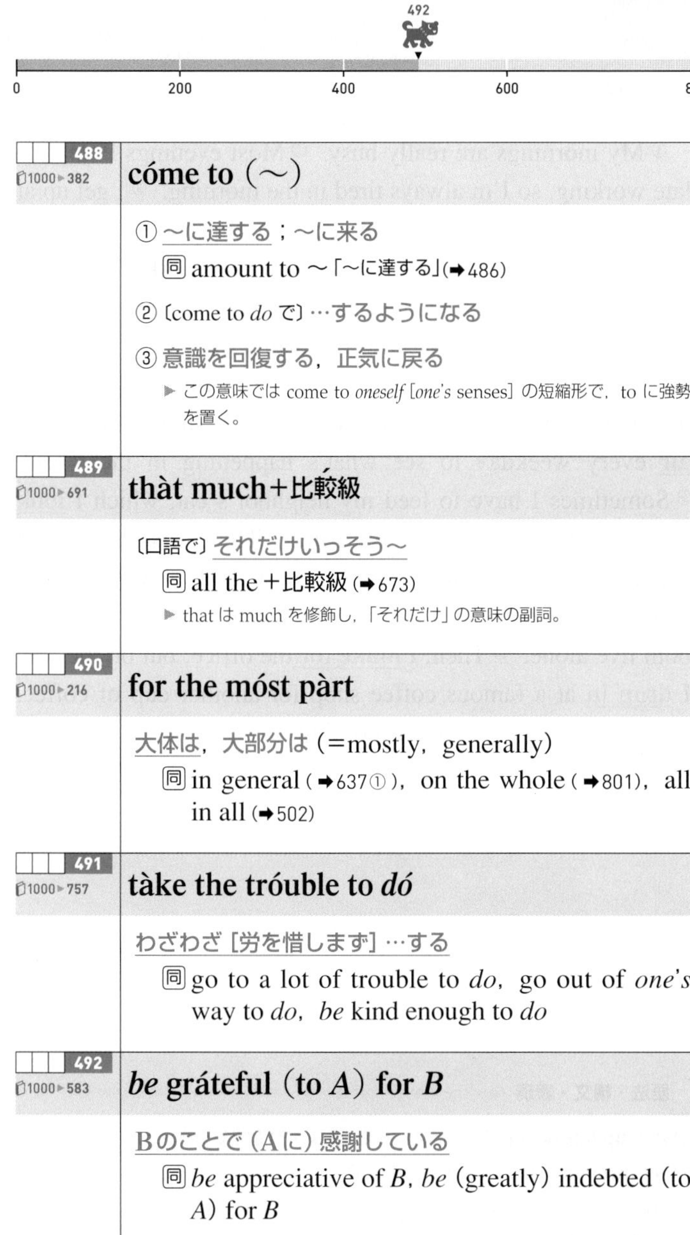

488
1000▶382

cóme to (～)

① ～に達する；～に来る

同 amount to ～「～に達する」(➡486)

② 〔come to *do* で〕…するようになる

③ 意識を回復する，正気に戻る

▶ この意味では come to *oneself* [*one's* senses] の短縮形で，to に強勢を置く。

489
1000▶691

thàt much＋比較級

〔口語で〕それだけいっそう～

同 all the＋比較級 (➡673)

▶ that は much を修飾し，「それだけ」の意味の副詞。

490
1000▶216

for the móst pàrt

大体は，大部分は (＝mostly，generally)

同 in general (➡637①)，on the whole (➡801)，all in all (➡502)

491
1000▶757

tàke the tróuble to *dó*

わざわざ［労を惜しまず］…する

同 go to a lot of trouble to *do*，go out of *one's* way to *do*，*be* kind enough to *do*

492
1000▶583

be gráteful (to *A*) for *B*

Bのことで (Aに) 感謝している

同 *be* appreciative of *B*，*be* (greatly) indebted (to *A*) for *B*

48 My Day

朝は多くの人にとって忙しいものだが，筆者の場合はどんな朝の様子だろうか。

① My mornings are really busy. ② Most evenings I **stay up** late working, so I'm always tired in the morning. ③ I get up at 6 o'clock **on the dot**. ④ I have very little time, so I need to get through a lot of things before I can leave for work. ⑤ First, as I live in a tiny apartment in Japan, I have to put away my *futon*. ⑥ Then, I take a shower, get dressed, and **put on** my suit. ⑦ When I have time, I grab a quick coffee. ⑧ While I'm having my coffee, I watch the morning news show which is **on air** every weekday to see what's happening in the world. ⑨ Sometimes I have to feed my neighbor's cat, which I **look after** when he goes away on a trip. ⑩ The cat is spoiled and eats **nothing but** the most expensive cat food. ⑪ My neighbor and I are good friends and we often help **each other** as we both live alone. ⑫ Then, I **make for** the office, but on the way I **drop in** at a famous coffee shop for another cup of coffee. ⑬ **All in all**, it's a very busy morning.

語法・構文・表現

② **stay up late *doing***「夜遅くまで…して（寝ないで）起きている」

④ **get through ～**「～を終える」（＝finish）

⑦ **grab**「～（食べ物など）を急いで取る」

⑨ **feed**「～に餌をやる」

私の1日

日常生活（婚姻・交友・人間関係）

①私の朝はとにかく忙しい。②夜はたいてい仕事で遅くまで起きているので，朝はいつも疲れが抜けない。③6時きっかりに起床する。④時間がほとんどないから，仕事に出かける前に多くのことを済ませる必要がある。⑤まず，日本の狭いアパートに住んでいるので，布団を片付ける。⑥それから，シャワーを浴びて，着替え，スーツを着る。⑦時間があるときは，コーヒーを急いで飲む。⑧コーヒーを飲んでいる間，平日に放送されている朝のニュース番組をつけて，世の中で何が起きているのかを確認する。⑨ときどき，隣人のネコに餌（えさ）をやらなければならない。隣人が旅行に出かけているときは，私が面倒を見ているのだ。⑩このネコは甘やかされていて，最高級のキャットフードしか食べない。⑪隣人と私は仲が良く，2人とも一人暮らしなので，お互いを助け合うこともよくある。⑫そして会社に向かうのだが，出勤の途中に，有名なコーヒーショップに立ち寄って，もう1杯コーヒーを買う。⑬概して，朝は本当に慌ただしい。

which I look after when he goes away ...「彼が…出かけているときは私がその世話をするのだが」▶which以下は非制限用法の関係代名詞節で，先行詞my neighbor's catに説明を加えている。

⑩ **spoil**「～を甘やかす」

48 My Day

熟語の意味を確認しよう。

493 1000▶316

stày úp

(寝ないで) 起きている

494 1000▶789

on the dót

〔口語で〕時間ちょうどに，きっかりに

同 sharp

495 1000▶76

pùt ón 〜

〜を（身に）つける；(電気器具・ガスなど）をつける

反 take off 〜「〜を脱ぐ」(➡048①)

▶ put 〜 on の語順も可。

▶「身につける」から「〜を装う，〜のふりをする」の意味にもなる。
［例］**put on** airs「気取る」(airs は複数形で「気取った態度」の意味)

496 1000▶272

on the áir

放送中の［で］

反 off the air「放送されないで」

▶ on〔off〕air と the を省くこともある。

497 1000▶294

lòok áfter 〜

〜の世話をする

同 care for 〜 (➡130①)

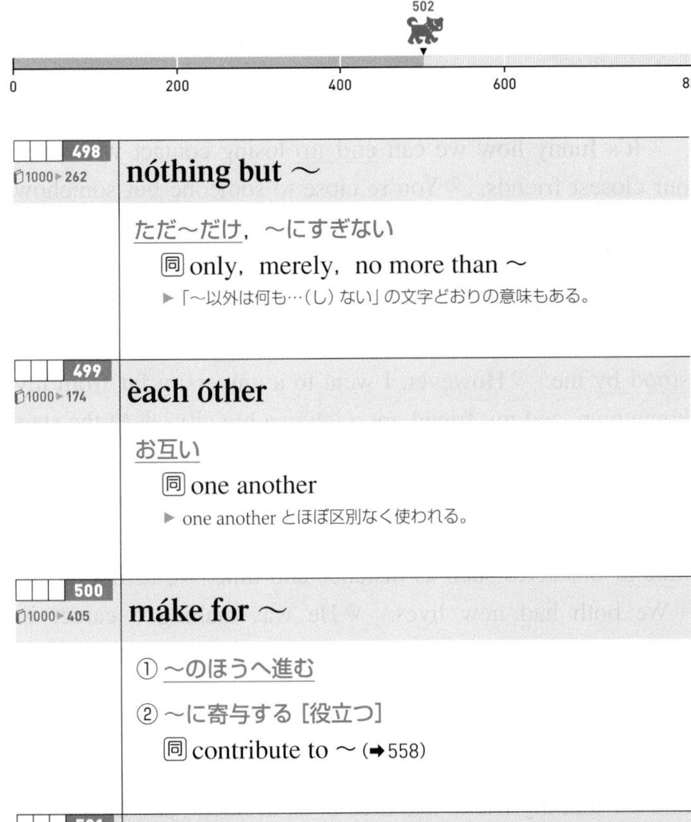

498 1000▸262

nóthing but ～

ただ～だけ，～にすぎない

同 only，merely，no more than ～

▶「～以外は何も…(し) ない」の文字どおりの意味もある。

499 1000▸174

èach óther

お互い

同 one another

▶ one another とほぼ区別なく使われる。

500 1000▸405

máke for ～

① ～のほうへ進む

② ～に寄与する［役立つ］

同 contribute to ～ (➡558)

501 1000▸481

dròp ín

〔口語で〕ちょっと立ち寄る

同 drop by

▶「人」を訪ねて立ち寄る場合は drop in on ～，「場所」に立ち寄る場合は drop in at ～ とする。

502 1000▸344

àll in áll

全体的には，概して

同 on the whole (➡801)

49 Friend

親友とは，どのようにして疎遠になっていくものなのだろうか。

① It's funny how we can **end up** losing contact with even our closest friends. ② You're close to someone but somehow you lose contact, and years later you wonder what **became of** them. ③ I had a close friend in high school and we **participated in** the same club. ④ I remember when I had a problem with some of the other club members, my friend **stood by** me. ⑤ However, I went to a university far from my hometown, and my friend got a job in a big city. ⑥ At the start we **corresponded with** each other, but as we **became** more and more **accustomed to** our new lives, we had less and less contact. ⑦ **In a sense**, I suppose it was inevitable. ⑧ **In the face of** obstacles such as distance and time, we drifted apart. ⑨ We both had new lives. ⑩ He was making a career in business, and **on my part** I was too involved in my studies.

⑪ Years later, my school decided to organize a reunion, and the duty of contacting my ex-classmates **fell on** me. ⑫ I called the number I had for my friend, and his father answered. ⑬ He told me that my friend had died in an accident, and then **hung up**. ⑭ I felt so ashamed I didn't even know.

語法・構文・表現

① **It's funny how ...**「…するとは不思議だ，不思議なことに…」▶Itは形式主語。how節はここではthat節に相当。

④ **have a problem with ～**「～との間にトラブルが起きる」

⑦ **inevitable**「避けられない，当然の」

⑧ **drift apart**「疎遠になる」

友人

日常生活（婚姻・交友・人間関係）

①不思議なことだが，最も仲の良かった友人とすら，ついには連絡が途絶えてしまうことがある。②親しい相手でも，どういう訳か連絡を取らなくなり，何年も経（た）ってから，その親友がどうなったのだろうかとふと思うのだ。③私には，高校時代に親友が1人いて，同じクラブに参加していた。④覚えているのだが，私がクラブの他のメンバーたちと問題が生じたとき，その友人は私の力になってくれたのだった。⑤だが，私は故郷から遠く離れた大学に進み，友人は大都市で職に就いた。⑥初めはお互いにやり取りしていたが，2人とも徐々に新たな生活に慣れてくると，次第に連絡を取らなくなっていった。⑦ある意味，それは必然的だったのだろうと思う。⑧距離や時間といった障害に直面して，私たちは疎遠になった。⑨私たちにはそれぞれ新しい生活があったのだ。⑩友人は職業で身を立てていて，私の方は学業にどっぷりはまっていた。

⑪何年も後，私の高校が同窓会を開くことになり，かつてのクラスメートたちに連絡をとる役目が私に降りかかってきた。⑫私がその友人の電話番号にかけると，彼の父親が出た。⑬友人は事故で亡くなったのだと父親は言い，そして，電話を切った。⑭私はそのことを知りもしなかったことを，とても恥ずかしく思った。

⑩ **make a career**「身を立てる，出世［成功］する」
⑪ **reunion** [riːjúːnjən]「同窓会，再結合」
⑫ **the number (I had) for ～**「（自分が持っていた）～の電話番号」
⑭ **feel ashamed (that) ...**「…であることを恥ずかしく思う」

49 Friend

熟語の意味を確認しよう。

503 1000▶450

ènd úp

〔後に副詞句や *doing* などを伴って〕最後には～になる

同 wind up

▶ up の後には *doing* のほかに in ～, with ～ などが続く。

504 1000▶441

becóme of ～

〔what, whatever を主語にして〕～はどうなるか

505 1000▶289

partícipate in ～

～に参加する

同 take part in ～ (➡671)

506 1000▶397

stànd bý (～)

① 傍観する；待機する

▶ by は副詞。

② ～を支持［擁護］する；(約束など) を守る

同 support, stand up for ～, stand for ～ (➡334)
「～を支持［擁護］する」

▶「～のそばに立つ」という文字どおりの意味にもなる。
▶ by は前置詞。
▶ ②のときのアクセントは, stánd by ～。

507 1000▶237

correspónd with ～

～とやりとりを交わす, ～と文通する

▶「～と一致［調和］する」の意味もあるが, その場合は with 以外に to も使える。

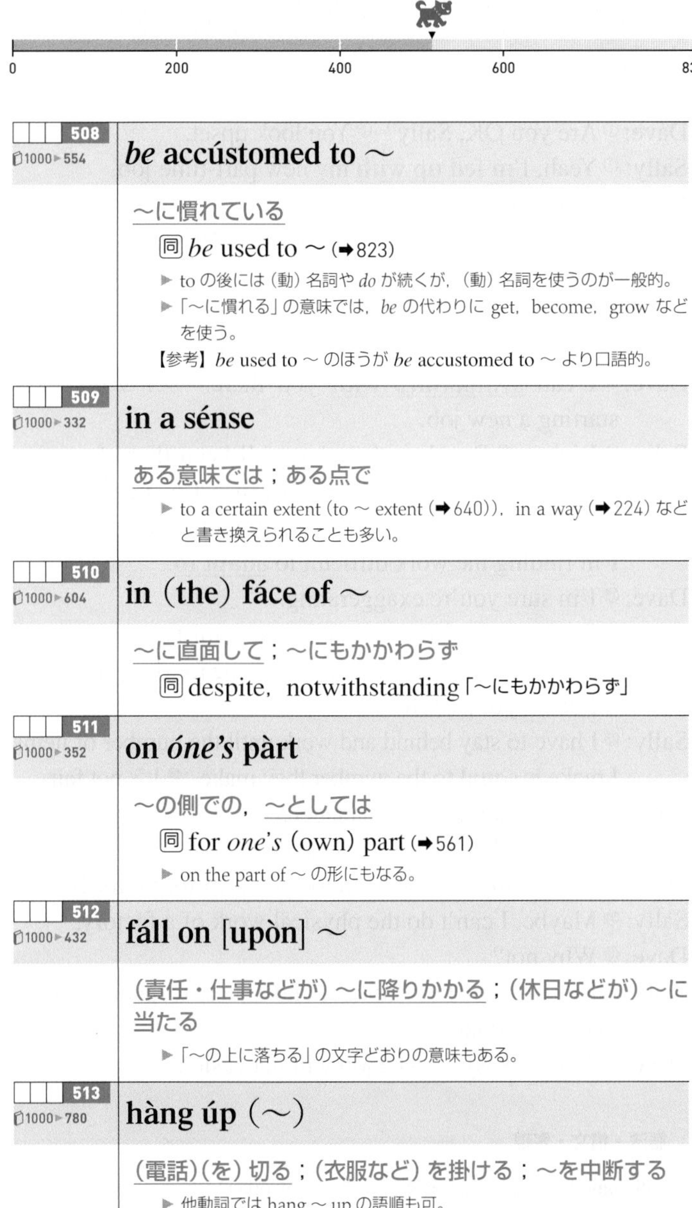

508 1000▸554

be accústomed to ～

～に慣れている

同 *be* used to ～ (➡823)

▶ to の後には（動）名詞や *do* が続くが，（動）名詞を使うのが一般的。

▶「～に慣れる」の意味では，*be* の代わりに get，become，grow などを使う。

【参考】*be* used to ～ のほうが *be* accustomed to ～ より口語的。

509 1000▸332

in a sénse

ある意味では；ある点で

▶ to a certain extent (to ～ extent (➡640))，in a way (➡224) などと書き換えられることも多い。

510 1000▸604

in (the) fáce of ～

～に直面して；～にもかかわらず

同 despite，notwithstanding「～にもかかわらず」

511 1000▸352

on *óne's* pàrt

～の側での，～としては

同 for *one's* (own) part (➡561)

▶ on the part of ～ の形にもなる。

512 1000▸432

fáll on [upòn] ～

（責任・仕事などが）～に降りかかる；（休日などが）～に当たる

▶「～の上に落ちる」の文字どおりの意味もある。

513 1000▸780

hàng úp (～)

（電話）(を) 切る；（衣服など）を掛ける；～を中断する

▶ 他動詞では hang ～ up の語順も可。

50 Upset

職場でうまくいかないサリーは，どんな問題を抱えているのか。

Dave: ① Are you OK, Sally? ② You look upset.

Sally: ③ Yeah, I'm fed up with my new part-time job.

Dave: ④ But you only started last month.

Sally: ⑤ It's not the job. ⑥ It's my colleagues. ⑦ They're so unfriendly.

Dave: ⑧ OK, OK. ⑨ Calm down. ⑩ Just hold your breath and count to ten. ⑪ Now, what's the problem?

Sally: ⑫ Well, I'm new, so I make a lot of mistakes.

Dave: ⑬ I can sympathize with you there. ⑭ It's not easy starting a new job.

Sally: ⑮ Right. ⑯ But the others have all been there for ages, and they look down on me because I'm new and not very good at the job. ⑰ It's so different from college and I'm finding the work difficult to adapt to.

Dave: ⑱ I'm sure you're exaggerating.

Sally: ⑲ But I'm not. ⑳ Every time I make a mistake or work too slowly, they shout at me and punish me for doing it wrong.

Dave: ㉑ Punish you? ㉒ How?

Sally: ㉓ I have to stay behind and work until the number of items I make is equal to the number they make. ㉔ It's not fair.

Dave: ㉕ Have you told your manager?

Sally: ㉖ No. ㉗ I don't want to cause problems.

Dave: ㉘ That's silly. ㉙ You need to speak up for yourself.

Sally: ㉚ Maybe, I can't do the physical work of a factory.

Dave: ㉛ Why not?

Sally: ㉜ I'm just not fast enough, and I start to panic when I make a mistake.

Dave: ㉝ Take it easy. ㉞ The job will get easier.

語法・構文・表現

⑥ **colleague** [ká(:)li:g, kɔ́li:g]「(職場の) 同僚」(＝coworker)

⑯ **the others have all been there for ages**「他の人たちは皆そこに何年もいる」

動揺

英文レベル ☆☆　222 words

日常生活（婚姻・交友・人間関係）

デイヴ：① 大丈夫，サリー？ ② いらいらしているみたいだけど。

サリー：③ ええ，新しく始めたアルバイトにはうんざりだわ。

デイヴ：④ でも，先月始めたばかりだよね。

サリー：⑤ 仕事のことじゃないの。⑥ 職場の人たちなの。⑦ 敵意丸出しなのよ。

デイヴ：⑧ 分かった，分かった。⑨ 落ち着いて。⑩ 息を止めて，10まで数えてごらん。⑪ で，何が問題なの？

サリー：⑫ あのね，私は新入りだから，失敗が多いのよ。

デイヴ：⑬ その点では同情できるな。⑭ 新しい仕事を始めるのは簡単じゃないからね。

サリー：⑮ そうなのよ。⑯ でも，私以外の人はみんなもう何年もいて，私を見下すわけ。私が新入りで，仕事もあまりできないから。⑰ 大学とは全然違って，仕事に慣れるのがすごく大変なの。

デイヴ：⑱ 大げさじゃないかな。

サリー：⑲ そんなことないわ。⑳ 私がミスをしたり，仕事が遅かったりするたびにみんな怒鳴ってきて，間違えたことで私に罰を科すのよ。

デイヴ：㉑ 罰だって？ ㉒ どうやって？

サリー：㉓ 仕事の後，他の人たちと同じ数を仕上げるまで残されるの。㉔ 不公平だわ。

デイヴ：㉕ マネージャーには伝えたの？

サリー：㉖ いいえ。㉗ 問題を起こしたくなくて。

デイヴ：㉘ ばかだなあ。㉙ 自分ではっきり言わないと。

サリー：㉚ 私，たぶん工場での力仕事は無理なんだわ。

デイヴ：㉛ どうして？

サリー：㉜ どうしても作業が速くできないし，間違えるとパニックになるのよ。

デイヴ：㉝ 気楽にいこうよ。㉞ 仕事もきっと楽になるさ。

㉓ **stay behind**「居残る，残留する」

50 Upset

熟語の意味を確認しよう。

514 □□□
1000▸822

be fèd úp with ～

～にうんざりしている

同 *be* tired of ～ (➡092), *be* bored with [of] ～

▶ *be* は get, become などになることもある。

515 □□□
1000▸84

càlm dówn (～)

～を落ち着かせる [静める]；落ち着く [静まる]

▶ 他動詞では calm ～ down の語順も可。

516 □□□
1000▸786

hòld *one's* bréath

息を止める；(期待して) 息をひそめて待つ

517 □□□
1000▸321

sýmpathize with ～

～に同情する

同 feel sorry for ～ (➡063)

518 □□□
1000▸367

lòok dówn on [upòn] ～

～を見下す(みくだす)

同 despise

反 look up to ～ (➡211)

【参考】「(高所などから) ～を見下ろす」は look down at ～ が普通。

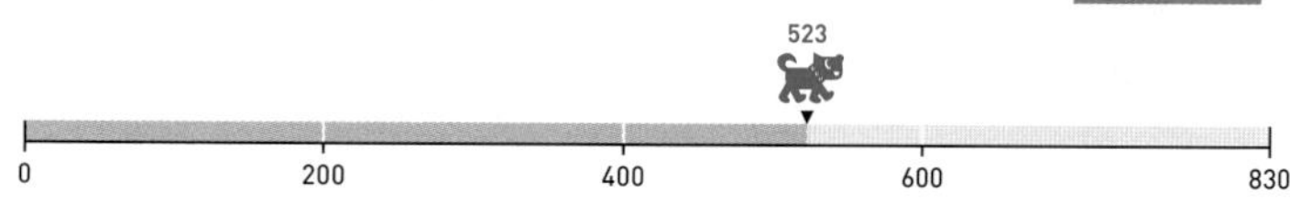

519
1000▶422

adápt to ～

(環境など) に順応する [慣れる]

▶ adapt *A* to [for] *B*「AをBに適合 [適応] させる」では，adapt は他動詞。

【参考】adjust (*A*) to *B*「(Aを) Bに合わせて調節する」(➡198) のほうが「改変」の度合いは小さい。

520
1000▶502

púnish *A* for *B*

BのことでAを罰する

521
1000▶328

be équal to ～

～に等しい

同 on a par with ～

▶「(仕事や状況) に対応できる」の意味にも発展する。

522
1000▶468

spèak óut [úp]

はっきり [思い切って] 話す

▶「(聞こえるように) 大きな声で言う」の意味にもなる。

523
1000▶814

tàke it éasy

のんびり構える

同 take things easy

▶ Take it easy.「気をつけて」という意味の別れのあいさつとしても使う。

51 OS Update

生活の必需品となったスマートフォン。スマートフォンに必要な OS のアップデートとはどんなものか？

① Smartphones have become an essential part of the lives of most people. ② When you get your first smartphone, it all looks so complicated and you have no idea how to make it work. ③ But soon everything becomes familiar to you, and you begin to think that you know the system really well. ④ I'm afraid not. ⑤ Right on cue, a new operating system comes out. ⑥ The phone maker says it's almost identical to the previous system and it's only been released to iron out some bugs and problems in the old system. ⑦ So, you decide to check it out and download the new system to see what it's like. ⑧ Of course, it's totally different from the system that you are used to, but in time you'll be able to master it, just before another new OS is rolled out. ⑨ You will have lots of practice of this, as makers seem to roll out a new OS at regular intervals.

語法・構文・表現

② **complicated**「複雑な」
how to make it work「それをどうやって作動させるか」

⑤ **Right on cue**「ちょうどよいときに，ぴったりのタイミングで」▶単に on cue としたり，as if on cue とすることもある。

⑥ **the previous system**「以前の［旧型の］システム」
it's only been released to *do*「それは…するだけのために発売された」

OS のアップデート

英文レベル ☆☆

科学・技術（機械・コンピューター）

①スマートフォンは多くの人々の生活に欠かせないものとなっている。②最初にスマートフォンを手に入れたときには，すべてが非常に複雑に見え，どうすればそれが機能するのか分からないものだ。③しかし，すぐにすべてに馴染んできて，自分はシステムをよく分かっていると思うようになる。④残念ながら，そうではない。⑤ちょうどそのタイミングで，新しい OS が発表される。⑥携帯電話メーカーは，新 OS は以前のシステムとほとんど同じで，古いシステムのバグや問題を解決するためにリリースしただけだと言う。⑦それで，新しいシステムについて調べてダウンロードし，それがどのようなものかを確認する。⑧もちろん，それは自分が慣れ親しんでいたそれまでのシステムとはまったく異なるのだが，そのうちにマスターできるようになる。ちょうどその頃に，また新しい OS が発表されるのだ。⑨携帯メーカーは一定の間隔で新しい OS を発表しているようなので，かなりの練習をすることになるのだ。

bug「（コンピューターの）バグ，（プログラムの）不具合［欠陥］」

⑧ ***be* totally different from ～**「～とはまったく異なる」
～ that you are used to「あなたが慣れている～」▶that は関係代名詞。
in time「そのうちに，やがて」〔➡352〕
just before ...「…する直前に」

51 OS Update

熟語の意味を確認しよう。

524 □□□ 📖1000▶810

hàve nó idéa

見当がつかない

▶ Do you have any idea? は「あなたには見当がつきますか」。

525 □□□ 📖1000▶249

be famíliar to ～

（人）によく知られている，馴染みのある

[反] *be* unfamiliar to ～「（人）によく知られていない」

▶ 主語は「事物」。

526 □□□ 📖1000▶820

I'm afráid nót.

残念ながらそうではないようです。

▶ I'm afraid (that) it is not so. のように，that節以下が否定になっている内容の文の省略形。次の3文の内容も確認しよう。

- I'm afraid so.「残念ながらそのようです」（＝I'm afraid (that) it is so.）
- I hope so.「そう願っています」（＝I hope (that) it is so.）
- I hope not.「そうでないことを願っています」（＝I hope (that) it is not so.）

527 □□□ 📖1000▶466

còme óut

現れる；ばれる；出版［発売］される

[同] come to light「現れる；ばれる」

▶「〔口語で〕同性愛者であることを公表する」の意味もある。

528 □□□ 📖1000▶561

be idéntical to [with] ～

～と同じ［同一］である

[同] *be* equal to ～（➡521）

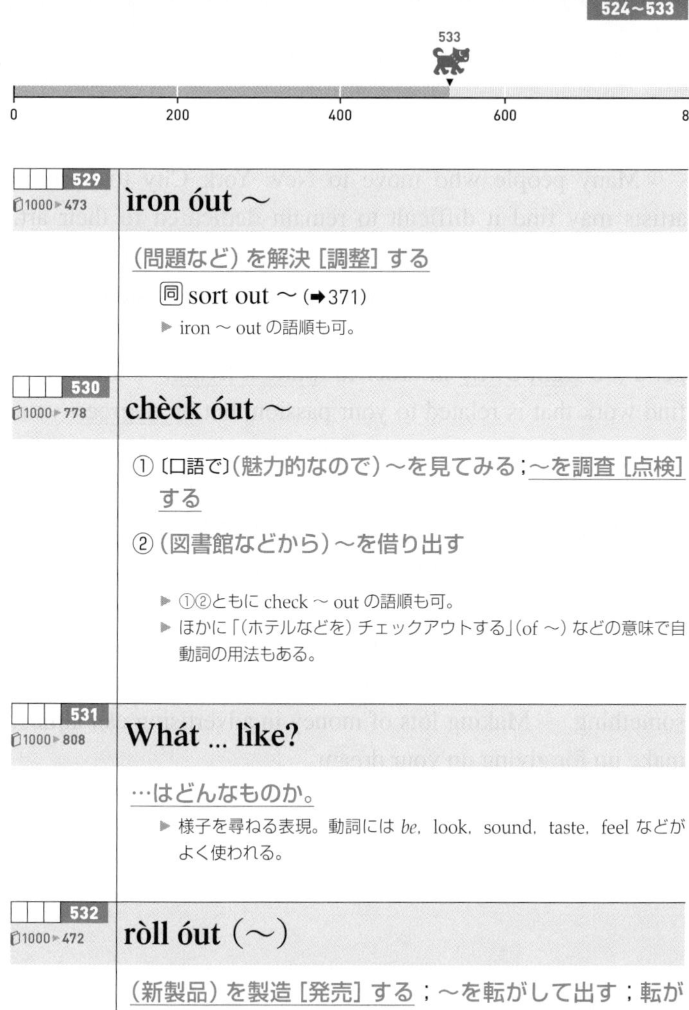

529 1000▶473

ìron óut ～

(問題など) を解決 [調整] する

　同 sort out ～ (➡371)

　▶ iron ～ out の語順も可。

530 1000▶778

chèck óut ～

① 〔口語で〕(魅力的なので) ～を見てみる；～を調査 [点検] する

② (図書館などから) ～を借り出す

　▶ ①②ともに check ～ out の語順も可。

　▶ ほかに「(ホテルなどを) チェックアウトする」(of ～) などの意味で自動詞の用法もある。

531 1000▶808

Whát ... lìke?

…はどんなものか。

　▶ 様子を尋ねる表現。動詞には *be*, look, sound, taste, feel などがよく使われる。

532 1000▶472

ròll óut (～)

(新製品) を製造 [発売] する；～を転がして出す；転がり出る

　▶ 他動詞では roll ～ out の語順も可。

533 1000▶637

at íntervals

時折；あちこちに；間隔を置いて

　▶「一定の間隔で」は，at regular intervals。

52 The Artist's Life

大都市に暮らす芸術家の理想と現実とは？

① Many people who move to New York City to become artists may find it difficult to remain dedicated to their art. ② This applies to writers and musicians as well. ③ The problem is that an artist wants to be true to his vision. ④ But, unless you are rich, when you move to New York, you must get a job right away in order to make a living. ⑤ You might find work that is related to your passion, but by degrees, your focus will change from art to work. ⑥ After a few years, you may even mistake your work for art. ⑦ People who work in advertising are apt to make this mistake. ⑧ But it is impossible to make any art of importance in the field of advertising. ⑨ You may find that you are so busy working for other people you don't make any art at all. ⑩ If you can support yourself with your work, then you have accomplished something. ⑪ Making lots of money in advertising can almost make up for giving up your dream.

語法・構文・表現

① **Many people who ...**「…する人の多く」▶whoは主格の関係代名詞。
move to ～「～に引っ越す」
find it difficult to *do*「…するのが難しいと分かる」▶itは形式目的語。

② **as well**「同様に」〔➡343〕

③ **The problem is that ...**「問題は…ということだ」

④ **unless ...**「…でない限り」
in order to *do*「…するために」〔➡106〕

⑤ **change from *A* to *B***「AからBに変わる」

芸術家の人生

文化（音楽・芸術・文学）

①芸術家になろうとニューヨークに移り住む人の多くは，芸術に打ち込み続けるのは難しいと思うかもしれない。②これは，作家や音楽家にもまた当てはまる。③問題は，芸術家は自分の理想像に誠実でいたいと思うことだ。④だが，裕福でない限り，ニューヨークに引っ越したらすぐに，生計を立てるために仕事に就かなければならない。⑤自分の熱い思いに関連した仕事が見つかるかもしれないが，徐々に，関心の的は芸術から仕事へと変わるだろう。⑥2，3年経(た)つと，自分の仕事を芸術と取り違えることすらあるかもしれない。⑦広告業に携わる人たちは，この手の間違いを犯しやすい。⑧しかし，広告業界ではどんな重要な芸術も作り出すことはできない。⑨他人のために働いてとても忙しく，芸術を何一つ生み出していないということがわかるかもしれない。⑩自分の仕事で自活できれば，その場合は何かを成し遂げたということだ。⑪広告業でたくさん稼げれば，自分の夢をあきらめることをほぼ埋め合わせることができる。

⑦ **make a mistake**「間違いを犯す」〔➡400〕

⑨ ***be* so busy *doing* (that) ...**「…するのにとても忙しいので…」▶so ～ that ... 構文ではthatが省略されることも多い。

⑩ **If ～, then ...**「もし～ならば，その場合は…」▶then以下の主節で「結果」を述べる。
support *oneself*「自活する」

⑪ **make up for ～**「～の埋め合わせをする」〔➡082③〕
give up ～「～をあきらめる」〔➡107〕

52 The Artist's Life

熟語の意味を確認しよう。

534 1000▶558

be dédicated to ～

（仕事・目的など）に打ち込んでいる

同 *be* committed to ～, *be* involved in ～（➡182）

535 1000▶228

applý to ～

① ～に当てはまる

▶ apply *A* to *B* は「AをBに応用［適用］する」。

② （人・場所・組織）に申し込む

▶ apply to *do* は「…することを申し出る」。

536 1000▶252

be trúe to ～

～に忠実である

▶ *be* は remain となることも多い。

▶ *be* true to life は「生き写しである；実物大である」, *be* true to *one's* word［promise］は「約束を守る」。

537 1000▶224

rìght awáy

今すぐ, 直ちに（＝immediately）

同 at once（➡330①）, right now

538 1000▶520

màke［èarn］a［*one's*］líving

生計を立てる

▶ 後には, 現在分詞 *doing* のほかに as a writer などの句も続く。

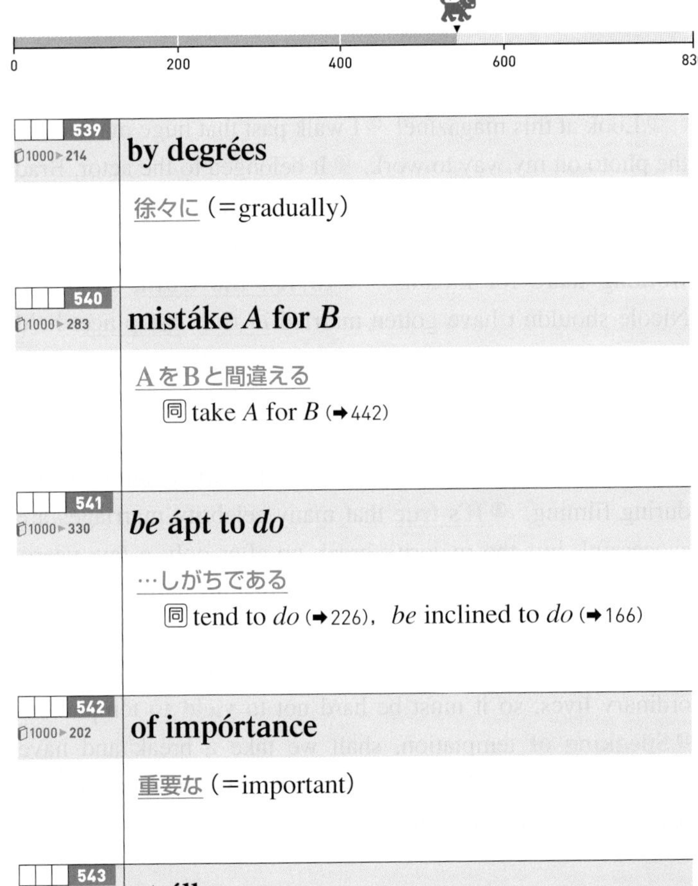

539 □□□
1000▶214

by degrées

徐々に（＝gradually）

540 □□□
1000▶283

mistáke *A* for *B*

AをBと間違える

同 take *A* for *B*（➡442）

541 □□□
1000▶330

be ápt to *do*

…しがちである

同 tend to *do*（➡226），*be* inclined to *do*（➡166）

542 □□□
1000▶202

of impórtance

重要な（＝important）

543 □□□
1000▶130

at áll

①〔否定文で〕まったく

同 not ～ (in) the least（➡359）

▶ no [not] ～ at all が一般形。

②〔疑問文で〕一体，そもそも

③〔肯定文で〕そもそも，ともかく

▶ 条件文中でも使われ，「仮にも，いやしくも」の意味を表す。

53 The Price of Fame

有名人の結婚事情を垣間見てみよう。

① Look at this magazine! ② I walk past that huge mansion in the photo on my way to work. ③ It belonged to the actor, Brad Smith, but has been empty since he broke up with his wife. ④ I heard that they laid off their staff; I haven't seen anyone working there for months. ⑤ To tell the truth, Brad and Nicole shouldn't have gotten married in the first place: he'd already been married five times, and was thirty years older than Nicole at that. ⑥ The split happened at the same time as the release of Brad's new film, in which he stars with Scarlett Jones. ⑦ There's a rumor that Brad and Scarlett started dating during filming. ⑧ It's true that many celebrity marriages are successful, but the majority break up after only a few years. ⑨ Some stars change partners so often that it's hard to keep up with who's dating who! ⑩ I guess that in the celebrity world, there are more "opportunities" so to speak than we have in our ordinary lives, so it must be hard not to yield to temptation. ⑪ Speaking of temptation, shall we take a break and have coffee and cake? ⑫ I know we're supposed to be on a diet, but one little slice won't matter....

語法・構文・表現

③ **belong to ～**「～の所有物である」

④ **see ～ *doing***「～が…しているところを見る」

⑤ **shouldn't have *done***「…すべきではなかったのに」▶過去の出来事に対する後悔・非難を表す。

⑥ **～, in which ...**「～，その映画では…」▶whichは非制限用法の関係代名詞で，先

名声の代償

文化（歴史・人類・文明・風俗）

①この雑誌を見て！②私は出勤途中に，写真に載っているあの大邸宅のそばを通っている。③それは俳優ブラッド・スミスのものだが，奥さんと別れてからは誰も住んでいない。④彼らはスタッフを解雇したと聞いており，そこで誰かが働いているのをもう何か月も見ていない。⑤実を言うと，ブラッドとニコルはそもそも結婚するべきではなかったのだ。ブラッドはすでに5回の結婚歴があり，しかもニコルより30歳も上だった。⑥2人の破局はブラッドの新作映画が公開されたのと重なっていたが，その作品で，彼はスカーレット・ジョーンズと共演している。⑦噂（うわさ）によれば，ブラッドとスカーレットは撮影中に付き合い始めたらしい。⑧多くのセレブの結婚がうまくいくのはその通りだが，大多数は2，3年もしたら別れてしまう。⑨有名人の中には，頻繁にパートナーを変えすぎる人もいるので，誰が誰と付き合っているのか常に把握するのが大変だ。⑩芸能界では，いわゆる「機会（出会い）」が私たちの日常生活よりも多くあるだろうから，誘惑に負けないようにするのは難しいに違いない。⑪誘惑と言えば，ちょっと一休みして，コーヒーとケーキなどいかが？⑫ダイエット中のはずなのは分かっているが，小さいの一切れぐらい問題ないだろう…。

行詞Brad's new filmに説明を加えている。
star (with ～)「（～を相手役にして）主演する」

⑨ **who's dating who**「誰が誰と付き合っているか」▶この疑問詞節全体がwithの目的語になっている。

⑫ ***be* on a diet**「ダイエット中の」

53 The Price of Fame

熟語の意味を確認しよう。

544
1000▶378

brèak úp（～）

① ばらばらになる［解散する］；～をばらばらにする［解散させる］

② (人が) 別れる；(関係などが) 終わる；～を終わらせる

▶ ①②ともに他動詞では break ～ up の語順も可。

545
1000▶243

lày óff ～

～を一時解雇する

▶ lay ～ off の語順も可。
▶ ほかに「(悪いことなど) をやめる」の意味もあり，その場合は常に lay off ～。
［例］lay off smoking「タバコをやめる」(＝stop smoking)

546
1000▶670

to tèll（you）the trúth

実を言えば

同 truth to tell

547
1000▶335

in the fírst plàce

まず第一に

同 first of all (➡131)

▶「第二［三］に」はin the second［third］place，「最後に」は in the last place。

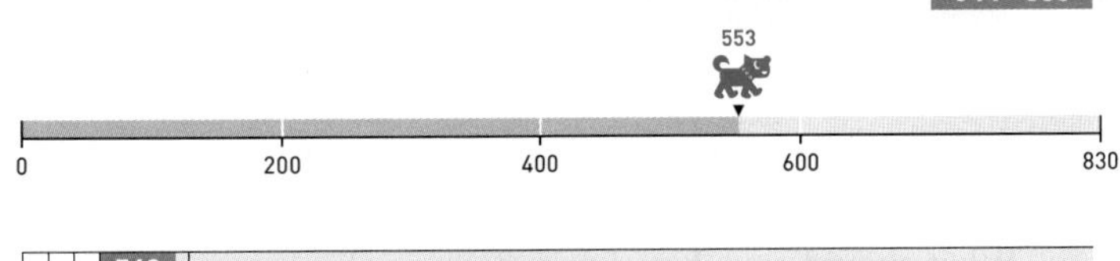

548 1000▶774

..., and ～ at thát

…だ，その上～でもある

▶ 文末に置かれる。

549 1000▶727

(It is) Trúe ～, bùt ....

〔譲歩構文〕確かに～だが，…だ。

▶ (It is) True ～の代わりに Indeed ～となることもある。

550 1000▶233

kèep úp with ～

～に遅れずについていく

同 keep pace with ～ (➡017)

551 1000▶350

sò to spéak [sáy]

いわば

同 as it were (➡156)

552 1000▶325

yíeld to ～

～に屈する；《米》～に道を譲る

同 surrender to ～「～に屈する」(➡581)

553 1000▶679

spéaking [tálking] of ～

～と言えば

▶ 話題に上っている事柄に関して，別の側面を持ち出すときの表現の1つ。

54 The Perfect Gift

贈り物として物をあげる代わりに，何をあげたらよいと述べているか。

① What would you buy for a person who has everything? ② Looking for gifts can be stressful at times, especially when our lives are so busy. ③ However, there is a new kind of gift available. ④ This is not a traditional wrapped present but rather something you can experience. ⑤ As far as I'm concerned, it's a great idea. ⑥ Although it's lovely to receive a present, an opportunity to make memories is fantastic. ⑦ With all the experiences available, it is easy to choose something appropriate for any occasion. ⑧ Skydiving, spa days, theater tickets and horse riding experiences are typical of the most popular gifts now. ⑨ Experiences are not only available for birthdays: you can buy them as wedding gifts as well. ⑩ Some couples ask their wedding guests to contribute to their honeymoon by purchasing one, for example, dinner at a nice restaurant. ⑪ Usually this works by exchanging a printed voucher for a meal when they get to their destination. ⑫ For my own part, I prefer to receive an experience than a traditional gift, and my family always buys me one for birthdays. ⑬ So far, my favorite is a "Supercar Day" from my brother. ⑭ We were allowed to get behind the wheel of a racing car and drive it around a professional racetrack. ⑮ That was the best gift ever!

語法・構文・表現

④ **not ～ but ...**「～ではなく…」

⑥ **memory**「(通例，複数形で) 思い出」

⑦ **appropriate for any occasion**「どんな機会にも相応しい」▶直前のsomethingを修飾する形容詞句。

⑨ **not only ～ : ... as well**「～だけではない。…もまたそうだ」

⑪ **work**「(方法などが) うまくいく」

最高の贈り物

日常生活（婚姻・交友・人間関係）

①何もかも手に入れているような人には，何を買ってあげるだろうか。②贈り物を探すのは時にストレスとなるもので，特に多忙なときはなおさらそうだ。③ところが，新しいタイプの贈り物が利用できる。④これは従来のような包装した贈り物ではなく，体験できる贈り物である。⑤私に関する限り，これは素晴らしい発想だ。⑥贈り物を受け取るのは嬉（うれ）しいけれども，思い出を作る機会とは素敵なものだ。⑦様々な種類の体験が利用できるので，どんな機会にも相応（ふさわ）しいものを選ぶのは簡単だ。⑧スカイダイビング，スパで過ごす日，劇場の入場券，乗馬体験などは，今や典型的な一番人気の贈り物だ。⑨体験ギフトは誕生日に入手できるだけでなく，結婚祝いとしても購入できる。⑩カップルの中には，結婚式の招待客に，例えば素敵なレストランでのディナーを購入することで，自分たちの新婚旅行に協力してほしいという人たちもいる。⑪通常は，目当てのレストランに到着したとき，プリントされた引換券を食事と交換することになる。⑫私としては，従来型の贈り物よりも体験ギフトの方が好みなので，家族は誕生日にいつも体験ギフトを買ってくれる。⑬これまでのところ，私のお気に入りは弟からの「スーパーカー・デイ」だ。⑭プロが使うレース場でレーシングカーを運転することができたのだ。⑮今までで最高の贈り物だった！

---

voucher [váutʃər]「クーポン券，金券」

⑫ **prefer to receive an experience than (to receive) a traditional gift**「従来のような贈り物（を受け取ること）よりも，体験を受け取ることの方が好きだ」►prefer to ～ (than (to) ...)「（…するよりも）～する方が好きだ」

⑭ ***be* allowed to *do***「…することを許される」

54 The Perfect Gift

熟語の意味を確認しよう。

554 1000▶42

lóok for ～

～を探す

同 search for ～ (➡140)

555 1000▶134

at tímes

ときどき

同 sometimes, (every) now and then [again], (every) once in a while (➡748), from time to time (➡364), on occasion(s) (➡151)

556 1000▶706

as [so] fàr as ～ *be* concérned

～に関する限り

同 as for ～ (➡759), for *one's* (own) part (➡561), on *one's* part (➡511)

557 1000▶358

with áll ～

～にもかかわらず；～が（こんなに）あるので

同 for all ～ (➡346)

▶「～が（こんなに）あるので」〔順接〕の意味の場合も多いので，注意が必要。

558 1000▶34

contríbute to ～

～の一因となる，～に貢献する；～に寄付［寄稿］する

同 make for ～「～の一因となる，～に貢献する」(➡500②)

▶ よい意味でも悪い意味でも使う。

▶ contribute *A* to *B* は「AをBに寄付［寄稿］する」。この contribute は他動詞。

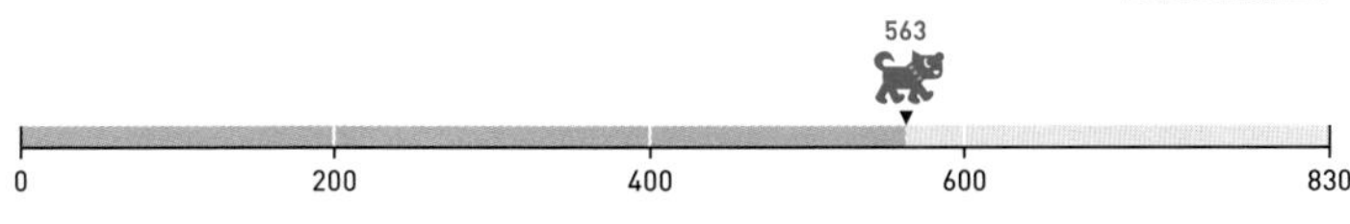

559 1000▸500

exchánge *A* for *B*

Aを B と交換する

▶ 物と物ではなく「AをB（人）と交換する」なら，〈exchange *A*（複数名詞）+with+*B*〉となる。

560 1000▸428

gét to ～

① 〔get to＋（代）名詞で〕～に到着する

同 reach，arrive at ～

② 〔get to *do* で〕…できる；…するようになる

561 1000▸351

for *óne's*（ówn）pàrt

～としては，～に関する限りは

同 as for ～（➡759），as [so] far as ～ *be* concerned（➡556）

562 1000▸161

só fàr

今までのところ

同 thus far，up to this point，to date

563 1000▸787

at [behìnd] the whéel

（車・船などを）運転して

▶ 意味が発展して「（～を）支配して」（of ～）の意味もある。

55 Pensions

年金制度に加入していれば，果たして退職後も安心なのであろうか。

① Everybody is worried about their future, particularly their financial future after they retire, and they're anxious to put aside a little extra money for a rainy day. ② However, the problem is that, in reality, most people don't have enough money to invest. ③ They will be dependent on the pension program that they have paid into during their working lives. ④ Most people enter into the national pension service run by their government. ⑤ This is a compulsory program and is set up for the citizens of a country. ⑥ In principle, if they contribute to the program, they will be entitled to a state pension when they retire. ⑦ The amount of money a person receives will depend on how long they have paid into the service. ⑧ However, the final amount may also be subject to how much the government can afford to pay. ⑨ That's why in many countries the government is warning its citizens to make other financial arrangements for after they retire lest the government be unable to pay them a sufficient state pension for them to survive.

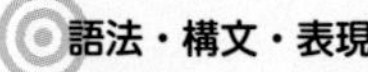

③ **pension program [service]**「年金制度」
pay into ～「～(の掛け金)を払い込む」
working life「(労働者の)現役期間」

⑤ **compulsory** [kəmpʌ́lsəri]「義務的な，強制的な」

⑥ **state pension**「公的年金」

年金

社会（経済・金融）

①誰もが将来のことについて，特に，退職後の金銭的な将来像について心配している。そのため，まさかの時に備えて，お金を少し余計に蓄えて おこうとする。②しかし，問題なのは，実際のところ，たいていの人には投資するだけのお金が十分にはないことだ。③彼らは，現役の間に払い込んできた年金制度に依存することになる。④ほとんどの人は，国が運営する国民年金に加入する。⑤これは義務的な制度であり，国民のために設立されている。⑥原則として，お金を払い込んでいれば，退職時に公的年金受給の資格を得られるのである。⑦個人が受け取る金額は，どのくらいの期間この制度に払い込んだかによって決まる。⑧だが，最終的な金額は，政府がどれだけ支払えるかということの影響も受けやすい。⑨したがって，多くの国で，政府は国民に対して，退職後のために他の手はずも整えておくよう注意喚起している。生活していくのに十分な公的年金を政府が払えなくなるといけないからである。

⑨ **That's why ...**「そのようなわけで…」▶前言の「理由」を述べる。
warn ~ to *do*「～に…するように警告［注意］する」
make an arrangement「準備［手配］をする，方策を立てる」
sufficient「十分な」
survive「（少ないお金などで）何とかやっていく」

55 Pensions

熟語の意味を確認しよう。

564 1000▸258

be ánxious to *do*

…したがる

▶「案じながら切望する」のニュアンスがある。

565 1000▸313

pùt asíde ～

～をわきに置く；～を取っておく；～を蓄える

▶ put ～ aside の語順も可。

566 1000▸152

in reálity

（ところが）実際には；（想像などではなく）現実に

同 in fact（➡825），in effect（➡148①）

▶ in fact（➡825②）と同様に「ところが実際は」のニュアンスがある点に注意したい。

567 1000▸363

be depéndent on [upòn] ～

～に依存している

反 *be* independent of ～（➡755）

▶「～に依存するようになる」は，*be* の代わりに become，grow，get などを用いる。

568 1000▸436

énter into ～

（契約など）を取り結ぶ；（議論など）を始める；～に参加する

569 1000▸66

sèt úp ～

～を立てる［建てる］；～を創設する［始める］

▶ set ～ up の語順も可。

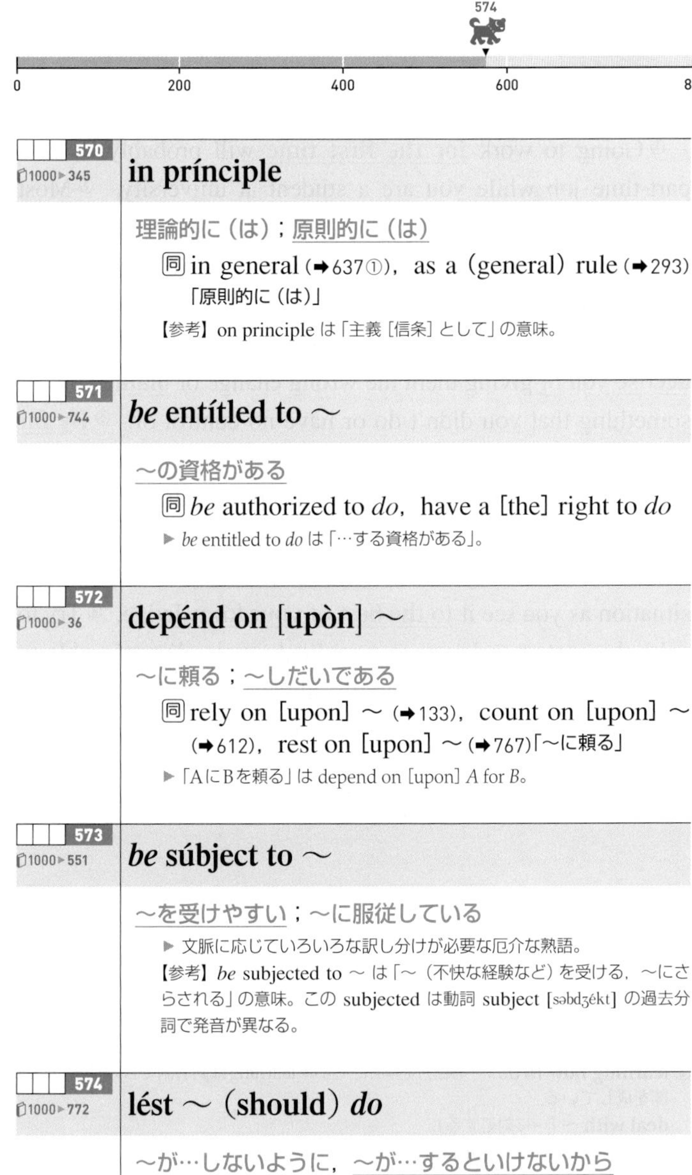

570 ▯1000▸345

in prínciple

理論的に（は）；原則的に（は）

同 in general（➡637①），as a（general）rule（➡293）「原則的に（は）」

【参考】on principle は「主義［信条］として」の意味。

571 ▯1000▸744

be entítled to ～

～の資格がある

同 *be* authorized to *do*，have a［the］right to *do*

▶ *be* entitled to *do* は「…する資格がある」。

572 ▯1000▸36

depénd on［upòn］～

～に頼る；～しだいである

同 rely on［upon］～（➡133），count on［upon］～（➡612），rest on［upon］～（➡767）「～に頼る」

▶「AにBを頼る」は depend on［upon］*A* for *B*。

573 ▯1000▸551

be súbject to ～

～を受けやすい；～に服従している

▶ 文脈に応じていろいろな訳し分けが必要な厄介な熟語。

【参考】*be* subjected to ～ は「～（不快な経験など）を受ける，～にさらされる」の意味。この subjected は動詞 subject［səbdʒékt］の過去分詞で発音が異なる。

574 ▯1000▸772

lést ～（should）*do*

～が…しないように，～が…するといけないから

同 so that ～ not *do*，for fear（that）...

56 Customer Conflict

文句を言って怒っている顧客に適切に対処するために大事なことは何か？

① Going to work for the first time will probably be at a part-time job while you are a student at university. ② Most part-time jobs for students are in the service sector, working at a restaurant or in a shop. ③ One of the most difficult parts of working in the service sector is learning how to deal with angry customers with a complaint! ④ Those customers may accuse you of giving them the wrong change or blame you for something that you didn't do or have no control of. ⑤ By far the most important thing is to keep your temper and to try to take control of the situation by keeping calm. ⑥ Do not surrender to answering back or making angry denials. ⑦ Try to call your manager and take your time to explain the situation as you see it to the best of your knowledge. ⑧ Try to calm the customer down, as a cool calm voice is preferable to a loud angry exchange. ⑨ Finally, always remember that in the service sector, the bottom line is that the customer is always right.

語法・構文・表現

③ **learning how to *do*** 「…の仕方を学ぶこと」 ▶learningは動名詞でisの補語句の一部を成している。
deal with ～ 「～に対処する」
customers with a complaint 「文句を言う顧客」

④ **give (～) the wrong change** 「(～に) 間違ったお釣りを渡す」
(something that you) have no control of 「(あなたが) コントロールできない (こと)」

客との衝突

産業（職業・労働）

①初めて仕事に就くのは，おそらく大学生のときのアルバイトだろう。②学生のアルバイトのほとんどはサービス業で，レストランやお店での仕事である。③サービス業界で働く上で最も難しいことの1つは，文句を言って怒っている顧客にどう対処するかを学ぶことだ。④そういった客は，お釣りが間違っていたと非難したり，あなたがしていないことやコントロールできないことについて責めたりすることがある。⑤何よりも最も大事なのは，感情を抑え，冷静さを保って状況をコントロールすることだ。⑥(感情に)屈して言い返したり，怒って相手の言うことを否定したりしてはいけない。⑦マネージャーに連絡して，自分の認識した状況を，自分が分かっている限り，じっくりと説明すること。⑧客を落ち着かせるようにしよう。大声で怒って話をするよりも，冷静で落ち着いた声の方が好ましいからだ。⑨最後に，サービス業では，結論は「顧客は常に正しい」ということを常に忘れてはならない。

⑤ **keep calm**「冷静でいる」

⑥ **answer back**「口答えをする」
make angry denials「怒って（相手を）否定する」

⑦ **as you see it**「あなたが見た通りに」

⑧ **calm ~ down**「～を落ち着かせる」
angry exchange「怒りの言葉のやり取り」

56 Customer Conflict

熟語の意味を確認しよう。

575 1000▶264

for the fìrst tíme

初めて

▶ for the first time in 10 yearsは「10年ぶりに」の意味（直訳は「10年で初めて」）。

▶「2度目に」なら for the second time。for the last time は「最後に」。

576 1000▶507

accúse *A* of *B*

Bのことで A を非難［告訴］する

▶ 受動態もよく使われる。

577 1000▶501

bláme *A* for *B*

Bのことで A を非難する；B を A のせいにする

▶ blame *B* on *A* とすることもできる。

▶ この for は「理由·原因」を表し，punish *A* for *B*（➡520）も同じ用法。

578 1000▶700

by fár

はるかに，ずっと

▶ 比較級・最上級を強める。最上級では by far the best も the best by far も両方あるが，比較級では far better が better by far よりも一般的（by far better は×）。

579 1000▶531

kèep [hòld] *one's* témper

冷静さを保つ

同 control [contain / restrain] *oneself*

反 lose *one's* temper「冷静さを失う」

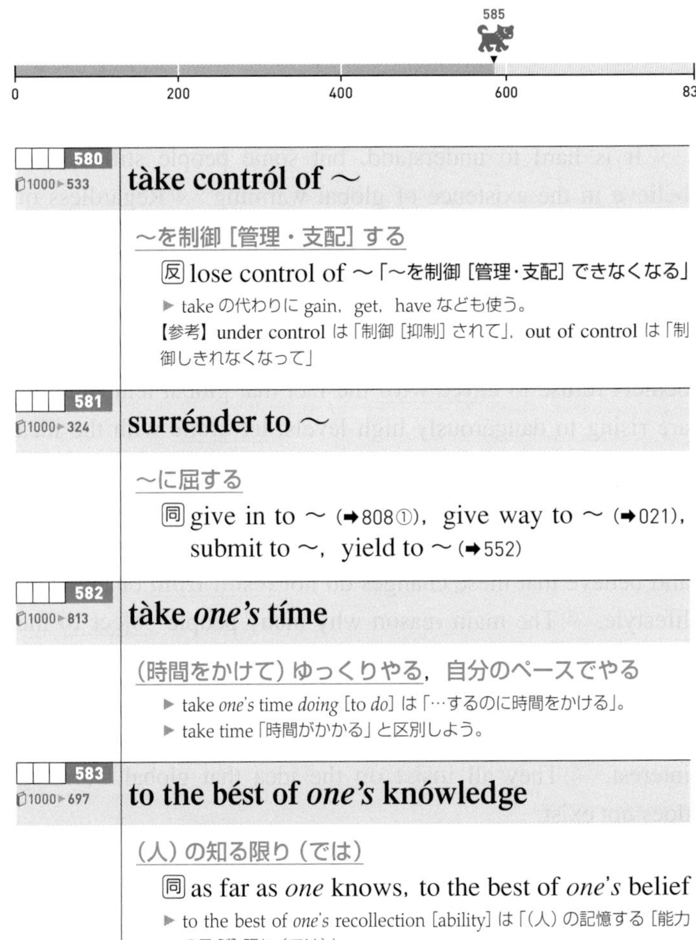

585

0 200 400 600 830

580 1000▸533

tàke contról of ～

~~を制御［管理・支配］する~~

反 lose control of ～「～を制御［管理・支配］できなくなる」

▶ take の代わりに gain，get，have なども使う。

【参考】under control は「制御［抑制］されて」，out of control は「制御しきれなくなって」

581 1000▸324

surrénder to ～

～に屈する

同 give in to ～（➡808①），give way to ～（➡021），submit to ～，yield to ～（➡552）

582 1000▸813

tàke *one's* tíme

（時間をかけて）ゆっくりやる，自分のペースでやる

▶ take *one's* time *doing* [to *do*] は「…するのに時間をかける」。

▶ take time「時間がかかる」と区別しよう。

583 1000▸697

to the bést of *one's* knówledge

（人）の知る限り（では）

同 as far as *one* knows，to the best of *one's* belief

▶ to the best of *one's* recollection [ability] は「（人）の記憶する［能力の及ぶ］限り（では）」。

584 1000▸557

be préferable to ～

～より好ましい［優れている］

▶ preferable 自体が比較の意味を持つため，比較級にはしない。

585 1000▸806

the bòttom líne

〔口語で〕要点；（決算書の最下行の）数字；最終結果

57 Global Warming

地球温暖化を認めようとしない人たちの視点はどのようであるか。

① It is hard to understand, but some people still do not **believe in** the existence of global warming. ② Regardless of all the scientific research and evidence that have been put forward by prominent scientists **as to** the effects of human activity on global temperatures, some people still don't **make much of** the idea of global climate change. ③ Climate change deniers refuse to **agree with** the fact that global temperatures are rising to dangerously high levels, **let alone** with the idea that these changes are caused by human activity. ④ **On the contrary**, deniers think recent temperature changes are simply part of the normal fluctuations in global climatic conditions, and believe that these changes do not **result from** our modern lifestyle. ⑤ The main reason why many people **object to** the ideas of climate change deniers is that many of them have connections to big business, particularly the oil business. ⑥ It seems **as if** most of them are only concerned about their own interest. ⑦ They all **insist on** the idea that global warming does not exist.

語法・構文・表現

② **put forward ～ [put ～ forward]**「～（意見など）を示す，提唱する」
prominent「傑出した，有名な」

④ **fluctuation** [flʌ̀ktʃuéiʃən]「変動」
climatic conditions「気候条件」 ▶climatic [klaimǽtik]

⑤ **connections**「コネ，縁故（者）」 ▶通例，複数形。
big business「大企業」 ▶通例，集合扱いで不可算。the oil businessのbusinessは

地球温暖化

英文レベル ☆☆☆

自然（災害・天変地異）

①理解し難いことだが，地球温暖化が存在することを信じない人がいまだにいる。②人間の活動が地球の気温に及ぼす影響に関して，著名な科学者たちが提示してきたあらゆる科学的調査と根拠にもかかわらず，まだ地球の気候変動の存在を理解しない人がいるのである。③気候変動否定論者たちは，地球の気温が危険なほど高いレベルにまで上昇しているという事実に同意しようとしない。ましてや，こうした変動が人間の活動に起因するという考えに同意することなどなおさらない。④それどころか，否定論者たちは，近年の気温変化を，地球全体の気候条件における通常の変動の一部にすぎないと思っている。また，このような気温変化は現代の生活様式のせいで生じているのではないと彼らは考えている。⑤多くの人が気候変動の否定論者たちの考えに反対する主な理由は，否定論者の多くが大企業，特に，石油事業と特別な関係にあるからだ。⑥まるで，彼らのほとんどは自分の利益のことしか考えていないかのようである。⑦彼らは皆，地球温暖化は存在しないという考えを押し通しているのである。

「事業，産業」。

⑥ **It seems as if ...**「それはまるで…かのように思われる」▶as if節内では仮定法も直説法も使われる。
be **concerned about** ～「～のことを気にかけている」〔➡661〕

⑦ **the idea that ...**「…という考え」▶thatは同格節を導く接続詞。

57 Global Warming

熟語の意味を確認しよう。

586 　1000▶55

belíeve in ～

～の価値［存在］を信じる；～を信用する

▶ I believe in him. は「人格的に彼を信頼している」ことを表し，I believe him.「彼の言葉を信じる」とは質的に異なる。

587 　1000▶360

às to ～

～に関して（は）

同 in relation to ～（➡762），with［in］regard to ～（➡750），about，concerning

588 　1000▶537

màke múch of ～

～を重要視する；〔否定文で〕～を理解する

▶「～を重要視する」から発展して，「～をちやほやする」の意味にもなる。

589 　1000▶226

agrée with ～

（人が）（人・考えなど）に同意する；（気候・食物などが）～に合う；～に一致［適合］する

590 　1000▶235

lèt alóne ～

～は言うまでもなく

同 much［still］less ～（➡659）

▶ 通例，否定構文の中で使われる。

▶ let ～ alone「～をそのままにしておく」（＝leave ～ alone（➡056））と区別する。

591 1000▶269

on the cóntrary

それどころか，それに反して

592 1000▶50

resúlt from ～

～から起こる

▶ result in ～「～の結果に終わる」と区別する。

593 1000▶423

objéct to ～

～に反対する

同 oppose

594 1000▶178

as ìf [thòugh] ...

まるで…のように

▶ "..." には，仮定法のほかに直説法も使われる。

▶ it's not as if [though] ... は「…であるわけでもない」の意味。

595 1000▶40

insíst on [upòn] ～

～を主張する

▶ insist that ... と節を続けることもできる。

58 Space Debris

宇宙ゴミはどのような点で危険で，また，どのような対策案があるだろうか。

① Space debris has been collecting around Earth's low orbit ever since humans began launching satellites and space stations. ② As long as this is happening, it causes spacecraft to be put in danger of getting damaged, especially when leaving the Earth's atmosphere. ③ Some scientists don't want to keep this issue back from politicians and other concerned citizens, because soon we all may not be able to do without space travel completely. ④ However, it's never easy to discuss anything that's out of sight to the naked eye, because people are often indifferent to things they can't see. ⑤ Also, it may be unfair to ask some countries to call off their space plans while others can keep theirs. ⑥ But for space enthusiasts and experts alike, there may be some hope, after all. ⑦ It has been suggested that we go as far as to build a kind of "laser broom" to dispose of the debris by sweeping it towards the atmosphere, where it can burn up. ⑧ If we can succeed in this, it would bring about great change in space technology and our future ambitions!

語法・構文・表現

space debris「宇宙ゴミ」 ▶debris [debríː, débriː]「破片，残骸」。

① **collect**「集まる」 ▶ここでは自動詞。
ever since ...「…して以来ずっと」

② **cause ～ to *do***「～に…させる，～が…する結果になる」
put ～ in danger of ...「～を…という危険にさらす」

④ **things they can't see**「目に見えないもの」 ▶thingsの後に関係代名詞that［which］が省略。

宇宙ゴミ

英文レベル ☆☆☆　181 words

科学・技術（創造・発明）

①宇宙ゴミは，人類が衛星や宇宙ステーションを打ち上げ始めて以来ずっと，地球の低軌道上に集まり続けてきている。②このことが続いている限り，宇宙ゴミが原因で宇宙船が損傷を受ける危険にさらされており，地球の大気を離脱するときは特にそうである。③科学者の中には，この問題を政治家や懸念している市民からも隠しておきたがらない者もいる。近いうちに，我々は完全に宇宙旅行なしでやっていくことはできなくなるかもしれないからだ。④しかし，肉眼では見えないものを論じるのは簡単なことではない。ふつうは目に見えないものには無関心だからである。⑤また，宇宙計画を続けられる国がある一方で，一部の国には宇宙計画を中止するよう求めるのは不公平になるかもしれない。⑥だが，熱烈な宇宙ファンにも専門家にも，結局のところ希望はあるかもしれない。⑦「レーザー式ホウキ」のようなものを作ることまでして，宇宙ゴミを除去することも提言されている。宇宙ゴミを大気圏に向けて一掃することにより，宇宙ゴミは大気圏内で燃え尽きるのだ。⑧もしこれがうまく行けば，宇宙開発技術および人類の未来への念願において大きな変化をもたらすことになるだろう。

⑤ **while ...**「…である一方」

⑥ ***A* and *B* alike**「AもBも等しく，同様に」

⑦ **a kind of ～**「～のようなもの，～の一種」
sweep ～ towards ...「～を…の方へ掃きのける」
where it can burn up「そして，そこでそれ（＝宇宙ゴミ）が燃え尽きる」▶whereは非制限用法の関係副詞で，先行詞the atmosphereに説明を補足。

⑧ **ambition**「念願，（強い）願望」

58 Space Debris

熟語の意味を確認しよう。

596
1000▶761

as [so] lóng as ...

〔条件・時間的限度〕…である限り

同 insofar as ...

▶ "..." に期間を表す語句がくる (for) as long as ～ は,「～もの長い間」と「驚き」を表す意味になる (as many [much] as ～(➡484))。また,「～と同じ長さの」という文字どおりの意味にもなる。

597
1000▶600

in dánger of ～

～の危険があって

同 in peril of ～

598
1000▶318

kèep báck ～

(真相など) を隠す；～を制止する

同 hold back ～ (➡079)

▶ keep ～ back の語順も可。

599
1000▶370

dò withóut (～)

(～) なしですます

同 go without (～), dispense with ～

反 do with ～ (➡650)

▶ do [go] without の後の目的語がなく, 自動詞的に使われる場合もある。

600
1000▶372

òut of síght

見えなくて, 視界から消えて

反 in [within] sight (➡417)

▶ go out of sight [view] は「(物が) 見えなくなる」。

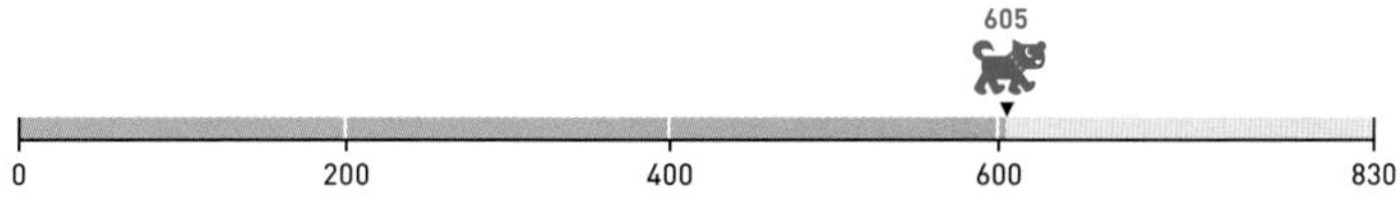

601
1000▶556

be indífferent to [towàrd(s)] ～

～に無関心［無頓着］である

602
1000▶182

càll óff ～

～を中止する；取り消す（＝cancel）

603
1000▶751

gó so fàr as to *dó*

…しさえする

▶ go so far as *doing* に加えて，go as far as to *do*［*doing*］の形もある。

604
1000▶438

dispóse of ～

～を処分する；～を平らげる

同 get rid of ～「～を処分する」(➡281)

【参考】名詞 disposal を用いた句に，at ～'*s* disposal がある。

605
1000▶60

brìng abóut ～

～を引き起こす

同 cause

▶ bring ～ about の語順も可。

59 Sibling Rivalry

筆者とその兄はどのようにして，互いに高め合っているのだろうか。

① My older brother and I have a special rivalry that is peculiar to us. ② You see, we both share a similar philosophy — trying to be the best at everything. ③ In other words, we compete in everything and refuse to let each other have their own way even though we are good at totally different things. ④ I'm good at academics while he's skilled in athletics, but I always compete with him in the latter and he does the same in the former. ⑤ We were best friends as kids for a while, but as what's true of all rivals, friendship and competition can never truly mix. ⑥ So, now that we're both in high school, we've reconnected as rivals. ⑦ I can really count on him to challenge me. ⑧ In fact, we've decided to go all the way and give out advice to each other. ⑨ For him, it is sharing tips on how to build strength and endurance in sports, and for me, it is advising him on the best ways to study and remember lesson material. ⑩ It works and I appreciate how things are. ⑪ Neither of us wants to conform to the norms of typical sibling relationships.

語法・構文・表現

sibling「兄弟姉妹（の１人）」
rivalry「競争［対抗］意識，張り合い」

③ **refuse to let each other *do***「お互いに…させないようにする」
even though ...「…ではあるが」
totally different things「まったく別々のこと」

④ **academics** [ækədémiks]「《主に米》学業，学科」
***be* skilled in 〜**「〜に熟練している，〜が上手である」
he does the same in the former＝he competes with me in the former

兄弟間の競争心

日常生活（家庭・家族）

①兄と僕は，僕たち2人に限った特別な競争意識を持っている。②僕たちは2人ともよく似た哲学を持っている ── すべてにおいてベストを目指すということだ。③つまり，僕たちはすべてにおいて競い合い，それぞれがまったく違うことが得意ではあるのだが，相手の好きなようにさせることを認めないということだ。④僕は学業が得意な一方で，兄は運動に長(た)けている。だが，僕は後者で彼と張り合おうとしていて，彼の方は前者で競おうとしている。⑤子供の頃，僕たちはしばらくはとても仲が良かった。だが，どんなライバルにも当てはまるように，友情と競争というのは完全には両立できない。⑥だから，今や2人とも高校生なので，僕たちはライバルとして再びつながっている。⑦兄は僕が期待している通り，僕に挑んできてくれる。⑧実際，僕たちはずっと，お互いにアドバイスを与え合うことにした。⑨兄にとっては，それはスポーツで体と忍耐力を鍛える秘訣(ひけつ)を僕に教えてくれることであり，僕にとっては，勉強や教材を覚えるベストな方法を兄に助言することだ。⑩このやり方はうまくいっているし，僕は今の状況に感謝している。⑪僕たちはどちらも，よくある兄弟関係の規範に従いたいとは思わない。

---

⑤ **as kids**「子供の頃に」（＝when we were kids）▶asは前置詞。
mix「混じり合う，両立する」▶通例，否定文で用いる。

⑦ **count on ～ to *do***「～が…することを当てにする［期待する］」
challenge「～（人）に挑む，～（人）の能力を試す」

⑨ **share tips**「情報［秘密］を分かち合う」▶tipは多義語。
advise *A* on *B*「A（人）にBについて助言する」

⑪ **norms**「基準，規範」▶この意味では通例複数形。

59 Sibling Rivalry

熟語の意味を確認しよう。

606 1000▶559

be pecúliar to ～

～に特有である

同 *be* unique to ～, *be* native to ～, *be* particular to ～, *be* specific to ～

607 1000▶150

in óther wòrds

言い換えれば，つまり

同 that is (to say) (➡706), to put it another way, namely

608 1000▶530

hàve [gèt] *one's* (òwn) wáy

思い通りにする

同 have it [things / everything] *one's* (own) way

609 1000▶736

the fórmer ～, the látter ...

前者は～，後者は…

610 1000▶141

for a whíle

しばらくの間

▶ while には short, little, long などの形容詞も付く。quite（副詞）が付く場合は，for quite a while の語順。

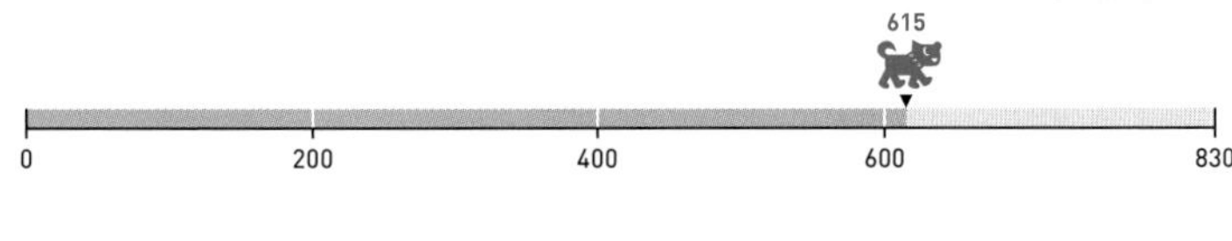

611 1000▶251

be trúe of ～

～に当てはまる

▶ of の代わりに about，for なども使う。

612 1000▶305

cóunt on [upòn] ～

～に頼る，～を当てにする

同 depend on [upon] ～ (➡572)，rely on [upon] ～ (➡133)

613 1000▶118

àll the wáy

ずっと；はるばる

614 1000▶383

gìve óut (～)

① ～を配る；～を発する；～を与える

同 distribute「～を配る」；emit，give off ～ (➡625)「～を発する」

▶ give ～ outの語順も可。

② (供給物・力などが) 尽きる [なくなる]

同 *be* exhausted，*be* used up

615 1000▶425

confórm to [with] ～

～と一致する；～に従う [合わせる]

▶ conform *A* to [with] *B* は「AをBに合わせる」。この場合の conform は他動詞。

60 The Grand Canyon

グランドキャニオンの雄大な光景は，どのような気持ちにさせてくれるか。

①The Grand Canyon is one of the most famous national parks in America. ②I would describe it as a place with an expansive view that cannot be appreciated in just a single way. ③This is despite the fact that it really is, essentially, just you standing on top of one very long cliff, looking over the same view of rock formations, with a few trees or rivers down below. ④Yet, what's so characteristic of this rich canyon is that you can endlessly stare at it from different points of view — from close up or at a distance. ⑤There are also plenty of activities, and I'm always in search of something I haven't tried yet. ⑥There are donkey rides up and down the canyon, hiking, rafting, climbing, wildlife, and cultural experiences such as meeting and shaking hands with Native Americans. ⑦As for me, I hold on to the memory of waking up early to see the sunrise, because at the sight of the morning light against the rocks, there is an array of colors being given off, changing minute by minute.

語法・構文・表現

② **appreciate**「～のよさ［価値］を認める」
in just a single way「1つの方法によってのみ，一律に」

③ **despite the fact that ...**「…という事実にもかかわらず」
it really is ... just you standing ...「…立っているのは基本的に自分だけだ」
essentially「基本的には，本質的には」
looking over ～「～を見渡しながら」▶分詞構文。

グランドキャニオン

英文レベル ☆☆☆ 180 words

自然（地理・地形）

①グランドキャニオンはアメリカでも最も有名な国立公園の１つだ。②私ならそこを，一律にはその素晴らしさを味わうことのできない広大な風景を備えた場所だと称したい。③その非常に深い絶壁のてっぺんに立っているのは基本的に自分だけで，眼下に何本かの木々や川があり，どこまでも同じ岩層が続く光景を見渡しているという事実にもかかわらずである。④それでもやはり，この貴重な渓谷に特徴的なことは，様々な角度から ―― 間近でも，あるいは少し離れてでも ―― それをいつまでも見ていられることだ。⑤たくさんのアクティビティーもあり，私はいつも，自分がまだ試していないものを探している。⑥ロバに乗って渓谷を上ったり下ったりすること，また，ハイキング，ラフティング，登山，野生生物の観察，あるいは，アメリカ先住民と会って握手をするといった文化体験もできる。⑦私としては，日の出を見るために早起きした思い出はずっと忘れられない。なぜなら，岩々に反射する朝日を見ると，刻々と変化しながら様々な色が放たれていたからだ。

formation「岩層，（岩などの）層」

④ **stare at ～**「～をじっと見る，見つめる」
close up「すぐ近くで」►close [klous] は副詞。

⑦ **against**「～に反射して」
an array of ～「ずらりと並んだ～，多様な～」
minute by minute「刻一刻と，時間が経（た）つにつれ」

60 The Grand Canyon

熟語の意味を確認しよう。

616
1000▶573

be characterístic of ～

~~に特有である~~；いかにも～らしい

同 *be* typical of ～

617
1000▶650

from ～ pòint of víew

～の視点から（は）

▶ "～" には〈a＋形容詞〉のほか，所有格が入る。

▶ from ～ viewpoint の形もある。

618
1000▶277

at a dístance

ある距離を置いて

619
1000▶172

in séarch of ～

～を求めて［探して］

同 in pursuit of ～

620
1000▶337

ùp and dówn

行ったり来たり；上下に

同 back and forth「行ったり来たり」(➡829)

▶ 文字どおりの「上下に」のほかに「行ったり来たり；あちらこちらに」の意味もある点に注目。

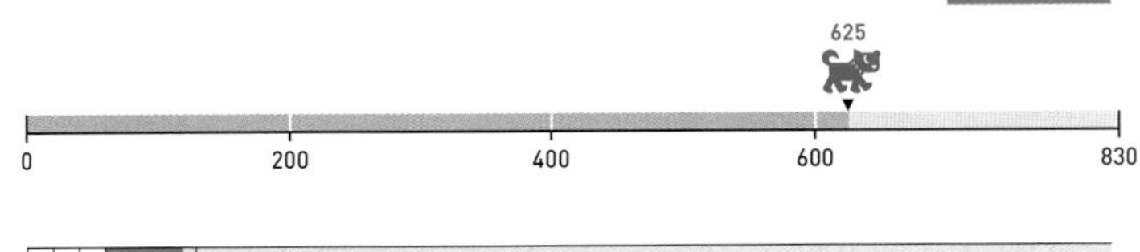

621
1000▶527

shàke hánds (with ～)

(～と) 握手する

▶ hands は必ず複数形。

622
1000▶779

hòld ón

① 持ちこたえる，頑張る

▶ hold on to ～ で「(希望など) を持ち続ける」の意味にもなる。

② 待つ；電話を切らずにいる

③ (～を) しっかりつかむ，(～を) 手放さない (to ～)

①②③ 同 hang on

623
1000▶67

wàke úp (～)

目が覚める；(人) の目を覚まさせる

▶ 他動詞では wake ～ up の語順も可。

624
1000▶617

at (the) síght of ～

～を見て

▶ at the mere sight of ～ なら「～を見ただけで」。

【参考】in [within] sight of ～ は「～の見えるところで」。

625
1000▶477

gìve óff ～

(光・音・においなど) を発する

同 give out ～ (➡614①)，produce，emit

▶ give ～ off の語順も可。

61 Selling Online

欲しくないのに捨てられないプレゼントをもらった時はどうしたらよいか？　筆者の提案は？

① We have all had gifts we don't want. ② Christmas presents from a distant aunt you never see much of but who sends a gift every year that you can't wait to part with. ③ Of course, your conscience forbids you from throwing the gift away. ④ After all, your aunt might have spent hours choosing a gift that she thought was in fashion and that you would love to have. ⑤ However, what can you do with the gift that is taking up so much room on your desk and really needs to make way for that new computer you want to buy? ⑥ One thing you can do is sell it on the Internet. ⑦ There are online sites where items people don't want change hands for cash. ⑧ All you need to do is take a picture of your unwanted gift. ⑨ Post it on the site with a price and before long you can hand it over to a new owner who will appreciate it for cash. ⑩ Then, you can look forward to spending the cash on that new computer you want!

語法・構文・表現

① **gifts we don't want**「欲しくない贈り物」▶giftsの後に関係代名詞that［which］が省略。

② **～ that you can't wait to part with**「手放すのを待ち切れない～」▶that節の先行詞はa gift。なお，②の文は文全体が1つの名詞節。

③ **conscience**「良心」
throw ～ away「～を捨てる」

④ **might have *done***「…したかもしれない」
spend hours *doing*「…するのに何時間も費やす」
a gift that she thought was in fashion and that you would love to have「今流行っていて，あなたが欲しがっていると彼女が思った贈り物」▶2つのthat節はどちらも先行詞a giftにかかる。

オンラインで物を売る

科学・技術（機械・コンピューター）

①私たちはみんな，欲しくもないプレゼントをもらったことがある。②遠く離れたところに住んでいて頻繁に会うこともない叔母が毎年送ってくるクリスマスプレゼントは，手放すのが待ち切れない。③もちろん，良心があるので，贈り物を捨てることは憚（はばか）られるのだが。④結局のところ，叔母は何時間もかけて，今流行っていてあなたが欲しがっているだろうと思って贈り物を選んだのかもしれない。⑤しかし，その贈り物が机の上のかなりのスペースを占有していて，あなたが購入したいと思っている新しいコンピューターのためのスペースを確保する必要がある場合，その贈り物をどうすればよいのか？⑥1つの方法は，インターネットで売ることである。⑦人々がもう要らない品物を現金と引き換えに持ち主を変えるためのオンラインサイトがある。⑧要らない贈り物の写真を撮るだけでよい。⑨値段を付けてその写真を掲載しておけば，近いうちに新しい持ち主に渡すことができ，その人は喜んで現金と引き換えてくれるのだ。⑩そして，そのお金を欲しかった新しいコンピューターに使うのを楽しみにできるのである！

---

⑤ **take up much room**「大きなスペースを占める」

⑥ **sell it on the Internet**「インターネットでそれを売ること」▶この名詞句全体がisの補語句になっている。sellはto sell，sellingとすることもできる。

⑧ **All you need to do is (to) *do***「しなければならないのは…することだけだ，…さえすればよい」〔*cf.* ➡322〕

⑨ **appreciate ～ for ...**「…の代わりに～をありがたく思う」

⑩ **spend ～ on ...**「～を…に使う」

61 Selling Online

熟語の意味を確認しよう。

626
1000▶817

sée múch of ～

~によく会う

同 see a lot [great deal] of ～

▶ much は意味に応じて more, something, little, nothing などに変化する。[例] see nothing of him「彼に全然会わない」

▶ much は主に否定文で使い，肯定文では a lot, a great deal などを使うほうが普通。

627
1000▶445

párt with ～

(物)を(しぶしぶ)手放す

▶「(人)と別れる」は，part from ～。

628
1000▶496

forbíd *A* from *B*

A(人)にBを禁止する

同 prohibit *A* from *B* (➡277), ban *A* from *B*

▶ *B* は *doing*。*B* が名詞の場合は，forbid *A B*。

▶ forbid ～ to *do* は「(人)に…させない」。

▶「禁止」では最も一般的な表現。

629
1000▶116

àfter áll

結局(は)；やっぱり

▶ after all is said and done という言い方もある。

▶ at the end of the day もほぼ同じ意味の口語表現。

630
1000▶9

in fáshion

流行して

同 in vogue, (all) the rage

反 out of fashion「すたれて」

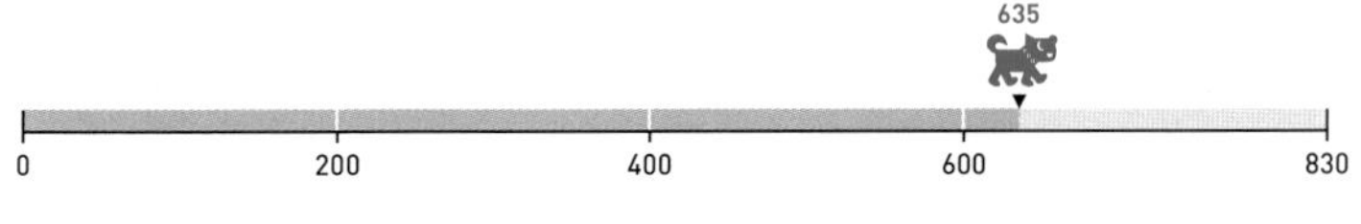

631 □□□
1000▶518

màke wáy

道［スペース］をあける

▶「～に道をあける」は，make way for ～。［例］make way for an ambulance「救急車に道をあける」

632 □□□
1000▶528

chànge hánds

持ち主が変わる

▶ hands は必ず複数形。

633 □□□
1000▶213

befòre lóng

間もなく（＝soon）

同 It is not long before .... （➡183）

634 □□□
1000▶309

hànd óver ～

～を引き渡す；～を手渡す

同 hand in ～（➡726），give in ～（➡808②），turn in ～（➡253①）「～を手渡す」

▶ hand ～ over の語順も可。

▶ 公的な譲渡などに使われることが多い。

635 □□□
1000▶102

lòok fórward to ～

～を楽しみに待つ

▶ to は前置詞なので後には（動）名詞がくる。進行形での使用も多い。

62 Manners

礼儀はなぜ必要とされているのか。また，日本では礼儀に対する意識が世代間でどう異なっているだろうか。

① All modern societies feature a set of expectations that define what socially acceptable behavior is, and these are called 'manners.' ② Manners allow a large number of people to live peacefully together in the confined spaces of towns or cities, and each member of a society is expected to keep to these rules. ③ In general, manners are concerned with hygiene, courtesy, or culturally expected behavior.

④ Japan is often said to have better manners compared to most other societies. ⑤ To some extent, this is true. ⑥ In the past, self-control and the idea of not disturbing your neighbors played a major part in Japanese manners. ⑦ However, these days many older people think that the younger generation is not so well versed in what good manners are and how they should behave in public. ⑧ The older generation is sometimes not very tolerant of the behavior of younger people. ⑨ They often think that younger people, by all means, should at least be well-mannered and avoid causing trouble to others.

語法・構文・表現

① **feature**「～の特徴がある，～を特色として持っている」
define what ～ is「～とは何かを明確にする，はっきりさせる」

② **confined**「限られた」
be* expected to *do「…するように求められる」

④ ***be* said to *do***「…すると言われている」

⑥ **the idea of not *doing***「…しないという考え」 ►ofは同格用法。notは動名詞を否定している。

礼儀作法

文化（教育・学校・学問）

①どの現代社会でも，社会的に容認できる行為とは何かを定めるのに，人々がそうあるべきだと思っていることがいくつか特徴としてあり，それが「礼儀作法」と呼ばれている。②礼儀作法によって，多くの人々が街の限られた空間で穏やかに共同生活を送ることができる。そのため，社会を構成する個々人は，そういったルールを守るよう求められる。③一般に，礼儀作法は清潔さ，礼儀正しさ，あるいは，文化的に期待される行為に関係している。

④日本は，他の多くの社会に比べて，礼儀作法がよいと言われている。⑤このことは，ある程度は本当だ。⑥かつて，自制心ならびに隣人に迷惑をかけないという考えは，日本人の礼儀作法で主要な役割を担っていた。⑦しかし，近頃では，若い世代はよい礼儀作法とは何か，また，人前でどう振る舞うべきかということをよく分かっていないと，多くのお年寄りが思っている。⑧年齢の高い世代は，若者の行為にあまり寛容になれないことが時々ある。⑨その世代の人たちは，若者はぜひ，少なくとも礼儀作法を身に付け，他人に迷惑をかけないようにすべきだと考えている。

---

disturb「～の邪魔をする，～に迷惑をかける」

⑦ **older people**「お年寄り」▶olderは比較の対象を示さず，相対的に「程度」を表す「絶対比較級」。直後のyoungerも同じ。
in public「人前で」〔➡405〕

⑨ **well-mannered**「行儀のよい」
avoid *doing*「…することを避ける，…しないようにする」

62 Manners

熟語の意味を確認しよう。

636 1000▸427

kéep to ～

～に沿って進む；～から離れない；～に従う

同 obey「～に従う」

【参考】keep to *oneself* は「(人を避けて) 1人でいる」。

637 1000▸149

in géneral

① 一般に

同 as a (general) rule (➡293)，generally

② 〔名詞の後に置いて〕一般の

同 at large (➡338①)

▶ 形容詞句としての用法。

638 1000▸246

be concérned with [in] ～

～に関係している

同 *be* involved in ～ (➡182)

639 1000▸486

compáre *A* with [to] *B*

AをBと比較する；AをBにたとえる

【参考】(as) compared with [to] ～「～と比べると」= in comparison with [to] ～

640 1000▸644

to ～ extént [degrée]

～の程度に

▶ "～"には a certain，some，a great，a large，a slight などのいろいろな形容詞 (句) が入る。

▶ to the extent [degree] that ... は「…という程度に」。

645

0 200 400 600 830

641
1000▸88

plày a róle [párt] (in ～)

(～で) 役割を演じる [果たす]

▶ role [part] の前にはいろいろな形容詞を入れることが可能。

642
1000▸163

thése dàys

近ごろは，このごろは

反 in those days「当時は」

▶ 通例，現在時制とともに使われる。

643
1000▸565

be vérsed in ～

～に精通 [熟達] している

同 *be* expert in [at] ～

▶ *be* well versed in ～ の形が多い。

644
1000▸580

be tólerant of ～

～に対して寛大である

反 *be* intolerant of ～「～に不寛容である」

▶ ときに *be* tolerant to [toward] ～ も使われる。

645
1000▸348

by áll mèans

① ぜひとも，必ず

▶「どのような手段を使ってでも」が元の意味。

② 〔承諾の返事として〕ぜひどうぞ

同 〔くだけた表現〕no problem

63 Homelessness in California

筆者はホームレスの問題点として何を挙げ，また何を提案しているか。

① California has a homeless problem on a massive scale. ② The homeless camps in Southern California remind many people of the homeless problem during the Great Depression. ③ Some people believe that the homeless problem is related to drug or alcohol addiction. ④ Others say the cause is the expensive cost of homes. ⑤ Many experts are debating the reasons and solutions. ⑥ In the meantime, more and more people are losing their homes. ⑦ The big question is: What should we do with all those people? ⑧ Being homeless takes away one's ability to find a job. ⑨ Without an address, it is impossible to apply for work. ⑩ And without a phone, nobody can call you up if they have work for you. ⑪ Some people blame the homeless for living on the street. ⑫ However, it should be remembered that even homeless people are as worthy of help as anyone else. ⑬ One idea is to build houses for all the people who need them. ⑭ But that idea may be difficult to put into practice. ⑮ Personally, I believe that we should be able to assure every citizen of a warm, safe place to live. ⑯ Whether or not we will live up to that remains to be seen.

語法・構文・表現

② **the Great Depression**「大恐慌」(1929-1933年，米国で始まり世界中に及んだ経済不況)

⑪ **the homeless**「ホームレスの人々」 ▶〈the＋形容詞〉「〜な人々」。

⑭ **〜 is difficult to *do***「〜は…するのが難しい」 ▶to *do* の意味上の目的語が「〜」。

カリフォルニアのホームレス事情

社会（社会問題）

①カリフォルニアは大規模なホームレスの問題を抱えている。②南カリフォルニアにあるホームレス収容施設は，大恐慌のときのホームレス問題を多くの人に思い起こさせる。③ホームレスの問題は，薬物やアルコール中毒と関連していると考える人もいる。④また，高額な住居費用が原因だと言う人もいる。⑤多くの専門家がその原因と解決策を論じている。⑥その間にも，ますます多くの人が家を失いつつあるのだ。⑦大きな問題は，そのような人々すべてにどう対処したらよいかということだ。⑧ホームレスであるせいで，職を見つける能力が奪われてしまう。⑨住所がなければ，仕事に応募することができない。⑩また，電話がなければ，仕事を提供できるとしても電話をかけることができない。⑪路上で生活していることでホームレスの人たちを責める人もいる。⑫しかし，ホームレスの人たちも，他の人と同様に救いの手が差しのべられるに値するということを忘れてはいけない。⑬1つの考え方として，必要とする人全員に家を建てるということがある。⑭しかし，その考え方は実行に移すのは難しいかもしれない。⑮個人的には，どの市民にも暖かくて安全な住む場所を保証することができるはずだと思う。⑯この考えを実践するかどうかは定かではないが。

---

⑯ **Whether ... remains to be seen**「…か（どうか）はまだ分からない」（＝it remains to be seen whether ...）
live up to ～「～（期待など）に応える，～を実践する」

63 Homelessness in California

熟語の意味を確認しよう。

646 ☐☐☐ 1000▶640

on a ～ scále

～な規模で［の］

▶ on a small [medium / large] scaleは「小［中／大］規模で［の］」。

647 ☐☐☐ 1000▶112

remínd *A* of [about] *B*

AにBを思い出させる

▶ remind *A* to *do* は「Aに…することを気づかせる」，remind *A* that ... は「Aに…であることを気づかせる」。

648 ☐☐☐ 1000▶549

be reláted to ～

～と関係がある；～と姻戚関係がある

同 *be* connected to [with] ～

▶ 前置詞がwithではなくtoである点に注意。

649 ☐☐☐ 1000▶630

in the méantime [méanwhile]

その間（に）；一方で，話は変わって

▶「その間に」の意味で，meantime [meanwhile] 1語を副詞としても使う。

650 ☐☐☐ 1000▶369

dó with ～

① 〔通例couldを伴って〕〔口語で〕～があればありがたい

同 could use ～（➡319）

反 do without (～)（➡599）

▶ have something [nothing] to do with ～（➡428）との混同を避けたい。

② 〔*be* [have] done with ～で〕～をすませた；～と縁を切った

③ 〔whatを使った疑問文・否定文で〕～を処理［処置］する

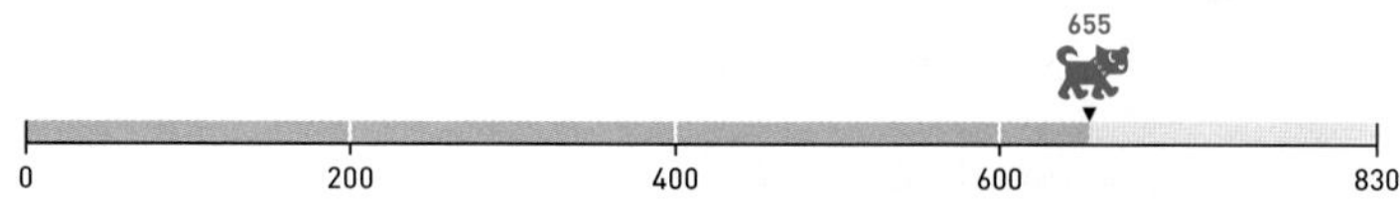

651 ⌷1000▶457

càll úp (～)

(～に) 電話をかける；(記憶・勇気など) を呼び起こす

▶ 他動詞では call ～ up の語順も可。

652 ⌷1000▶574

be wórthy of ～

～に値する［ふさわしい］

▶ *be* worthy to *do* もときに使われる。
［例］ ***be* worthy to** be remembered「記憶に値する」

653 ⌷1000▶595

pùt ～ into práctice [operátion]

～を実行［実施］する

▶ "～" が長い場合には，put into practice ［operation］ ～ の語順にもなる。

654 ⌷1000▶509

assúre *A* of *B*

A (人) にB (物・事) を請け合う［保証する］

▶ assure *A* that ... と書き換え可能なこともある。

655 ⌷1000▶755

remáin to be séen

(結果などは) 未定である

▶ remain to be *done* が一般形。「…されずに残っている」が元の意味。
［例］ A lot **remains to be** done.「やるべきことがたくさん残っている」

64 Great Aunt Maggie

筆者の人生で励みとなっている大叔母さんは，どのような人生を送ったのか。

① My Great Aunt Maggie is an inspiration. ② She was born in 1917, and she was deaf. ③ But she did not allow her disability to prevent her taking advantage of all the opportunities life had to offer. ④ She believed that she was as able to do anything as any other person. ⑤ She was not lacking in self-confidence, and during her life she traveled to over 40 countries, by herself. ⑥ In those days, women didn't travel so extensively, much less travel the world alone. ⑦ I wonder if her parents approved of her solo voyages. ⑧ I'm sure they must have been concerned about her welfare as she visited all those faraway countries. ⑨ Great Aunt Maggie took pride in her independence at a time when women were supposed to get married and rely on their husbands for everything. ⑩ I have been told that Great Aunt Maggie turned down several proposals of marriage so that she could continue her travels. ⑪ She died many years ago, but I remember her and her amazing stories fondly, and I'm inspired by her to live life to the fullest, just the way she did.

語法・構文・表現

great aunt「大おば」(父母のおばに当たる人で，grandauntとも言う。)

① **inspiration**「励み（となる人）」

③ **allow ～ to *do***「～に…させておく，～が…することを許す」

prevent ～ (from) *doing*「～が…するのを妨げる」〔➡012〕 ▶fromは省略されることもある。

all the opportunities life had to offer「人生が与えてくれたすべての機会」
▶lifeの前に関係代名詞thatが省略。なお，ここでのhad toはmustの意味ではなく，

マギー大叔母さん

日常生活（家庭・家族）

①マギー大叔母さんは励みとなる人だ。②彼女は1917年に生まれ，耳が不自由だった。③しかし，彼女は自らの障害のせいで，人生において与えられるべきすべての機会を活かすことができないままにはしておかなかった。④彼女は他の誰にも劣らず，自分は何でもできると信じていた。⑤自信に欠けているどころか，生涯にわたって40を超える国々へと旅をした。しかも1人でだ。⑥当時は，女性がそれほどあちこち旅をすることはなく，ましてや1人で世界中を旅することなどなかった。⑦彼女の両親は，彼女が単独で旅行するのを認めたのだろうか。⑧彼女がはるか遠くの国々を訪れていたとき，両親はきっと彼女の身の上を案じていたに違いない。⑨女性は結婚して夫に何でも頼るとされていた時代に，マギー大叔母さんは自立していることを誇りに思っていた。⑩マギー大叔母さんは旅を続けられるように結婚の申し込みを何件か断ったのだと聞いたことがある。⑪彼女は何年も前に亡くなったが，私は彼女のことや，彼女の驚くべき話を懐かしく思い出す。そして，彼女のおかげで，まさに彼女がそうしたように，人生を精一杯生きたいという気持ちになるのだ。

---

life had ～ to offer「人生は提供するために～を持っていた」の「～」が前に出た形。

⑥ **extensively**「広範囲に」

⑨ **at a time when ...**「…する時代に」▶whenは制限用法の関係副詞。
rely on *A* for *B*「AにBのことで頼る」

⑪ **fondly**「懐かしく」
inspire ～ to *do*「～を奮い立たせて…させる」

64 Great Aunt Maggie

熟語の意味を確認しよう。

656
1000▶532

tàke advántage of ～

~~を利用する~~；~~につけ込む~~

同 make use of ～（➡791），avail *oneself* of ～，capitalize on ～「～を利用する」

▶「～につけ込む，～をだます」という悪い意味もある点に注意。

657
1000▶689

as ～́ as ány

誰［どれ］にも劣らず～

▶ 最上級のニュアンスではない。

▶ "～" には形容詞・副詞がくる。

▶ 〈as ～ as any＋名詞〉「どの…にも劣らず～」ともできる。この場合の any は形容詞。

658
1000▶564

be lácking in ～

～に欠けている

同 lack

▶ lacking は分詞ではなく形容詞。

659
1000▶692

mùch [stìll] léss ～

〔否定文中で〕まして～はない

同 let alone ～（➡590）

▶ 肯定文中で「まして～は（いっそう）そうだ」は，much [still] more ～と言うが，こちらはあまり使われない。

660
1000▶439

appróve of ～

～に賛成する；～を承認する

▶ approve 単独で他動詞としても使われる。

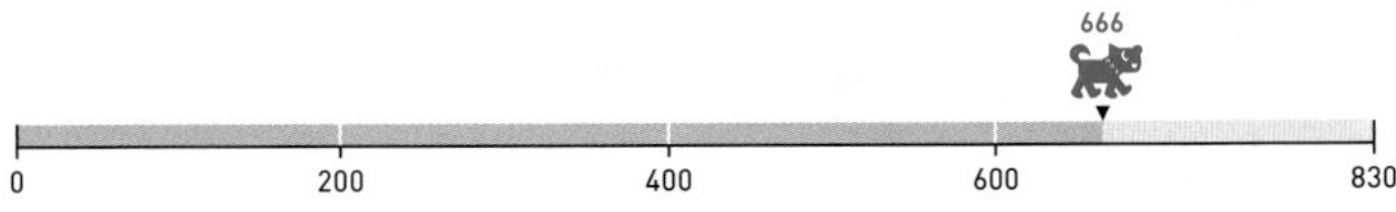

661 📖1000▶245

be concérned abòut [for] ～

～を心配している

同 *be* anxious about ～ (➡399)

662 📖1000▶322

tàke príde in ～

～を誇り［自慢］に思う

同 *be* proud of ～, pride *oneself* on ～ (➡482), boast of [about] ～ (➡201)

▶ pride には great, special などの形容詞も付く。

663 📖1000▶742

be* suppósed to *do

…することになっている；(世間で)…と考えられている

▶ 約束・慣習・法律などが前提で「…することになっている」の意味で使うことが多い。

664 📖1000▶403

tùrn dówn ～

① ～を却下［拒絶］する

同 reject, refuse

② (音量・火力など) を小さくする

▶ ①②ともに turn ～ down の語順も可。

665 📖1000▶699

to the fúll [fúllest]

心ゆくまで, 十分に

▶「苦楽」の両方について使える。

666 📖1000▶712

(in) the wáy ...

…のように；…のやり方で

▶ way の直後に関係副詞 that や in which (関係代名詞) を入れてもかまわないが, 通例省かれる。the way how ... という形はない。

65 Sneakers for Kids

高額なスニーカーに対する親子の価値観の違いを読み取ろう。

① "Hey, dad, that guy is wearing shoes that cost over $1,500," my son recently said to me. ② He pointed to a man with a pair of ordinary sneakers. ③ I could not believe they cost so much money. ④ My son knows about sneakers and **knows** most brands **by sight** because he and his friends **order** them **from** sites on the Internet and then resell them. ⑤ I was surprised that in a world with so much poverty, people spend that much on shoes. ⑥ If I wore those, I would be **on my guard** against muggers. ⑦ I've read many articles about people who were **robbed of** their shoes. ⑧ All my son's friends **take part in** reselling shoes. ⑨ They pool their money together and then **take a chance** on new styles when they come out. ⑩ In my opinion, the shoes are not very stylish. ⑪ It seems that people love them **all the better** for their ugly, bright colors. ⑫ I never spend more than $100 on sneakers. ⑬ For me, any pair of shoes **will do**. ⑭ But for shoe fanatics, you **cannot** spend **too** much money on new shoes. ⑮ Well, I can't judge them. ⑯ **Just as** they waste money on shoes, I spend too much money at fancy restaurants. ⑰ I guess our hobbies are **more or less** the same.

語法・構文・表現

④ **know about ～**「～を詳しく［見たり聞いたりして］知っている」

⑥ **If I wore those, I would be ...**「もし私がそれらを履いたら，…だろうに」▶仮定法過去。
mugger [mʌ́gər]「(路上) 強盗」

子供にとってのスニーカー

日常生活（服飾・化粧）

①「ねえ，パパ，あの人，1,500ドル以上もする靴を履いているよ」息子が最近そう言ってきた。②息子はごくふつうのスニーカーを履いている男性を指さした。③その靴にそれほどお金がかかるとは信じられなかった。④息子はスニーカーのことはよく知っていて，ほとんどのブランドは見れば分かる。というのも，友人たちとインターネットのサイトでスニーカーを注文して，それを転売したりしているからだ。⑤貧困に満ちている世界において，靴にそんなにもお金をつぎ込む人がいることに驚いた。⑥私がそのような靴を履いていたら，強盗に用心することだろう。⑦靴を強奪された人の記事をいくつも読んだことがある。⑧息子の友人たちはみな靴の転売に関わっている。⑨彼らは共同でお金を出し合い，新しいスタイルが発売されると，それに賭けてみるのだ。⑩私の見るところでは，それらの靴はそれほど格好いいわけではない。⑪不格好で鮮やかな色だからこそいっそう気に入ってもらえるようだ。⑫私はスニーカーに100ドル以上使うことなどない。⑬私にとっては，どんな靴でも事足りる。⑭だが，熱烈な愛好家にとっては，新しい靴にはいくらお金を使っても使いすぎることはない。⑮とはいえ，私には判断がつきかねる。⑯ちょうど彼らが靴に浪費するように，私は高級レストランで大金を使う。⑰我々の趣味とは，おそらく大体同じなのだろう。

---

⑨ **pool ~ (together)**「（金など）を共同出資する」
come out「発売される」

⑭ **fanatic** [fənǽtik]「熱狂的愛好者，狂信者」

⑯ **waste money on ~**「～にお金を浪費する」

65 Sneakers for Kids

熟語の意味を確認しよう。

667 1000▶804

knòw ～ by síght

～の顔を（見て）知っている；～を見て分かる

▶ この by は「関連」を表す。by の後は無冠詞。

668 1000▶498

órder *A* from *B*

BにAを注文する

▶ 前置詞が to ではなく from である点に特に注目しよう。

669 1000▶643

on (*one's*) gúard

警戒して

反 off (*one's*) guard「油断して」

670 1000▶505

rób *A* of *B*

（暴力・脅迫などで）AからBを奪う

671 1000▶290

tàke párt in ～

～に参加する

同 participate in ～ (➡505)

672 1000▶523

tàke a chánce [chánces]

思い切ってやってみる；賭ける

同 take a risk [risks] (➡401)

▶「～に賭ける」は，take a chance on ～。

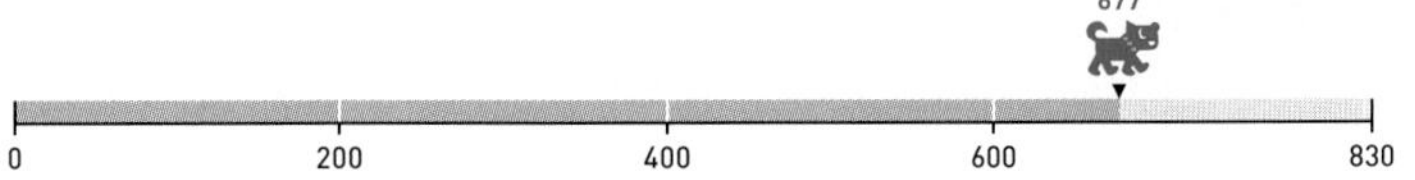

673 1000▶690

àll the＋比較級

ますます～，それだけいっそう～

同〔口語で〕that much ＋比較級（➡489）

▶ for ... や because ... などで「理由」が続き，それを受けて「…のためいっそう～」となる。

674 1000▶664

～ wìll dó

～は役に立つ［用が足りる］

▶ Both will do. は「両方ともよい」，Neither will do. は「両方ともだめ」。

675 1000▶667

cánnot ～ tóo（...）

いくら～してもしすぎることはない

同 cannot ～（...）enough

676 1000▶718

（Just）Às ～, só ....

（ちょうど）～であるように，…だ。

▶ 文語調。just があれば文語調は薄まる。so は省略されることも多い。

677 1000▶133

mòre or léss

① 多かれ少なかれ；程度の差はあれ

▶ 名詞・形容詞を修飾する。

② ほぼ；おおよそ

同 almost，just about（➡770）「ほぼ」；approximately, about「おおよそ」

▶ 名詞・形容詞のほか，動詞・副詞を修飾。「おおよそ」の意味では数字や the same とともに使う。

66 A Bad Day

筆者が過ごした最悪の日とはどんな１日だったのか？

① Today was a bad day. ② I work from home, so after I saw my wife off to work and cleaned the dishes, I started work. ③ However, I couldn't concentrate, and soon I felt bored to death with staying in the house, so I decided to go out for a walk. ④ I live by the coast, and there are some cliffs that stick out into the sea. ⑤ As you walk along the cliffs, you are exposed to the fresh wind that comes off the Atlantic. ⑥ As I was walking towards the coast, people were looking at me in a strange way. ⑦ It took me a while to notice that I had my sweater on inside out and I looked really silly. ⑧ Things got worse. ⑨ As I was crossing a road, a motorbike came around the corner and nearly knocked me over. ⑩ He then rode off and didn't so much as say sorry. ⑪ I got to the cliffs and the fresh air made me feel better. ⑫ However, soon the weather changed, and a storm came in from the sea. ⑬ The wind and rain were so strong that I had to cling to my jacket, and soon I was soaked. ⑭ A couple took pity on me and gave me one of their umbrellas, and I walked back home. ⑮ As days go, this was one of the worst.

語法・構文・表現

② **work from home**「自宅で仕事をする」

③ **feel bored with *doing***「…することに退屈する」

⑤ **the wind that comes off the Atlantic**「大西洋から来る風」►off はここでは前置詞。

⑦ **it takes (～) a while to *do***「(～が) …するのにしばらく時間がかかる」

最悪の日

日常生活（家庭・家族）

①今日は最悪の日だった。②私は家で仕事をしているので，妻が会社に行くのを見送って，皿洗いをしてから，仕事を始めた。③しかし，集中できず，すぐに家の中にいることに死ぬほどうんざりして，散歩に出かけることにした。④私は海岸沿いに住んでいて，そこには海に突き出た崖がいくつかある。⑤崖沿いを歩いていると，大西洋からの新鮮な風にさらされる。⑥海岸に向かって歩いていると，みんなが変な目で私を見ていた。⑦自分がセーターを裏返しに着ていることに気付くのにしばらく時間がかかり，本当に自分がバカに見えた。⑧事態はさらに悪化した。⑨道路を渡っていたら，角でバイクが突っ込んできて，もう少しではねられるところだった。⑩その後，バイクは立ち去り，謝ることさえしなかった。⑪私は崖に着き，新鮮な空気で気分が良くなった。⑫しかし，間もなく天気が変わり，海から嵐がやってきた。⑬雨と風が強くて，私は上着にしがみつかなければならず，すぐにずぶ濡れになってしまった。⑭あるカップルが私を気の毒に思い，傘を1本くれたので，私は歩いて帰宅した。⑮普通の日と比べると，これは最悪の日の1つだった。

have ～ on「～を着ている」
look silly「ばかげて見える」
⑨ **knock ～ over**「～をはね飛ばす」
⑩ **ride off**「（車で）走り去る」
⑬ ***be* soaked**「ずぶ濡れである」

66 A Bad Day

熟語の意味を確認しよう。

678
1000▶785

sèe ～ óff

(人) を見送る

▶ 反対に「(人) を出迎える」は meet。see ～ home なら「(人) を家まで送る」。

679
1000▶713

～ to déath

死ぬまで～；ひどく～

▶〈前置詞＋無冠詞の名詞〉の形の慣用句。

▶ starve to death「餓死する」, freeze to death「凍死する」, burn to death「焼死する」は本当に死ぬことを意味するが, *be* bored to death は「死ぬほど退屈している」の意味。

680
1000▶387

gò óut

① 出かける

▶「出かける」から発展して, go out (with ～)「(異性と) 付き合う」の意味もある。

② (灯火などが) 消える；気絶する；死ぬ

681
1000▶302

stìck óut

突き出る；目立つ

▶「(舌など) を突き出す」の意味もあり, その場合は他動詞。

【参考】stick it out は「〔口語で〕最後までやり通す」。

682
1000▶487

expóse *A* to *B*

AをBにさらす

▶ *A* is exposed to *B*「AがB (危険など) にさらされる」の受動態でもよく使う。

687

0 200 400 600 830

683 1000▸279

ìnside óut

裏返して，ひっくり返して

▶「裏も表も，完全に」の意味でも使う。know ～ inside out は「～を（裏も表も）よく知っている」。

684 1000▸734

nót sò múch as *do*

…さえしない

同 do not even *do*

▶ 同じ内容が without so much as *doing* で表されることもあり，その場合の *doing* は動名詞。

685 1000▸303

clíng to ～

～にくっつく；～に固執［執着］する

同 stick to ～（➡278），adhere to ～（➡114），hang on to ～

686 1000▸320

tàke [hàve] píty on ～

～に同情する

同 feel sorry for ～（➡063），sympathize with ～（➡517）

687 1000▸709

as ～ gó

一般の～と比べると，～としては

▶ "～" には複数名詞が入る。不可算名詞の場合は単数形。
［例］ as the world goes「世間並みに言えば」

67 Mexico and America

アメリカで働くメキシコ系移民の思いと実態とは？

① Often Republican presidents want to break off relations with Mexico entirely. ② But Mexicans who are looking for work say they have no choice but to come into America and look for jobs. ③ I spoke with one Mexican worker who crossed the border illegally. ④ He said that he'd be the last person to break the law, but he needed a job to support his family. ⑤ To get into the country, he took a bus as far as he could, and then walked through the desert. ⑥ He eventually came to New York City and found work in a restaurant. ⑦ One after another, his family came to join him. ⑧ He worked hard, so that his family barely managed to survive, and he hardly ever had a day off. ⑨ He said workers like him are to the U.S. economy what gas is to a car. ⑩ It wasn't until I spoke with Juan that I realized how much work Mexican immigrants do in the U.S. ⑪ But for his hard work, his family would have starved back home. ⑫ He said that he hoped to open his own restaurant one day and that his son would take over when he is too old to work. ⑬ He dreams of the day when his days of being poor are as good as forgotten.

語法・構文・表現

② **look for** ～「～を探す」(➡554)

③ **speak with [to]** ～「～と話す」

⑤ **get into** ～「～に（苦労して）入る」

⑧ **hardly ever ...**「めったに…ない」

⑩ **immigrant** [ímigrənt]「（外国からの）移民」*cf.* emigrant「（外国への）移民」／migrant「移住者」

メキシコとアメリカ

社会（国際関係）

①たいてい，共和党の大統領はメキシコとの関係を完全に絶ちたいと思っているようだ。②しかし，職を探しているメキシコ人は，自分たちはアメリカに行って職を探すしかないと言う。③私は，国境を違法に越えた1人のメキシコ人労働者と話した。④彼は法を犯すような人物ではないと言っていたが，彼には家族を養うために仕事が必要だった。⑤アメリカに入り込むのに，行ける所までバスで行き，それから砂漠を歩いて抜けた。⑥ついにニューヨーク市にやって来て，レストランでの職を見つけた。⑦彼の家族も次々とやって来て，彼と合流した。⑧彼は懸命に働いたので，家族は何とかやっていくことができ，また，彼はめったに休みを取らなかった。⑨自分のような労働者とアメリカ経済との関係は，ガソリンと車の関係のようなものだと彼は言った。⑩ホアンと話して初めて，アメリカでいかに多くの仕事をメキシコ系移民がこなしているかが分かった。⑪彼の懸命な労働がなかったら，彼の家族は故国で飢えていただろう。⑫彼はいつか自分のレストランを開きたいと思っており，また彼が年を取って働けなくなったら，息子がきっと継いでくれるであろうと語った。⑬彼は，貧しかった日々のことをほとんど忘れ去ることができる日が来ることを夢見ている。

---

⑪ **his family would have starved**「彼の家族は飢えていただろう」▶仮定法過去完了の主節。前半のBut for ～「～がなかったならば」が過去の仮定の意味を表す。

⑬ **the day when ...**「…である日」▶whenは関係副詞。先行詞のthe dayをwhen節が後置修飾している。

67 Mexico and America

熟語の意味を確認しよう。

688
1000▸478

brèak óff (〜)

(〜を)急にやめる；〜を切り離す

▶ 他動詞では break 〜 off の語順も可。

689
1000▸752

hàve nò (òther) chóice but to *dó*

…するよりほかに仕方がない

同 There is nothing (else) for it but to *do*

▶ choiceの代わりにalternativeも使われる。

690
1000▸668

the lást 〜 to *do*

最も…しそうでない〜

▶ to *do* の代わりに who 節や that 節なども続けられる。

▶ 文字どおり「…する最後の〜」の意味の場合もある。

691
1000▸684

óne àfter anóther

次々に

同 one after the other

▶ 3つ以上のものについて使う。

【参考】one after the other には「(2つのもので) 交互に」の意味もある。

692
1000▸765

〜, só (that) ...

〜だ，その結果…だ

▶「結果」を表し，thatは省略されることも多い。その際はsoの後の主語も省略されることがある。

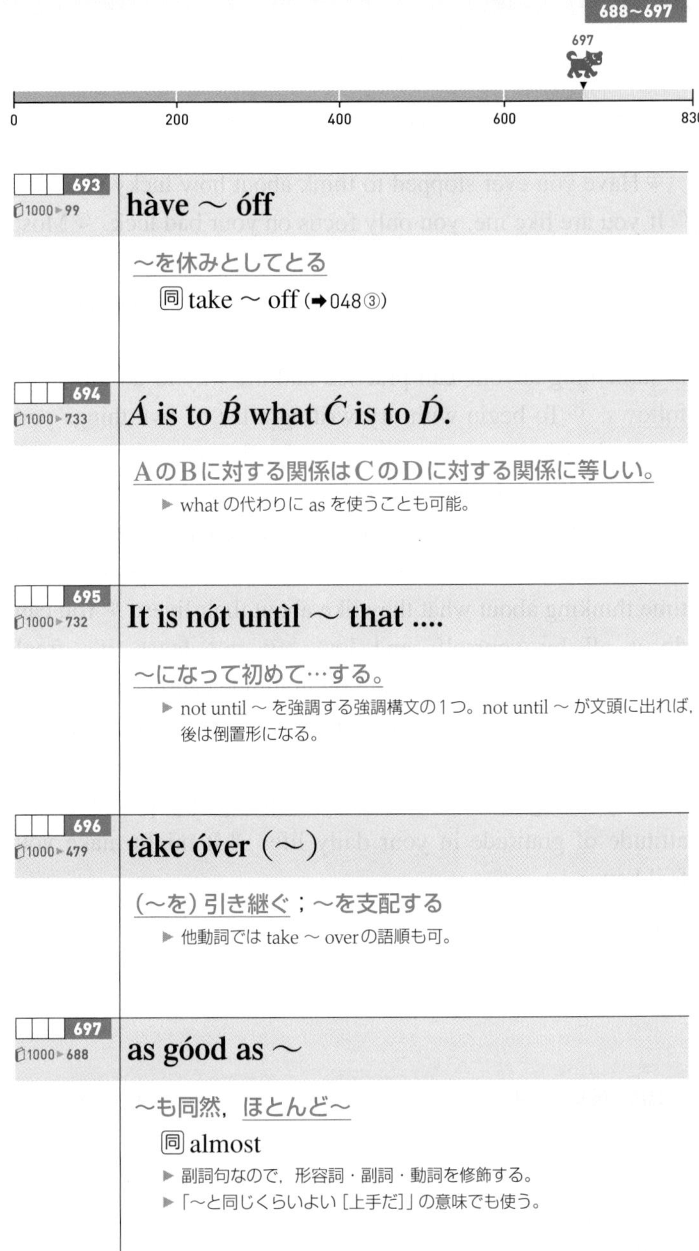

693 1000▸99

hàve ～ óff

～を休みとしてとる

同 take ～ off (➡048③)

694 1000▸733

Á is to B́ what Ć is to D́.

AのBに対する関係はCのDに対する関係に等しい。

▶ what の代わりに as を使うことも可能。

695 1000▸732

It is nót untìl ～ that ....

～になって初めて…する。

▶ not until ～ を強調する強調構文の1つ。not until ～ が文頭に出れば，後は倒置形になる。

696 1000▸479

tàke óver (～)

(～を) 引き継ぐ；～を支配する

▶ 他動詞では take ～ overの語順も可。

697 1000▸688

as góod as ～

～も同然，ほとんど～

同 almost

▶ 副詞句なので，形容詞・副詞・動詞を修飾する。

▶「～と同じくらいよい［上手だ］」の意味でも使う。

68 Attitude of Gratitude

感謝の気持ちを持つことで，どんな心理的変化があるのだろうか。

① Have you ever stopped to think about how lucky you are? ② If you are like me, you only focus on your bad luck. ③ Most people do. ④ But almost all of us have something to be grateful for. ⑤ Psychologists say that people who are grateful happen to have a much higher rate of happiness. ⑥ Gratitude is something anyone can practice and the way to do this is as follows. ⑦ To begin with, try writing a list of five things you are glad to have. ⑧ Then put up the list on your bathroom mirror. ⑨ When I tried it, I had hardly started before I began to feel better. ⑩ It is no wonder that practicing gratitude can make you feel better. ⑪ Anyone can afford to spend a little time thinking about what they like about their lives. ⑫ You can do it all by yourself, and last but not least, it's free! ⑬ Scientists think that focusing on gratitude causes the brain to release chemicals. ⑭ Those chemicals act on our moods, making us feel better. ⑮ That is to say, what we think about actually changes our brain! ⑯ To sum up, try practicing an attitude of gratitude in your daily life. ⑰ It might make you feel better.

語法・構文・表現

① **stop to think**「立ち止まってよく考える，じっくり考える」

⑥ **the way to do this**「これを行う方法」▶do this＝practice gratitude

⑦ **try *doing***「試しに…してみる」

⑪ **think about ～**「～のことに思いを巡らす，～をよく考える」▶they，theirは主語のAnyoneを受ける。

感謝の気持ち

文化（思想・哲学・宗教）

①自分がいかに幸運であるか，じっくり考えたことがあるだろうか。②私と同じような人なら，自分の不運ばかりに意識が向いてしまう。③たいていの人がそうだ。④だが，私たちのほとんどが何かしら感謝すべきことを持っているのだ。⑤心理学者によると，感謝の気持ちを持っている人は，図らずも幸せの度合いがはるかに高いらしい。⑥感謝の気持ちは誰でも表すことができるもので，そのやり方は次の通りだ。⑦まず最初に，持っていて嬉(うれ)しいと思うことを5つ，リストにして書いてみよう。⑧そして，そのリストを浴室の鏡に張り付けるのだ。⑨私がそれを試したとき，実行した途端に気分がよくなり始めた。⑩感謝の気持ちを表すことによって気分がよくなるのは少しも不思議ではない。⑪誰でも，自分の人生について好きなことを考えるのに，少し時間を使うぐらいのゆとりはある。⑫それは自分一人でできることで，しかも最後に大事なことを言い忘れていたが，お金がかからない！⑬科学者の見解では，感謝することを意識することで，脳は化学物質を放出する。⑭その化学物質が気分に作用し，気持ちを上向きにしてくれる。⑮すなわち，考える内容によって脳が実際に変化するのだ。⑯要約すると，日々の生活で感謝の気持ちを態度で表すことを実践してみてほしい。⑰そうすることで，気分がよりよくなるかもしれない。

---

⑫ **(all) by *oneself***「一人で，独力で」

⑬ **cause ～ to *do***「～に（結果的に）…させる」

⑭ **..., making us feel better**「…，それが気分をよくしてくれる」▶「付帯状況」の分詞構文。ここでは ..., and they（＝those chemicals）make us feel better と考える。

68 Attitude of Gratitude

熟語の意味を確認しよう。

698
1000▶746

háppen to *dó*

偶然…する

▶ *do*（～）by chance（➡118）やIt happens that ....（➡037）の文に書き換えることができる。

699
1000▶707

as fóllows

次のとおり

▶ 後に：（コロン）を付けることが多い。

700
1000▶197

pùt úp ～

① ～を掲げる；～を上げる；～を建てる（＝raise，lift，erect，construct）

② ～を泊める（＝accommodate）

▶ ①②ともに put ～ up の語順も可。

701
1000▶724

hárdly ～ whèn [befòre] ...

～するかしないうちに…

同 ... as soon as ～（➡732），no sooner ～ than ...（➡787）

▶ hardlyのほかにscarcely，barelyも使われる。

▶ hardly [scarcely / barely] が文頭に出れば，その後の語順は必ず倒置形。

702
1000▶719

（It is）Nò wónder（that）....

…なのは当然だ。

707

0 200 400 600 830

703
1000▶748

can affórd to *dó*

（経済的・時間的に）…する余裕がある

▶ 否定文·疑問文の中で使われることが多い。cannot afford to *do* は「…する（経済的または精神的）余裕はない」の意味。

704
1000▶803

lást but nòt léast

最後になったが；最後にこれも大事なことだが

▶「最後になったが重要度が最少というわけではない」が文字どおりの意味。順番が最後になった人を紹介するときなどに社交辞令的にも使われる句。

705
1000▶375

áct on [upòn] ～

① ～に取り組む；～に作用する

同 take action on ～「～に取り組む」

② （命令・信念など）に従って行動する

706
1000▶681

thàt is (to sáy)

すなわち，つまり

同 namely，in other words (➡607)，i.e.

▶ that is だけのときのアクセントは thàt ís。

【参考】i.e. ([àɪ íː] または [ðǽtíz] と発音）は，that is の意味のラテン語 id est の略。

707
1000▶452

sùm úp (～)

（～を）要約する；～を合計する

同 summarize「～を要約する」

▶ 他動詞では sum ～ up の語順も可。

▶ to sum up「要約すれば」は独立不定詞。

69 Stay Safe Online

インターネットを安全に利用するためにすべきこと，また，してはいけないことは何か。

① Susan won our school's "Stay Safe Online" award this year, in honor of her work with younger students. ② She spent many hours teaching them by means of lunchtime meetings and after-school workshops. ③ She taught the students in exchange for credits towards her final exam score; the course is evaluated in part on practical work, as well as the final written exam. ④ When Susan accepted her award, she talked at length about Internet safety, explaining that the main things she teaches the students are that they should never give away their passwords to anyone, and that they should keep their Internet security up to date. ⑤ She told us that as part of her program, she sometimes hacks into students' accounts on purpose to show them how easy it is for criminals to do it. ⑥ The point is that everyone uses the Internet: both good people and bad, so sometimes it's not safe, and sometimes information is incorrect. ⑦ It's essential to double-check everything. ⑧ When you want to know something, look up the information on more than one website to make sure it's right and consistent. ⑨ Good advice indeed. (⑩ By the way, have you checked your online security recently?)

語法・構文・表現

② **after-school**「放課後の」*cf.* after-hours「閉店後の，営業時間後の」

③ **〜, as well as ...**「…に加えて［…はもちろんのこと］，〜も」▶情報追加。

④ **〜, explaining that ...**「〜，そして…だと説明した」▶「付帯状況」の分詞構文。

⑤ **hack into 〜**「〜に不正に侵入［アクセス］する」

オンラインで安全性を保つこと

英文レベル ☆☆☆ 197 words

科学・技術（機械・コンピューター）

①スーザンは本年度の校内「オンライン・セキュリティ」賞を受賞した。後輩の生徒たちと一緒に取り組んだ成果に対する表彰だ。②彼女は昼食時間のミーティングや放課後の講習会などを使って，生徒たちを何時間も指導していた。③彼女は期末試験の成績に対する履修単位と引き替えに，その生徒たちを教えた。その講座は，期末の筆記試験に加えて，一部は実習面でも評価される。④スーザンは受賞に際して，インターネットの安全性について詳細に話し，自分が生徒に教えている重要なことは，決して誰にもパスワードを漏らしてはならないということ，そして，インターネットのセキュリティを常に最新の状態にしておくということだと説明した。⑤プログラムの一環として，犯罪者にとって他人のアカウントに不正侵入するのがいかに容易であるかを生徒に示すために，彼女はときどき生徒のアカウントに意図的に不正侵入するのだと話してくれた。⑥要するに，誰もがインターネットを利用する。良い人も悪い人も使うから，安全でないこともあれば，情報が正しくないこともある。⑦何事もダブルチェックすることが不可欠だ。⑧何かを知りたいときは，情報が正しくて矛盾のないことを確かめるために，必ず2か所以上のウェブサイトで情報を調べること。⑨本当に素晴らしいアドバイスだ。(⑩ところで，皆さんは最近ネットのセキュリティを確認しましたか？)

how easy it is for criminals to do it「犯罪者にとってそうするのがいかに簡単であるか」▶it is easy for criminals to do itを感嘆文にした間接疑問。

⑧ **consistent**「(言動などが) 一貫した，矛盾のない」

69 Stay Safe Online

熟語の意味を確認しよう。

708 1000▶609
in hónor of ～

～に敬意を表して；～のために

▶ in ～'s honor となることもある。

709 1000▶620
by méans of ～

～を用いて，～によって

同 with the help of ～，by [in] virtue of ～ (➡191)

▶ やや堅い句であるが，かなりの頻度で使われる。

710 1000▶612
in exchánge for ～

～と交換に

同 in return for ～

711 1000▶625
in párt

一部には；幾分（かは）

同 partly

712 1000▶417
at léngth

① 詳細に；長々と

▶ length に great，some などの形容詞が付くことも多い。lie at full length は「長々と寝そべる」。

② とうとう，ついに

同 at last，eventually

713 [1000▸484]

gìve awáy ～

(秘密など)を漏らす;～をただでやる;～を配る

▶ give ～ away の語順も可。

714 [1000▸13]

ùp to dáte

最新(式)の

▶ 名詞の前に付けるときには,up-to-date のようにハイフンを付けて形容詞にするのが普通。

715 [1000▸222]

on púrpose

わざと,故意に

同 intentionally, purposely

716 [1000▸394]

lòok úp ～

① (辞書などで)～を調べる

② (人)を訪ねる

③ 〔通例 *be* looking up で〕(景気などが)上向く[好転する]

▶ ①②ともに look ～ up の語順も可。
▶ look up「見上げる」の文字どおりの意味も。

717 [1000▸139]

by the wáy

ところで

同 incidentally

70 Finishing Up School

筆者が考えている学業の遅れの挽回策とは何か。また，実現するのだろうか。

① My girlfriend, Alex, has decided to live abroad after graduating from university later this year. ② I want to go with her, but I'm a little behind on my studies. ③ If I can be engaged in a large number of courses, and really concentrate on them, that just might be enough to result in the completion of my degree at the same time as her. ④ But, I'm a little worried about this plan, so I'm not sure if I can really bring myself to do it. ⑤ For one thing, achieving this would require my alarm to go off at 5 a.m. on weekdays so I'm never absent from Professor Smith's early lecture. ⑥ He makes us take down a lot of notes and hand in assignments for every class. ⑦ I'd also have to participate in a study group, sit up at the library every weekend, and so forth, just to keep up. ⑧ And even if I do all these things, with my grades, I will only just pass at best. ⑨ You know, maybe I'm just not cut out for all this. ⑩ But if I stay at my school for an extra year, I would really have to hope that Alex is the type of person who will wait for me.

語法・構文・表現

① **later this year**「年内に，今年中に」

② **a little behind on ～**「～が少し遅れて」 ▶behindは副詞。

③ **that just might be enough to ...**「もしかすると…するのにちょうど足りるかもしれない」

the same ～ as ...「…と同じ～」

④ **I'm not sure if ...**「…かどうか私には自信［確信］がない」

卒業

文化（教育・学校・学問）

①僕のガールフレンドのアレックスは，年内に大学を卒業した後，海外に住むことにした。②彼女と一緒に行きたいが，僕は学業で少し遅れを取っている。③もし多数の講座を取って，本当に集中してやれば，もしかすると彼女と同じ時期に学位を取得できることになるかもしれない。④しかし，この計画には少し不安があるので，そうする気になれるかどうか分からない。⑤1つには，これを達成するには，スミス教授の早朝講座を一度も欠席しないために，平日は目覚まし時計を朝5時に鳴らす必要があるだろう。⑥教授は毎回の授業でたくさんノートを取らせ，また，毎回課題を提出させる。⑦それに，授業に遅れずについていくために研究グループに参加し，毎週末，図書館で遅くまで勉強するなど，いろいろやらなければならないだろう。⑧そして，これらのことをすべてやったとしても，僕の成績では，せいぜい何とか落第しないで済むくらいだろう。⑨もしかしたら，僕はこういったことに向いていないのかもしれない。⑩でも，もし僕がもう1年大学にいることになったら，アレックスは僕のことを待ってくれるような人であってほしいと願わざるを得ないだろう。

---

⑤ **For one thing**「1つには」▶「もう1つには」はfor another (thing)。
require ～ to *do*「～が…することを必要とする」

⑦ **keep up (with ～)**「(～に) 遅れずについていく」〔➡550〕

⑧ **even if ...**「たとえ…だとしても」
only just ...「何とか，辛うじて」

⑨ ***be* cut out for ～**「～に向いている」▶通常，否定文，疑問文で使われる。

70 Finishing Up School

熟語の意味を確認しよう。

718
1000▶51

gráduate from ～

~~を卒業する~~ ～を卒業する

▶ 最近では from を省略した形もときに使われるが，これを認めない人は多い。

719
1000▶23

be engáged in ～

～に従事している；忙しく～をしている

▶ *be* engaged in ～ は「状態」を表すが，engage in ～ は「～に従事する」と「動作」を表す。

【参考】*be* engaged to ～ は「～と婚約中である」。

720
1000▶3

a númber of ～

いくつもの～；かなり多くの～

▶ 後には可算名詞がくる。number の前には，large，small，huge などを用いて「数の大小」を表すことができる。

▶ 定冠詞の付く the number of ～「～の数」と混同しない。

721
1000▶41

cóncentrate on ～

～に集中する

▶ concentrate *A* on *B* は「AをBに集中する」。この場合の concentrate は他動詞。

722
1000▶756

brìng *oneself* to *dó*

…する気持ちになる

▶ 否定文・疑問文の中で使うのが普通。

723
1000▶385

gò óff

① 出かける，去る；(電灯などが) 消える

② (仕掛けが) 作動する；(爆薬が) 爆発する；(銃などが) 発射される

同 explode「(～が) 爆発する」；*be* fired「(～が) 発射される」

724
1000▶22

be ábsent from ～

～を欠席する　反 *be* present at ～「～に出席している」

▶「学校・職場」など「当然いるべき場所にいない」ときに使われる。

725
1000▶464

tàke dówn ～

～を書き留める；（建物など）を取り壊す

同 put down ～（➡059①），write down ～「～を書き留める」

▶ take ～ down の語順も可。

726
1000▶190

hànd ín ～

（手渡しで）～を提出する［届ける］（＝submit）

同 turn in ～（➡253①）

▶ hand ～ inの語順も可。

727
1000▶315

sìt úp

①（寝ないで）起きている　同 stay up（➡493）

②（寝た状態から）上半身を起こす

▶ sit ～ up は「（寝た状態から人の）上半身を起こさせる」。

③ きちんと座る

728
1000▶119

～ and só òn [fòrth]

～など

同 and the rest, and all the rest of it, and the like

▶ 口語では「その他何でも」の意味で you name it も使われる。

729
1000▶125

at bést

よくても，せいぜい

反 at (the) worst「最悪の場合（でも）」

▶ at the best もときに使われる。

71 An Unforgettable Experience

休暇でメキシコに行った筆者の忘れられない体験とは？

① Last year I went to Mexico for a holiday. ② I have always been interested in history, and Mexico abounds in ancient history and ancient civilizations. ③ I'm particularly curious about the Mayan people and how they built the pyramids. ④ As soon as I arrived in Mexico City, I headed for the Gulf Coast and the beach. ⑤ However, I didn't have much time so I couldn't stick around for long if I was going to get to the Mayan city on schedule. ⑥ Next, I went to Uxmal, the ancient Mayan city. ⑦ There I saw the Pyramid of the Magician. ⑧ Legend has it that the pyramid was built in one night by a magician. ⑨ When I arrived at the pyramid, a thunderstorm was about to strike, so I kept my fingers crossed that the storm would hold off while I walked around. ⑩ The storm caused an electric feeling in the air that made my nerves tingle, and as I walked around, I began to feel a little ill at ease due to the history and atmosphere. ⑪ I stayed for a couple of hours and then headed back to my hotel. ⑫ It was an unforgettable experience, and I can still feel my nerves tingle even as I write this journal.

語法・構文・表現

③ **the Mayan people**「マヤ人［族］」 ▶Mayan [mɑ:jən]

④ **head for ～**「～に向かう」
the Gulf Coast「メキシコ湾岸」

⑤ **for long**「長い間」 ▶このlongは名詞で，for longはふつう否定文・疑問文で用いる。

⑥ **Uxmal** [uʃmá:l]「ウシュマル」（ユカタン半島北西部にあるマヤ文明の都市遺跡）

⑨ ***be* about to *do***「まさに…しようとしている」〔➡096〕

忘れ難い経験

日常生活（旅行）

①去年，休暇でメキシコに行った。②私は昔から歴史に興味があり，メキシコには古い歴史や古代文明がたくさんある。③私は特にマヤの人々や，彼らがどのようにピラミッドを建てたのかに興味がある。④メキシコシティーに着くとすぐに，メキシコ湾岸のビーチに向かった。⑤しかし，あまり時間がなく，マヤの街に予定通りに行くのであれば，そこに長く居ることはできなかった。⑥次に，私は古代マヤの都市，ウシュマルに行った。⑦そこで，「魔術師のピラミッド」を見た。⑧伝説によると，そのピラミッドはある魔術師によって，一夜にして建てられたそうだ。⑨ピラミッドに着くと，雷雨になりそうだったので，私がその辺りを歩いているうちは嵐にならないように祈った。⑩嵐のせいで空気の中を電気が走るような感じがし，私は神経がピリピリして，その地の歴史や雰囲気のせいもあり，歩いているうちに少し落ち着かなくなった。⑪そこに2，3時間滞在し，それからホテルに戻った。⑫それは忘れられない体験で，今この日記を書いているときにもまだ神経がピリピリしている。

strike「（災害などが）不意に起こる，急に襲う」
hold off「持ちこたえる，（雨などが）降らないでいる」

⑩ **make *one's* nerves tingle**「神経をピリピリさせる」
due to 〜「〜のせいで」〔➡349〕

⑪ **a couple of hours**「2，3時間」
head back to 〜「〜に戻る」

71 An Unforgettable Experience

熟語の意味を確認しよう。

730 1000▶58

abóund in [with] ～

(場所が)～に富む

▶ 形容詞を使えば，*be* abundant in ～ (➡268)。

731 1000▶27

be cúrious abòut ～

～を知りたがる；～に好奇心の強い

▶ *be* curious to *do* は「しきりに…したがる」。

732 1000▶179

as sóon as ...

…するやいなや

同 the moment [minute] ... (➡440)

733 1000▶794

stìck aróund [abóut]

〔口語で〕(帰らずに) そこらで待つ

同 hang around [about]

▶「あと10分ででき上がるので少し待ってください」などといった状況でよく使われる。

734 1000▶12

on schédule

予定どおりに，定時に

同 according to schedule, on time (➡024)

739

0 200 400 600 830

735 1000▶825

Légend hás it (that) ....

伝説によると…ということだ。

▶ Legend の代わりに Tradition「伝説［伝承］」, Rumor「うわさ」, The family lore「その一族の言い伝え」なども使える。

736 1000▶797

kèep *one's* físngers cròssed

（幸運［成功］を）祈る

同 have *one's* fingers crossed, cross *one's* fingers

▶ 中指を人差し指の上に重ねるしぐさ。

737 1000▶271

in the áir

未決定で；空中で［の］；（雰囲気などが）感じられて

▶ 最初の2つの意味では，up in the air ともなる。

738 1000▶374

ìll at éase

不安で，落ち着かないで

反 at (*one's*) ease (➡336)

739 1000▶769

éven as ...

まさに…するときに

▶ even as ... の節は，主節の動作との同時進行を表す。

72 The Smart Planner

スマホに入力した情報は，私たちの行動に果たしてどう影響するのだろうか。

① This morning, I found myself getting on a train bound for the mountains, for a day trip. ② "Wait, do I even like where I'm going?" I suddenly asked myself. ③ "How did I come to make this decision?" ④ So, I took out my smartphone, as I always do in situations like this, trying to see if I can do away with my plan and work on finding a more desirable destination, like the beach. ⑤ After making some progress in getting directions there, I felt relieved. ⑥ "Thanks, phone!" I thought, but then, I realized that it was actually my phone that was in favor of the original plan to the mountains. ⑦ Whenever I typed something, the chances were that it did more than one thing at a time — it took in my input, but it also collected and compiled data on me. ⑧ So that's why, every once in a while, I get advertisements based on the information I entered in the past. ⑨ My phone has an influence on me in this way. ⑩ But, in the end, it isn't going to frighten me unless it gains a fully developed artificial intelligence. ⑪ Then, I'm not sure how we would really feel about one another.

語法・構文・表現

① **find *oneself doing*** 「…していることに気付く」

④ **see if ...** 「…かどうか確かめる」
destination 「目的地」

⑥ **it was (actually) ～ that ...** 「…であるのは（実は）～だった」 ▶「～」を強調する強調構文。

⑦ **more than one thing** 「複数のこと，2つ以上のこと」
take in ～ 「～を取り入れる」〔➡234〕

スマートプランナー

科学・技術（機械・コンピューター）

①今朝のこと，気が付くと私は，日帰りで山に向かう電車に乗っていた。②「ちょっと待て，自分は今向かっている所がそもそも好きなのか？」と，不意に自問した。③「どうやってこの決断をすることになったのだろう？」④それで，このような状況でいつもするようにスマートフォンを取り出し，この計画を中止して，もっと魅力的な目的地 ―― 例えばビーチとか ―― を見つけることを検討できるかどうか，調べてみた。⑤そこへの行き方については，少し進捗があったので，ほっとした。⑥「助かったよ，スマホ！」と思ったが，山に行くもともとの計画を選んでいたのは，実はこのスマホだったのだと気付いた。⑦何かを入力するといつも，スマホは一度に複数のことを行っていたのだろう。すなわち，私の入力内容を取り込むと同時に，私に関するデータを集めて蓄積していたのだ。⑧だから，時々，過去に入力した情報をもとにした広告が表示されるのだ。⑨スマホはこのように，私に影響を与えてくる。⑩だが，結局は，十分に発達した人工知能を獲得しない限り，スマホが私を脅かすことはない。⑪もしそうなった場合には，その進化したスマホと自分がお互いについてどう感じるのか分からないが。

compile「～（情報・データなど）を蓄積する」

⑧ **that's why ...**「だから…なのだ」
based on ～「～に基づいた」〔➡761〕▶直前のadvertisementsを後置修飾。
enter「～を入力する」

⑩ **unless**「…でない限り，もし…でなければ」
artificial intelligence「人工知能，AI」

72 The Smart Planner

熟語の意味を確認しよう。

740
1000▶39

gèt ón (～)

① (公共の乗り物など) に乗る

▶「(乗用車) に乗り込む」は，get into ～。

②《主に英》仲良くやっていく；(なんとか) やっていく

同 get along (➡826)

▶「～と仲良くやっていく」は，get on with ～。

741
1000▶255

be bóund for ～

～行きである

▶ この bound は「行こうとしている」の意味の形容詞。

742
1000▶187

dò awáy with ～

～を取り除く；～を廃止する；～をやめる

(＝eliminate, abolish)

同 get rid of ～「～を取り除く」(➡281)

743
1000▶77

wòrk ón (～)

① 働き続ける

▶ on は「継続」を表す副詞。read on は「読み続ける」，sleep on は「眠り続ける」で，アクセントはいずれも on にある。

② ～に取り組む；～を手がける；～に影響を与える；(薬などが) ～に効く

▶ on は前置詞で，アクセントは wórk on ～。

744
1000▶93

màke prógress

進歩する

▶ progress にはいろいろな形容詞が付くが，a は付けない。

749

0 200 400 600 830

745
1000▸603
in fávor of ～

～に賛成して；～のほうを選んで

【参考】in ～'s favor は「～（人）に有利に」。

746
1000▸721
(The) Chánces àre (that) ....

ひょっとしたら［たぶん］…だろう。

同 The odds are (that) ....

▸ that を省略して are の後にコンマを付けることも。

747
1000▸128
at a tíme

1度に

▸ one at a time は「1度に1人［1個］ずつ」の意味。

【参考】〈at a time (when) S＋V ...〉は「S が…するときに」の意味。

748
1000▸207
(èvery) ónce in a whíle

ときどき（＝sometimes，occasionally）

同 at times (➡555)，from time to time (➡364)，(every) now and then [again]，every so often，on occasion(s) (➡151)

749
1000▸540
hàve an ínfluence [efféct] on ～

～に影響を与える

▸ influence [effect] にはいろいろな形容詞が付く。

▸ have の代わりに exercise，exert などの動詞もよく使われる。

73 Due Process

裁判手続きは，かつてと今とではどのように違うのだろうか。

① In the past, many societies handled their criminal trials simplistically, often with only one judge for an entire trial. ② The judge had to pass judgment on a defendant, with regards to whether or not he was guilty of the crime, often in the presence of the victim or the victim's family. ③ It was important to be fair, and yet the reality was that he was most likely influenced by the public view. ④ In contrast to this, modern legal proceedings in many countries are much more independent of such bias. ⑤ There's no putting people in jail without what's called "due process," meaning that a fair procedure is required. ⑥ One of the better known aspects of due process is the jury system, in which normal citizens are made aware of the details of the suspected crime, followed by judgment as a group. ⑦ This stops a single person from carrying the weight of heavy judgment-making. ⑧ Also, in the light of properly obtained and submitted evidence, the jury can base their judgment reliably. ⑨ As for the legal arguments, the two opposing sides are represented by lawyers, not only to prepare them for the trials themselves, but to keep the court hearings operating in an orderly fashion.

語法・構文・表現

due process「(法の) 適正手続き」

① **simplistically** [simplístikəli]「単純化して，短絡的に」

② **pass judgement on ～**「～の裁決を下す」

③ ***be* most likely ...**「…である可能性が非常に高い」

④ **proceedings**「(法的) 手続き」►通例，複数形。
bias「偏見，先入観」

正当な法手続き

社会（法律・司法・裁判）

①かつては，多くの社会で，刑事裁判はごく単純に扱われていて，1つの裁判を通して裁判官が1人しかいないことも多かった。②裁判官は，被告人がその件について有罪かどうかに関しての判決を，時には被害者あるいはその家族の面前で下さなければならなかった。③公正であることは重要であったが，そうは言っても，裁判官は大衆の意見に左右されやすいというのが現実だった。④これとは対照的に，現在多くの国でとられている訴訟手続きは，このような偏りとはずっと無縁である。⑤いわゆる「正当な法手続き」なしには，誰も投獄することはできない。つまり，公正な手続きが要求されるのである。⑥正当な法手続きの比較的よく知られた側面の1つに，陪審制度がある。この制度では，一般市民が容疑の詳細について知らされ，その後にグループで判断を下すのである。⑦この制度によって，1人の人間が重い判断を下す負担を背負わずにすむ。⑧また，適正に入手され提出された証拠に照らし合わせて，陪審員団は正確に判決を下すことができる。⑨法律上の主張に関しては，（原告と被告の）相対する2者にそれぞれ弁護士が代理となり，公判の準備だけでなく，法廷審問が整然と進むようにしている。

---

⑤ **put ~ in jail**「～を投獄する」
procedure [prəsíːdʒər]「手続き，手順」

⑥ **~, followed by ...**「～，それに引き続き…」

⑨ **represent**「～の代理をする」
keep ~ operating「～を機能し続けさせる」▶keep you waiting と同じ〈(S)VOC〉構文。
in a ~ fashion「～なやり方で」

73 Due Process

熟語の意味を確認しよう。

750 1000▶624

with [in] regárd to ～

～に関して（は）

同 as to ～（➡587），in relation to ～（➡762），about, concerning

751 1000▶578

be gúilty of ～

～について有罪である，～を犯している

反 *be* innocent of ～「～について無罪［潔白］である」

752 1000▶608

in the présence of ～

～のいるところ［面前］で

▶ in ～'s presence の形になることも多い。

753 1000▶120

and yét

それにもかかわらず

同 nevertheless

▶ but yet も同じ意味。文や節の初めだけでなく，simple and yet effective「単純であるにもかかわらず効果的」のように同じ形容詞句や副詞句内でも使われる。

754 1000▶599

in cóntrast to [with] ～

～と著しく違って；～と対照をなして

▶ by contrast to [with] ～ とも言う。

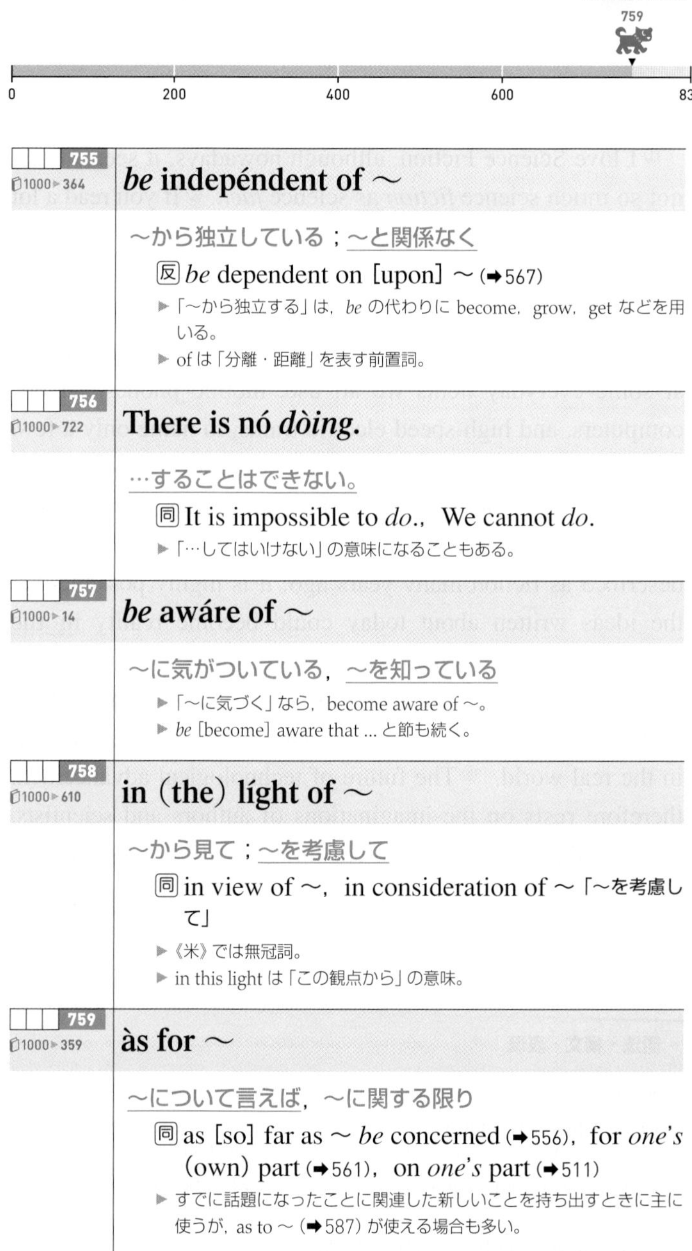

759

0 200 400 600 830

755 1000▶364

be indepéndent of ～

～から独立している；～と関係なく

反 *be* dependent on [upon] ～ (➡567)

▶「～から独立する」は，*be* の代わりに become，grow，get などを用いる。

▶ of は「分離・距離」を表す前置詞。

756 1000▶722

There is nó *dòing*.

…することはできない。

同 It is impossible to *do*.，We cannot *do*.

▶「…してはいけない」の意味になることもある。

757 1000▶14

be awáre of ～

～に気がついている，～を知っている

▶「～に気づく」なら，become aware of ～。

▶ *be* [become] aware that ... と節も続く。

758 1000▶610

in (the) líght of ～

～から見て；～を考慮して

同 in view of ～，in consideration of ～「～を考慮して」

▶《米》では無冠詞。

▶ in this light は「この観点から」の意味。

759 1000▶359

às for ～

～について言えば，～に関する限り

同 as [so] far as ～ *be* concerned (➡556)，for *one's* (own) part (➡561)，on *one's* part (➡511)

▶ すでに話題になったことに関連した新しいことを持ち出すときに主に使うが，as to ～ (➡587) が使える場合も多い。

74 "Science Fiction" or "Future Science Fact"?

SF世界の発想と現実のテクノロジーとは，どのような関係にあるのだろうか。

① I love Science Fiction, although nowadays, it seems to be not so much science *fiction* as science *fact*. ② If you read a lot of sci-fi, you will realize that much of the technology we enjoy today is based on ideas written about many years ago. ③ I'm not just referring to ideas in relation to space travel: sci-fi is by no means restricted to other planets. ④ For example, look at some everyday items we all use: mobile phones, tablets, computers, and high-speed electric trains, to name only a few. ⑤ I believe that the "communicators" described in sci-fi from the 1950s correspond to the mobile telephones we use today. ⑥ If we are seeing so much usable technology today that was described as fiction many years ago, it is highly possible that the ideas written about today could become reality in the future. ⑦ We owe much of today's technology to authors of sci-fi; thanks to their imaginations, scientists were able to look at their fictional ideas and figure out how to make them work in the real world. ⑧ The future of technological advancement therefore rests on the imaginations of authors and scientists. ⑨ I hope that we continue to encourage sci-fi writers and they never run out of ideas, and that we will have a lot more new inventions based on sci-fi to come!

語法・構文・表現

② **sci-fi** [sáifái]「SF，空想科学小説」

③ **I'm not just referring to ～**「～のことだけを言って［指して］いるのではない」
▶not just ≒ not only。but alsoのニュアンスは④で述べられる。

④ **to name only [but] a few**「2，3例を挙げると」▶例を列挙するのによく使われる独立不定詞句。

⑤ **～ described in sci-fi**「SFで描かれていた～」

「空想科学小説」か，あるいは「未来の科学的事実」か？

科学・技術（創造・発明）

①私はSFが大好きだ。もっとも，近頃では「空想」科学小説というよりもむしろ科学的「事実」のようであるが。②もしSFをたくさん読んでいるなら，我々が今日享受しているテクノロジーの多くは，何年も前に書かれたアイデアに基づいていることに気付くだろう。③宇宙旅行に関連したアイデアのことだけを言っているのではない。SFは決して他の惑星に限定したことではない。④例えば，誰もが使っている日常的な物をいくつか見てみよう。ほんの2，3例を挙げると，携帯電話，タブレット機器，コンピューターに高速鉄道などだ。⑤1950年代からSFに描かれていた「コミュニケーター（伝達装置）」は，今日使われている携帯電話に相当するのだと思う。⑥何年も前にSFと称されていた今日使えるテクノロジーを目にしているのなら，今日書かれているアイデアは将来現実のものになり得るということは十分にあり得る。⑦今日のテクノロジーの多くは，SF作家のおかげなのである。その想像力のおかげで，科学者は作家の架空の発想を検討し，その発想を現実世界でうまく機能させる方法を見つけ出すことができたのだ。⑧それゆえ，技術進歩の未来は作家と科学者の想像力にかかっている。⑨私たちはSF作家を鼓舞し続け，また彼らのアイデアが尽きることがなく，SFをヒントにしたさらに多くの新しい発明がこれからも出てくることを願いたい！

---

⑥ **～ that was described as fiction**「SFだと言われていた～」 ▶describe *A* as *B*「AをBだと言う［称す］」。⑤ described in sci-fi との違いに注意。

⑦ **figure out how to *do***「…する方法を見つけ出す」

⑨ **a lot more ～**「もっとずっと多くの～」
～ based on ...「…に基づいた～」〔➡761〕

74 "Science Fiction" or "Future Science Fact"?

熟語の意味を確認しよう。

760
1000▶723

nót sò mùch Á as B́

Aというより B

同 not so much *A* but *B*, *B* rather than *A*

▶ not *A* so much as *B* の語順も可。

761
1000▶20

be básed on [upòn] ～

～に基づいている

▶ base *A* on [upon] *B*「AをBに基づかせる」の受動態。

762
1000▶606

in relátion to ～

～と比べて；～に関連して

同 relative to ～；as to ～ (➡587), with [in] regard to ～ (➡750), as regards ～, with reference [respect] to ～「～に関連して」

【参考】同 はやや大げさな表現。「～に関連して」は about, concerning などでも代用できる。

763
1000▶138

by nó mèans

全然～ない

▶ not [no] ～ by any means の形にもなる。

【参考】 by all means (➡645) は「ぜひとも」。

764
1000▶236

correspónd to ～

～に一致する；～に相当する

769

0 200 400 600 830

765
1000▶154

in the fúture

将来は；今後は

▶ future には near，immediate，distant，remote など，いろいろな形容詞も付く。in the not-too-distant future は「あまり遠くない将来に」。

766
1000▶491

ówe *A* to *B*

A（恩・義務など）をBに負っている；A（金）をBに借りている

▶ owe *B A* の語順にできる場合もある。

767
1000▶306

rést on [upòn] ～

～に基づく；～に頼る；～次第である

同 count on [upon] ～「～に頼る」(➡612)

▶「～の上に載っている」という元の意味もある。

768
1000▶467

rùn óut

使い果たす；尽きる

▶「～を使い果たす」は，run out of ～。「～から走り出る」という文字どおりの意味もある。

769
1000▶259

～ to cóme

〔名詞の後に置いて〕将来の，来(きた)るべき

▶ 前にくる名詞は time，year(s)，decade(s) など「時」を表す語が一般的。

75 Being a Robot at the Office

ロボット操作で在宅勤務ができる時代，そのメリットとデメリットとは？

① Nowadays, robots can do just about anything. ② Simply through the camera of a tablet computer and an Internet connection, you can control robots to help you with your responsibilities at work while you're at home. ③ In theory, this can be very good for workers who typically work at home, because the robots' faces have screens showing their faces, which adds humanity to the workplace. ④ But it may be problematic for others in that it may interfere with the purpose of their time off. ⑤ For example, if you're sick, you should focus on getting rest! ⑥ However, I think work expectations are changing. ⑦ Before, we used to stay at home and let our colleagues cover for us, and in turn, we would cover for them if they became sick. ⑧ The growing trend nowadays, however, seems to be for employees to stay in constant contact with our workplace. ⑨ So, in case you're ever sick, you should be prepared to work your colleagues through a robot. ⑩ But if this really isn't your style, for the time being, you can still call your office from an old-fashioned phone and claim that your Internet connection is out of order.

語法・構文・表現

robot [róubɑ(:)t]「ロボット」 ▶発音に注意。

③ **typically**「おおむね，一般的に」
add *A* to *B*「AにBを加える」

④ **time off**「休暇，休憩」

⑦ **colleague** [kɑ́(:)li:g]「（職場の）同僚」
cover for ～「～の（仕事の）代理をする」

会社のロボット

英文レベル ☆☆☆ 193 words

産業（職業・労働）

①今日では，ロボットがほぼ何でもできる。②タブレット型コンピューターのカメラとインターネットを介して，自宅にいながらロボットを操作して，職場で責任をもたされている仕事を手伝わせることができる。③理論上は，在宅での勤務がメインの労働者にとっては，これは非常によいことでもある。ロボットの顔に自分たちの顔を映し出す画面があり，それによって職場に人間性が加わるからだ。④だが，そのことは，休暇の趣旨を損なう可能性もあるという点で，人によっては問題となるかもしれない。⑤例えば，もし病気である場合は，休養することに専念すべきだ。⑥しかし，仕事で当然とされることは変化してきているようだ。⑦以前であれば，病気の人は自宅にいて，同僚たちに仕事をしてもらったものだ。その代わりに，同僚が病気になったときには，仕事をカバーしてあげたのだ。⑧だが現在では，従業員は常に職場と連絡を保つべきだという傾向が強まりつつあるように思える。⑨だから，病気になった場合に備えて，ロボットを介して同僚たちに仕事をさせる準備をした方がよい。⑩ただ，これが自分のやり方に合わなければ，当分は依然として昔ながらの電話で会社に電話をかけ，自宅のインターネット接続が故障していると言い張るとよい。

---

⑧ **for employees to stay in contact with ～**「従業員が～と連絡を保つ」▶全体で〈SVC〉のC（補語）を成す。

⑨ **ever**「いつか」▶肯定文のif節（に相当する表現）で用いる。
work「～を働かせる」▶他動詞。

⑩ **claim that ...**「…であると主張する」

75 Being a Robot at the Office

熟語の意味を確認しよう。

770 □□□
1000▸776

jùst abóut

ほぼ；かろうじて

同 almost, nearly, more or less (➡677②)「ほぼ」

771 □□□
1000▸108

hélp *A* with *B*

AのBを手伝う，AをBで助ける

▸ *A*には「人」が入る。

▸ help (*A*)の後に動詞がくるときは，help (*A*) to *do*とhelp (*A*) *do* の2つの形があるが，後者が増えている。

772 □□□
1000▸346

in théory

理論上は

反 in practice (➡262), as a matter of fact (➡290)

773 □□□
1000▸760

ìn that ...

…の点で，…のゆえに

同 because, since

774 □□□
1000▸444

interfére with ～

～の邪魔をする，～を妨げる

▸「～に干渉［口出し］する」は，interfere in ～。

779

0 200 400 600 830

775
1000▶106

úsed to *dó* [bé ～]

〔used to *do* で〕…したものだった；〔used to be ～ で〕昔は～であった

▶「今はそうでない」の意味を含む。*be* used to *doing*（➡823）と区別する。

776
1000▶626

in túrn

順々に；(立ち代わって) 次に (は)

▶「順々に」の意味では in turns の形もある。
▶「AがBに～，そして次にはBがCに～」といった文脈でよく使われる。

777
1000▶767

in cáse ...

①《主に米》もし…ならば

同 if

②《主に英》…するといけないから，…に備えて

▶ in case of ～ は「～の場合には」の意味。just in case（独立句）は「万一に備えて」の意味。

778
1000▶354

for the tìme béing

当分の間 (は)，差し当たり

同 for the present（➡302）

▶「将来状況は変わるかも」の含意がある。

779
1000▶366

òut of órder

故障して；順序が狂って

反 in order（➡328）

▶「体の一部の不調」についても使う。

76 Making Jewelry

筆者は友人に指輪の製作を頼むが，果たして無事に完成するのか。

①I asked my friend Yuko to make me a ring. ②She said, "I'll make you a ring on the condition that you always wear it." ③I got right to the point. ④"I want to get engaged." ⑤She held out a wire in one hand and a hammer in the other. ⑥She said, "I'll make a ring now. ⑦The tradition of making rings this way is dying out. ⑧Now people use machines." ⑨She held the hammer upside down, pounded the wire with the wooden handle, and the ring began to take shape. ⑩After an hour I asked, "Shouldn't you be finished by now? ⑪I had hoped to have the ring by lunch; as it is, my day is wasted." ⑫No sooner had I decided to leave than she was finished. ⑬She gave me the ring and said, "This ring is composed of gold and silver. ⑭Please take care of it." ⑮As a ring, the metal was much more beautiful than what it was hours before. ⑯She said, "Your wife will be able to hand this down to your kids."

語法・構文・表現

① **ask ～ to *do*** 「～に…してほしいと頼む」

③ **get (right) to the point** 「要点をつく，端的に話す，本題に入る」

④ **get engaged** 「婚約する」

⑨ **pound** 「～をどんどんとたたく」

⑩ **Shouldn't you be ...?** 「…であるはずですよね？」 ▶否定疑問文。ここでは「いらだち・非難」を表す。

宝飾品の製作

文化（歴史・人類・文明・風俗）

①私は友人のユウコに指輪を作ってほしいと頼んだ。②「あなたがいつもつけていてくれるということなら，指輪を作ってあげるわよ」と彼女は言った。③私は単刀直入に言った。④「婚約したいんだ」⑤彼女は片方の手で針金を，もう片方の手でハンマーを持って差し出した。⑥彼女は言った。「今，指輪を作るわ。⑦こうやって指輪を作る伝統は廃れつつあるのよ。⑧今では機械が使われるから」⑨彼女はハンマーを逆さまに持ち，木の柄の部分で針金をたたくと，指輪は形を成してきた。⑩1時間後，私は尋ねた。「もう終わっている頃じゃない？⑪昼食までには指輪を受け取れると思っていたんだけど。このペースだと，1日が無駄になってしまうよ」⑫立ち去ろうと決めた途端に，彼女は仕事を終えた。⑬彼女は私に指輪を渡して言った。「この指輪は金と銀でできているのよ。⑭大事に扱ってね」⑮指輪として，その金属は数時間前の姿よりもはるかに美しかった。⑯「奥様はこの指輪を子供に残すことができそうね」と彼女は言った。

---

⑪ **had hoped to *do***「…したいと思っていたのだが」▶希望が実現しなかったことを表す。

⑬ ***be* composed of 〜**「〜でできている」

76 Making Jewelry

熟語の意味を確認しよう。

780
1000▶771

on (the) condítion (that) ...

…という条件で，…ならば

▶ that 節の中の動詞は，直説法・仮定法現在のどちらでもよい。

781
1000▶646

to the póint

要を得た，適切な

反 beside the point「的はずれの；重要ではない」，off [wide of] the mark「的をはずれて；間違って」

▶ to は「到着点」を表す。

▶ to the point of ～ [that ...]「～ […である] という点まで」と混同しないこと。

782
1000▶390

hòld óut (～)

① (手など) を差し出す

▶ hold ～ out の語順も可。

② (希望など) を抱かせる；持ちこたえる [耐える]

783
1000▶280

ùpside dówn

逆さまに，ひっくり返って

784
1000▶524

tàke shápe

(はっきりした) 形をとる

【参考】具体化したものが「定着する，根付く」は，take root [hold]。

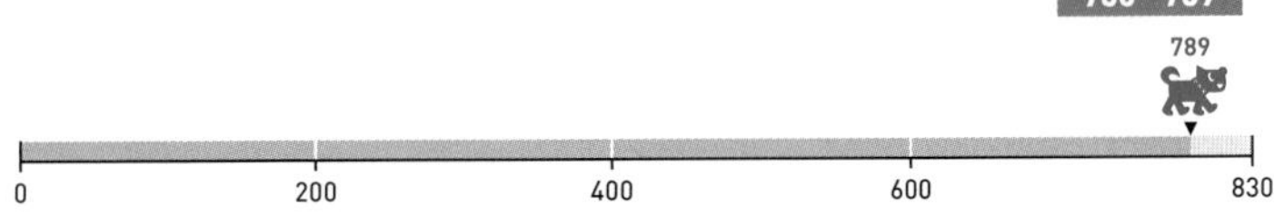

785
1000▶267

by nów

今はもう，今ごろは

786
1000▶705

as it ís

① 〔通例，仮定法的な表現の直後で〕実際のところは

▶「後に続く状況が事実だ」というニュアンス。

② （事物が）あるがままの［に］

▶ 主語と時制により，it と is は自在に変化する。
［例］as it was，as they are［were］

787
1000▶730

no sóoner ～ than ...

～するやいなや…する

同 ... as soon as ～（➡732）

▶ no sooner が文頭に出れば，その後の語順は倒置形になる。

788
1000▶663

whàt ～ ís

現在の～

▶ "～" は「人・物・人柄・本来の姿」など文脈に応じた意味を表す。is は "～" の数・時制に合わせて変化する。［例］what he used to be「以前の彼」

789
1000▶463

hànd dówn ～

～を子孫［後世］に伝える

同 pass down ～，pass on ～（➡212）

▶ hand ～ down の語順も可。

▶「～を（高い所から）降ろす；（判決）を言い渡す」の意味もある。

77 Candles

電灯ができる以前の生活になくてはならなかった「ろうそく」について深く知ろう。

① Every day, we turn on the lights without even thinking about it. ② But for most of human history, we did not have electric lights. ③ Before electricity, people made use of candles to light their homes. ④ The use of candles dates from 3000 B.C. ⑤ If you don't mind, I will explain the history of candles in detail. ⑥ When humans stopped chasing animals and settled down in one area, they needed light so they could work at night. ⑦ In Japan, people made candles with wax from trees. ⑧ Even today, there are traditional Japanese candles composed of plant material as opposed to Western candles made with animal fat. ⑨ Candles made from plants can be used in Buddhist ceremonies, but not candles made from animals. ⑩ For this reason, some companies still supply temples with traditionally made candles. ⑪ In the United States, candles made from plants are in demand. ⑫ That's because many Americans are becoming more sensitive to the way we treat animals. ⑬ We want food and products that are in harmony with our planet. ⑭ In fact, even though we don't use candles for light any more, some people can still make a living by selling candles.

語法・構文・表現

④ **B.C.**「紀元前」(＝Before Christ) ▶常に「年・世紀」の後に置く。

⑤ **If you don't mind**「もしよろしければ，差し支えなければ」

⑥ **so (that) ...**「…するために」▶「目的」を表す。

⑨ **but not candles made from animals**＝but candles made from animals cannot be used

ろうそく

文化（歴史・人類・文明・風俗）

①私たちは毎日，考えもせずに明かりをつける。②だが，人類の歴史の大半の期間は，電灯がなかった。③電気を有する以前，家を照らすのに人々はろうそくを利用していた。④ろうそくの使用は紀元前3000年にさかのぼる。⑤もしよければ，ろうそくの歴史を詳しく説明しよう。⑥人類が動物を追い回すのをやめて１つの場所に定住したとき，夜間に働けるよう明かりが必要だった。⑦日本では，木から採取されるろうを使ってろうそくが作られた。⑧今日でも，動物性油脂を使って作られた西洋式ろうそくとは対照的に，植物性の原料でできた日本の伝統的ろうそくがある。⑨植物由来のろうそくは仏式の儀式に使うことができるが，動物由来のろうそくは使うことができない。⑩このような理由で，寺院に伝統的製法のろうそくを納める企業も依然としてある。⑪アメリカでは，植物由来のろうそくは需要がある。⑫それは，多くのアメリカ人が動物の扱われ方により敏感になっているからだ。⑬私たちは地球と共生する食べ物や製品を望んでいる。⑭実際，たとえ明かりのためにろうそくを使うことはもうないとしても，今でもろうそくを売って生計を立てられる人もいるのだ。

⑩ **For this reason**「このような理由で」（＝because of this reason）

⑭ **even though ...**「たとえ…であるとしても」
not ～ any more「もう～ない」

77 Candles

熟語の意味を確認しよう。

790 🄽1000▸79

tùrn ón (～)

(スイッチなど) をつける；(水・ガスなど) を出す；(明かりなどが) つく

同 switch on (～)「～をつける；つく」

反 turn off (～) (➡485)

▶ 他動詞では turn ～ on の語順も可。

▶ 発展して「(人) を興奮させる」の意味にもなる。

791 🄽1000▸534

màke úse of ～

～を利用する

同 take advantage of ～ (➡656), avail *oneself* of ～, capitalize on ～

▶ use [ju:s] は名詞。use の前には good, the best, little, no などの形容詞が入ることも多い。

792 🄽1000▸312

dáte from ～

～から始まる，～にさかのぼる

793 🄽1000▸147

in détail

詳細に

▶ in great(er) [more] detail のように detail には形容詞が付くことも多い。

794 🄽1000▸396

séttle dòwn

① 定住する；落ち着く

② (腰を据えて) 始める

▶「(腰を据えて) ～を始める」は settle down to ～,「…し始める」は settle down to *do*。

795 ▶1000▸19

_be_ compósed of ～

～から構成されている

▶ consist of ～（➡398）と異なり，受動態。

796 ▶1000▸619

as oppósed to ～

～ではなく；～とは対照的に

797 ▶1000▸282

supplý _A_ with _B_

AにBを供給する

同 provide *A* with *B*（➡245）

▶ *A* is supplied with *B* の受動態も多い。

▶ supply *B* to［for］*A* の形もある。

798 ▶1000▸629

in demánd

需要があって，必要とされて

【参考】on demand は「請求［要求］がありしだい」。

【参考】supply and demand は「需要と供給」。demand and supply とも言うが，前者が普通で日本語表現と順序が逆。

799 ▶1000▸553

_be_ sénsitive to ～

～に敏感である

反 *be* insensitive to ～「～に鈍感である」

▶「神経質だ，気にしすぎだ」の意味では，*be* sensitive about ～ も使う。

800 ▶1000▸611

in hármony with ～

～と調和［一致］して

反 out of harmony with ～「～と調和［一致］しないで」

78 The Invisible Box Stunt

人気を博している「見えない箱チャレンジ」。やり方やコツはあるのだろうか。

①The invisible box stunt has become a very popular physical illusion for impressing your friends! ②On the whole, the goal is to appear as if you're stepping over an invisible box, substituting air for solid material. ③First, you need to imagine a box on the floor, and then put one foot on top of it. ④Tighten that foot and remember to keep it locked in place. ⑤Then, lift up your other foot and step forward to finish up the feat. ⑥However, for the trick to look right, you need to raise your other foot higher than your first foot. ⑦It's not easy to do it correctly because you need to compensate for the lack of support for your first foot by moving your other foot as quickly as possible. ⑧Also, having strong muscles is indispensable to the execution of this stunt. ⑨Most people cannot help swinging their feet or accidentally leaping or falling at the end. ⑩My advice? ⑪This is a difficult challenge to master, so don't give in to doing something dangerous just for the sake of your friends. ⑫In place of the imaginary box, start practicing with a real box just to get the hang of it!

語法・構文・表現

invisible「目に見えない」
stunt「離れ業，曲芸」

②**appear as if ...**「まるで…であるかのように見える」▶as ifに続く節では仮定法のほかに直説法も普通に使われる。

④**keep it locked in place**「それ（＝足）をその位置に固定した状態にする」▶keep ～ *done*「～を…された状態に保つ」。

⑤**step forward**「前に踏み出す」

見えない箱スタント

日常生活（趣味・娯楽）

①見えない箱の芸当は，友達を感心させるのに非常に人気がある物理的イリュージョンとなっている。②概して言うと，その目的は，空気を固体物の代わりに使って，まるで見えない箱をまたいでいるかのように見せることだ。③まず，箱が床の上にあると想像して，次に，片足をその上に乗せる。④その足に力を入れて，忘れずにその位置に固定した状態になるようにする。⑤それから，もう片方の足を持ち上げて前に踏み出し，この離れ業を完成させる。⑥しかし，もっともらしく見せるためには，もう片方の足を最初の足よりも高く上げる必要がある。⑦これをうまくやるのは簡単ではない。というのも，最初の足の支えがないことを補うために，もう一方の足を出来るだけ速く動かさなければならないからだ。⑧また，このスタントを遂行するには，筋力が不可欠である。⑨ほとんどの人は，どうしても足を振り動かしたり，あるいは，最後にうっかり跳ねたり倒れたりしてしまうものだ。⑩私からのアドバイス？ ⑪これは習得するのが困難な挑戦だから，ただ友達のためだけに何か危険なことをしてみようという気持ちに負けてはいけない。⑫見えない箱の代わりに，コツを掴(つか)むために，まずは本物の箱で練習してみよう。

---

feat「離れ業，妙技」

⑥ **for the trick to look right**「そのトリックがもっともらしく見えるために」（＝in order for ～ to *do*）▶to look rightの意味上の主語はthe trick。

⑧ **execution**「（計画などの）実行，遂行」

⑨ **accidentally**「うっかり，誤って」

⑫ **get the hang of ～**「～のやり方［コツ］を覚える」

78 The Invisible Box Stunt

熟語の意味を確認しよう。

801 1000▸343

on the whóle

全体的には，概して

同 in general (➡637①)，generally speaking (➡174)，all in all (➡502)，for the most part (➡490)，by and large，all things considered

802 1000▸499

súbstitute *A* for *B*

Bの代わりにAを使う

▶ まれに substitute *B* with *A* の形もある。

▶ substitute for ～ は「～の代わりをする」。

803 1000▸230

remémber to *do*

忘れずに…する

▶ 不定詞（to *do*）は述語動詞の時制より「後」を表す。

804 1000▸627

in pláce

あるべき場所に，きちんと整って；用意ができて

反 out of place「場違いで［の］，不適切で」

▶ in place of ～（➡810）と混同しない。

805 1000▸291

cómpensate for ～

～の埋め合わせをする，～を補償する

同 make up for ～ (➡82③)

806 1000▸327

be indispénsable to [for] ～

～にとって不可欠である

同 *be* essential to ～ (➡366)

▶ toは基本的な「生存・維持」に不可欠，forは「目的」にとって不可欠な場合に使うとされる。

【参考】dispense with ～「～なしですます」

810

0 200 400 600 830

807 1000▶674

cànnot hélp *dóing*

…せずにはいられない，…せざるを得ない

同 cannot help but *do*

▶ cannot help it は「どうしようもない，仕方ない」の意味。It cannot be helped. と受動態でも使う。cannot help *one's doing* は「(人) が…するのは仕方ない」の意味。

808 1000▶299

gìve ín (to ～)

① (～に) 屈服する

同 surrender (to ～) (➡581), yield (to ～) (➡552), submit (to ～)

② 《主に英》～を提出する

同 hand in ～ (➡726), hand over ～ (➡634), turn in ～ (➡253①)

▶ give ～ in の語順も可。

809 1000▶613

for the sáke of ～

～のために

同 for the benefit of ～

▶ for ～'s sake の形も多い。

810 1000▶607

in pláce of ～

～の代わりに

同 instead of ～

▶ in ～'s place にもなるが，これは「～の代わりに」のほかに「(人) の立場になって」の意味にもなる。

79 Boccia

世界的に注目度が高まっているスポーツ，「ボッチャ」について見てみよう。

① Boccia is a ball sport, originally played by people suffering from disabilities affecting their motor skills. ② Since becoming a Paralympic sport in 1984, it has continued to gain recognition around the world and is now very popular. ③ At first sight, the game looks like lawn bowls, but it is quite different. ④ In Boccia, you play with an opponent and each side is presented with six colored balls; red or blue, whereas in bowls all the balls are the same color. ⑤ There is also one white ball to be used as the target. ⑥ The big difference is that, judging by the angle from where you stand, you can toss, roll or kick your balls to get them onto the court. ⑦ Each team takes turns to send their balls towards the white ball, and the closer the players' balls are to the white ball, the better, so your balls must finally find their way nearest to it. ⑧ Every time you succeed, you get points that will add to your final score. ⑨ Needless to say, it's no use just trying to aim your balls for the area by the target if your opponent can easily knock them away, so it's important to keep an eye on the strategic position of all the balls, too.

語法・構文・表現

boccia [bɑ́tʃə]「ボッチャ」▶ballsの意味のイタリア語から。bocci(e), bocceなどとも綴る。

① **suffer from ～**「～を患う，～に苦しむ」〔➡271〕
motor skills「運動技能」

② **Since becoming ～**「～になって以来」▶接続詞を示した分詞構文。意味上の主語は主節のit（＝boccia）。
gain recognition「認められる，認知される，評価される」

④ **opponent**「対戦相手」

ボッチャ

英文レベル ☆☆☆ 212 words

日常生活（スポーツ）

①「ボッチャ」とは，もともとは運動技能に影響がある障害を患う人がプレーしていた球技である。② 1984 年にパラリンピック競技種目になって以来，ボッチャは世界中で認知度を高めてきて，今ではとても人気がある。③ 一見すると，ローン・ボウリングのように見えるが，実際にはかなり異なる。④ ボッチャでは，対戦相手と競い，各チームに赤または青の色付きボールが 6 個与えられる。一方，ローン・ボウリングではボールはすべて同じ色である。⑤ 的として使われる白いボールも 1 つある。⑥ 大きな違いは，自分がいる場所の角度から判断し，自分のボールを投げたり転がしたり蹴ったりして，コートの中に入れるということだ。⑦ 各チームが交代で，自分たちのボールを白いボールに向かって投げるのだが，ボールが白いボールに近ければ近いほどよいので，最終的に自分のボールは白いボールの一番近くに届かなくてはならない。⑧ うまくいけばその都度得点が与えられ，最終スコアに加算される。⑨ 言うまでもなく，自分のボールを対戦相手が簡単に弾(はじ)き飛ばせるようなら，的の側の場所にめがけて投げても意味がない。だから，全部のボールがどこにあるか，戦略的に目を光らせることも重要なのだ。

~, whereas ...「～であるのに対して，…」▶接続詞。

⑥ **from where you stand**「自分が立っている場所から」▶whereは先行詞を含む関係副詞。where you standが名詞節として働き，fromの目的語となる。
get them onto the court「それら（＝ボール）をコートに入れる」

⑧ **Every time ...**「…する度に」▶接続詞的な用法。

⑨ **if your opponent can easily knock them away**「もし相手が簡単にそれら（＝自分のボール）を弾き飛ばせるようであれば」
strategic「戦略（上）の」

79 Boccia

熟語の意味を確認しよう。

811
1000▶635

at fìrst síght

一見したところでは；ひと目で［の］
同 at first glance,〔文語で〕at first blush

812
1000▶512

presént *A* with *B*

AにBを贈る［与える］
▶ 特に《米》では，with を省略することもある。
▶ present *B* to *A* の形もある。

813
1000▶680

júdging from [by] 〜

〜から判断すると

814
1000▶522

tàke túrns

交代でする
▶ take turns の後には，*doing*（一般的），at〔in〕*doing*，to *do* のいずれも続けることが可能。
▶ turns は必ず複数形。

815
1000▶717

the＋比較級 〜, the＋比較級 ...

〜であればあるほど，いっそう…

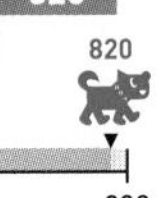

0 200 400 600 830

816 1000▶544

fìnd *one's* wáy to ～

～へたどり着く，～まで道を探しながら進む

▶ find *one's* way だけでも使う。

817 1000▶421

ádd to ～

～を増やす

▶ add *A* to *B* は「AをBに加える」。この場合の add は他動詞。

818 1000▶671

nèedless to sáy

言うまでもなく

同 It goes without saying that .... (➡363)

819 1000▶731

It is nò ùse *dóing*.

…しても無駄である。

同 There is no use (in) *doing*.

820 1000▶545

kèep an éye on ～

～に気をつけている，～から目を離さない

同 take care of ～ (➡028)，look after ～ (➡497)

▶ eye には close，careful などいろいろな形容詞が付くことも多い。

80 American Stand-up Comedy

筆者が勧める１人漫談を楽しむ場はどのような所で，どのような特徴があるか。

① Have you ever seen an American stand-up comedian live? ② You know, the kind of performer who gets up on a stage and points out the funny aspects about ourselves. ③ If not, try seeing a famous comedian at a theater. ④ It's an organized experience where everyone sits. ⑤ These comedians never push out humor that is behind the times, and are very used to giving out lines with great comic timing. ⑥ You can practically be guaranteed plenty of laughs that go on and on. ⑦ Another idea is going to comedy clubs to check out new talent. ⑧ But, these are very casual settings and are often similar to bars, so unexpected things can happen. ⑨ In fact, the audience may not even get along with the comedian. ⑩ A heckler, someone who is disruptive, may try to make fun of the performer. ⑪ Then the comedian may say something in response to the heckler, and the two might get into their own heated conversation that goes back and forth, ignoring the audience. ⑫ In show business, this can be seen as a test of comedian's patience, which comes with a choice — to blow up at the heckler, or keep calm. ⑬ Sometimes, I think this is all really a big social experiment on human interaction.

語法・構文・表現

stand-up「独演の」

③ **try *doing***「試しに…してみる」▶try to *do* との意味の違いに注意。

⑤ **push out ～**「～を（大量に）創り出す」
give out ～「～を発する」〔➡614〕

⑥ **guarantee *A B***「AにBを確約する」▶ここでは「*A*」を主語にした受動態。

アメリカの１人漫談

文化（音楽・芸術・文学）

①アメリカの１人漫談を生で見たことがあるだろうか。②ステージ上に立って，周りの人たちの面白おかしい面を言い立てるような芸人のことなのだが。③もしなければ，有名なコメディアンを劇場で見てみてほしい。④みんなが座って，それらしい体験ができる。⑤コメディアンは，時代遅れなジョークを次から次へと繰り出すことはなく，絶妙な笑いの間でセリフを言うのは実に手慣れたものだ。⑥たくさんの笑いが延々と続くことは間違いない。⑦コメディークラブに行って，有能な新人に目を付けるというのも一案だ。⑧ただ，こちらの方は非常に気楽な場で，バーに似ていることが多いので，想定外のことが起こり得る。⑨実際，聴衆がコメディアンと反りが合わないこともある。⑩混乱を巻き起こすような人がやじを飛ばし，芸人をからかおうとするかもしれない。⑪すると，コメディアンがそのやじに対して何か言い返し，２人が聴衆をないがしろにしたまま，自分たちだけの熱いやり取りの応酬に陥ることさえある。⑫芸能界では，これはコメディアンの我慢強さのテストとみなされている。やじを飛ばす人にかっとなるか，または冷静でいるかという選択肢だ。⑬これはまさに，人間関係に関する一大社会実験だと思うこともある。

---

⑦ **Another idea is going to ～**「もう１つの考えは～へ行くことだ」▶goingは動名詞で補語の一部。
check out ～「～に注目する」〔➡530〕

⑩ **heckler**「やじやブーイングなどで，芝居・演説・演奏などを妨害する人」
disruptive「混乱をもたらす」

⑪ **get into ～**「～（よくない状況）になる［陥る］」

80 American Stand-up Comedy

熟語の意味を確認しよう。

821 1000▸71

pòint óut ～

~~を指摘する~~

~を指摘する

▶ point ～ out の語順も可。

▶ point out that ... と節も続く。

【参考】「～を指さす［指し示す］」は，point to［at］～。

822 1000▸657

behìnd the tímes

時代遅れの［で］

同 out of date

▶ behind time「（定刻の）時間に遅れて」と区別。

823 1000▸673

be úsed to *dóing*

…することに慣れている

同 *be* accustomed to ～（➡508）

▶「慣れてくる」の意味では，*be* の代わりに become，get，grow なども使う。

824 1000▸5

plénty of ～

たくさんの～

▶「数」「量」のどちらにも使える。

825 1000▸148

in fáct

① 実際に

② 〔前言と対照して〕（ところが）実際は

①② 同 in reality（➡566），in（all）truth，in effect（➡148①）

▶ ①の「そして実際に」のほかに，②の「ところが実際は」のニュアンスもある点に注意。

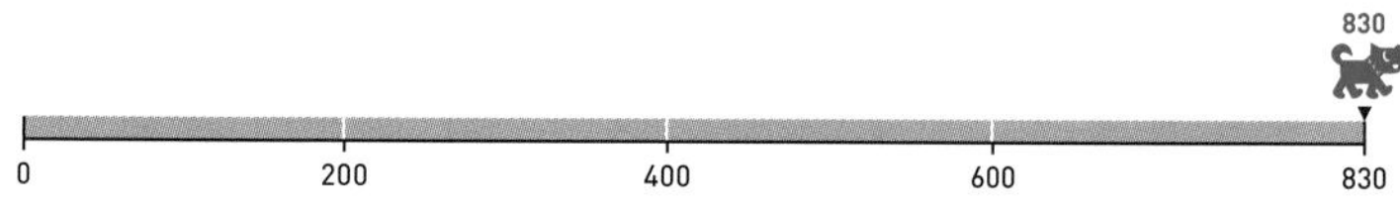

826
1000▶82

gèt alóng

①暮らす，（なんとか）やっていく

②仲良くやっていく；進む

▶「～と仲良くやっていく；～が進む」は，get along with ～。

▶ ①②ともに《英》では get on（➡740②）とも言う。

827
1000▶535

màke fún of ～

～をからかう

同 ridicule，make sport of ～

▶ 受動態の場合でもofを落とさない。

828
1000▶602

in respónse to ～

～に応じて［答えて］

同 in answer to ～

829
1000▶336

bàck and fórth

行ったり来たり；前後［左右］に

同 up and down（➡620），to and fro

830
1000▶456

blòw úp（～）

爆発する；かっとなる；～を爆破する

▶ 他動詞では blow ～ up の語順も可。

INDEX

数字は見出し熟語のID番号です。

A

B

C

D

E

F

G

H

I

J

J K L M N

R

S

P R S

U
W
Y